民國歷史與文化研究

初 編

第 20 冊

中國早期民粹主義政治思想研究
（1907～1927）

聶長久、張敏 著

花木蘭文化出版社

國家圖書館出版品預行編目資料

中國早期民粹主義政治思想研究（1907～1927）／聶長久、張
敏 著 -- 初版 -- 新北市：花木蘭文化出版社，2015〔民104〕
目 2+226 面；19×26 公分
（民國歷史與文化研究 初編：第20冊）
ISBN 978-986-404-156-5（精裝）
1. 民粹主義 2. 中國政治思想
628.08 103027670

民國歷史與文化研究
初 編 第二十冊 ISBN：978-986-404-156-5

中國早期民粹主義政治思想研究（1907～1927）

作 者 聶長久、張敏
總 編 輯 杜潔祥
副總編輯 楊嘉樂
編 輯 許郁翎
出 版 花木蘭文化出版社
社 長 高小娟
聯絡地址 235 新北市中和區中安街七二號十三樓
電話：02-2923-1455／傳真：02-2923-1452
網 址 http://www.huamulan.tw 信箱 hml810518@gmail.com
印 刷 普羅文化出版廣告事業
初 版 2015 年 3 月
定 價 初編 32 冊（精裝）台幣 56,000 元

中國早期民粹主義政治思想研究

（1907～1927）

聶長久、張敏　著

作者簡介

聶長久（1973.6---），男，黑龍江省肇東市人，吉林大學馬克思主義學院副教授，政治學博士，馬克思主義理論博士後。主要研究方向為馬克思主義生態倫理、社會主義思潮，著有《馬克思主義生態倫理》《和諧中國》等著作，並在《當代中國史研究》等刊物上發表學術論文十餘篇。

張敏（1973.6---），女，遼寧省喀左縣人，長春工業大學人文學院副教授，哲學博士，主要研究方向為社會學理論。

提　要

《中國早期民粹主義政治思想研究（1907～1927）》對從 1907 年到 1927 年間民粹主義政治思想的形成和發展進行了全方位的研究。著作對民粹主義的概念內涵和特徵等基本問題進行了系統地分析，同時從類型學的角度上對民粹主義進行了新的分類，區分出民粹主義民主和民粹社會主義兩種主要的形態。近代中國的商品小農構成民粹主義產生和發展的主要階級基礎。中國早期民粹主義政治思想產生和發展還存在著諸多的思想和文化條件；盧梭和托爾斯泰對於中國近代民粹主義的形成和發展產生了間接和直接的影響。中國近代的民粹主義政治思潮具有十分豐富的傳統文化特色，這主要體現在大同理想、反智主義、性善論以及泛道德主義的思維方式等幾方面。民粹主義是中國思想的先行者，他們關注農村改造鄉村的實踐是探索有中國特色發展道路的最初嘗試。中國早期民粹主義政治思想有力地推進了馬克思主義在中國早期傳播。同時，中國早期民粹主義政治思想中的負面成分在相當程度上促進了中國形形色色的左傾機會主義的產生和發展。聖愚崇拜現象是近現代中國民粹主義的典型表現之一。民粹主義的發展與實踐體現為民粹主義特色的群眾運動，文革時期出現了聖愚崇拜的返祖現象。

目

次

前　言

　　再次翻開塵封已久的歷史，那在文字間跳躍的思想使人又回到了一個世紀以前，回到那背負著救國重任的思想先驅和青年們中間。他們的思想是一個個成分極其複雜的有機體，中國的和西方的，啓蒙的和民粹的，各種思想相互交叉地糾葛在一起。將其中的某種成分剝離出來頗有剝繭抽絲之感。對中國早期民粹主義政治思想的研究正是這樣一種情形。中國早期的民粹主義思想不是一股獨立的思潮，中國近代也無自稱的民粹主義者。民粹主義附著於其他的思潮之上，若隱若現，無形中增加了研究的難度。

　　中國近代是從傳統向現代轉化即現代化的關鍵時期，這是民粹主義政治思想產生和發展的歷史背景。隨著西方列強在華的資本擴張和民族資本主義的發展，中國傳統的宗法小農加速了向商品小農轉化的進程。近代中國的商品小農具有商品經濟和傳統小農的雙重屬性，其適應商品經濟屬性的一面體現爲對啓蒙思潮的正面回應，而其小農屬性的一面體現爲民粹主義思想。近代中國的商品小農是民粹主義思想最重要的階級基礎，他們的民粹主義政治要求通過新興的知識分子得以表達，這也就形成了近代中國的民粹主義政治思想。以托爾斯泰爲代表的俄國思想家是中國接受西方民粹主義的橋梁。

　　民粹主義政治思想體現了在現代化過程之中小生產者對於現代化弊端的恐懼和無力的反抗。近代中國的民粹主義政治思想萌芽於辛亥時期，在新文化運動時期達到高潮。自形成之初，民粹主義即主要附著於無政府主義之上，隨著無政府主義的衰微退出政治舞臺而轉變爲一股思想的暗流。1907 年《天義報》的創刊標誌著近代中國民粹主義的開始，1927 年瞿秋白對民粹主義的批判標誌著中國早期民粹主義的結束。中國早期民粹主義萌芽時期的代表人

物是劉師培和章太炎，發展時期的代表人物是李大釗和瞿秋白。新村主義和工讀主義實踐具有明顯的民粹主義特色。近代中國的民粹主義政治思想與其他國家的民粹主義思潮相比具有十分濃厚的傳統特色。這主要體現在其與中國傳統文化中大同理想、性善論、反智思想以及泛道德主義的關係上。

中國早期民粹主義政治思想具有正反兩方面的歷史作用。民粹主義政治思想的負面歷史作用眾所周知，它是中國形形色色的左傾機會主義的思想源頭之一。與此同時，中國早期的民粹主義思想結合國情關注農村，設想了種種方案。雖然有諸多局限性，但這是有中國特色發展道路的最初探索，具有深遠的歷史意義。中國早期的民粹主義還有力地推動了近代中國的政治發展。民粹主義架起了近代中國左翼政治思潮轉化的橋梁，促使左翼政治思潮從舊民主主義革命思潮向新民主主義革命思潮轉化。民粹主義使其增加了新的內涵，而正是這些新的內涵使俄國的革命思想被迅速接受，使中國開啓了一個全新的時代。

《中國早期民粹主義政治思想研究（1907～1927）》對從 1900 年到 1927 年間民粹主義政治思想的形成和發展進行了全方位的研究。著作首先分析了民粹主義的內涵和特徵，並對民粹主義民主和民粹社會主義進行了區分；然後對於中國早期民粹主義思想的產生發展和衰微進行了探討；在此基礎上，對中國早期民粹主義政治思想產生發展的社會和文化條件進行了分析，並總結了中國早期民粹主義政治思想與中國傳統文化的關係。在對中國近代民粹主義綜合分析的基礎上，最後對民粹主義的歷史地位和作用做出了客觀的評價。這部著作中對中國早期民粹主義研究進行了適度的拓展，涉及到了新中國成立之後的一系列歷史事件。但是這也沒有與書的主題相悖，因為中國早期的民粹主義政治思想是源，而其後一系列民粹主義色彩的政治實踐是流，只有將二者有機地結合在一起才能全面系統地瞭解中國早期的民粹主義政治思潮。

全書共分為八章：

第一章：以總論的形式對民粹主義研究現狀及民粹主義基本問題進行了闡述。在第一章之中，論文首先對近代中國民粹主義思想的研究狀況進行了系統的歸納和總結。在這部分中論文還對民粹主義的概念內涵和特徵等基本問題進行了系統地分析，同時對民粹主義進行了新的分類，區分出民粹主義民主和民粹社會主義兩種主要的形態。論文就中國近代平民主義的內涵進行

了分析，從而對平民主義和民粹主義進行了有效的區分。

第二章：著重分析了中國早期民粹主義政治思想產生發展的社會和文化條件。中國近代社會處於全面的危機之中，中國近代的現代化同樣面臨著前所未有的危機。近代以來中國的傳統社會逐漸解體，商品經濟日益發達，中國的農民加快了從傳統小農向商品小農轉化的過程，小資產階級的隊伍也逐漸壯大。中國近代的商品小農具有現代性和反現代性的雙重性質。其商品經濟的特性使其具有現代性，這體現爲對啓蒙思潮積極的回應；而其小農的特性體現爲反現代性，通過民粹主義思潮的形式得以體現。近代中國的商品小農構成民粹主義產生和發展的主要階級基礎。中國早期民粹主義政治思想產生和發展還存在著諸多的思想和文化條件；盧梭和托爾斯泰對於中國近代民粹主義的形成和發展產生了間接和直接的影響。

第三章：就中國早期民粹主義政治思想的產生發展和衰微進行了探討。該部分首先闡述了中國早期民粹主義政治思想的萌芽。傳統派民粹社會主義思想以劉師培和章太炎爲代表；平民派民粹社會主義思想以李大釗和瞿秋白爲代表。二者具有傳承關係。在新文化運動期間，中國早期民粹主義政治思想進行了以工讀主義和新村主義爲代表的初步實踐。大革命失敗以後，隨著無政府主義迅速推出歷史舞臺，民粹主義也變爲了一種思想上的暗流，主要以文化思潮和政治心理的形式體現出來。

第四章：總結了中國早期民粹主義政治思想與傳統文化的關係。中國近代的民粹主義政治思潮具有十分豐富的傳統文化特色，這主要體現在大同理想、反智主義、性善論以及泛道德主義的思維方式等幾方面。傳統文化對中國近代的民粹主義思想產生了深刻的影響，構成其文化因素的重要來源。

第五章：在對近代中國民粹主義政治思潮全面審視的基礎上，對其歷史地位和作用進行了客觀的評價。民粹主義是中國思想的先行者，他們關注農村改造鄉村的實踐是探索有中國特色發展道路的最初嘗試。民粹主義核心概念「民」的涵義的流變直接促進了現代意義上人民觀的形成；民粹主義對人民的信仰和崇拜也推動了對於勞動階級的情感認同；中國早期民粹主義政治思想有力地推進了馬克思主義在中國早期傳播。同時，中國早期民粹主義政治思想中的負面成分在相當程度上促進了中國形形色色的左傾機會主義的產生和發展。

第六章：聖愚崇拜現象是近現代中國民粹主義的典型表現之一，是知識

分子的改造和被改造。聖愚崇拜所體現的是對理想化道德化的農民的崇拜，而農民被推上聖壇的理由是勞動。體力勞動成爲了道德的唯一標準。聖愚崇拜的民粹主義特徵是以農民爲粹，而且具有道德的唯一性和排他性。聖愚崇拜過程中知識分子的改造和被改造使知識分子失去了獨立思考的能力和機會，湮沒在群眾運動的汪洋大海之中。

第七章：在新民主主義革命期間，土改運動的過程中存在著一定的民粹主義特徵，這可以看做是近代中國民粹主義思想的繼續發展與實踐。農民自發的左傾行爲是民粹主義的體現，因爲對農民民粹主義訴求的適度容忍被作爲土改的工作原則，所以土改在一定程度上可以被視爲帶有民粹主義特色的群眾運動。新中國成立之後，雖然知識分子經歷了多次運動，但是農民並沒有成爲知識分子和廣大青年改造的榜樣。文化大革命時期左傾錯誤日益嚴重，農民再次被推上了聖壇，知識分子不是自願而是被迫地對農民頂禮膜拜，改造自己。文革時期出現了聖愚崇拜的返祖現象。

第八章：沒有完成的思考——近代中國民粹主義散論：關於近代中國民粹主義不成系統的思考和論述，可以對此問題的研究提供有益的借鑒。本章探討了太平天國運動中的民粹主義因素、民粹主義與實現中國特色社會主義公平正義的路徑選擇、以及其他關於民粹主義的思考。

1. 緒　論

1.1 近代中國民粹主義政治思想研究綜述

　　民粹主義是一種國際化的思潮，一般來講，可區分爲政治民粹主義和文化民粹主義。作爲一種政治思潮，民粹主義具有極其豐富的內涵。對於中國民粹主義政治思想的討論是從 1912 年列寧發表《中國的民主主義和民粹主義》一文開始的。國內近十幾年對民粹主義的研究，主要圍繞著毛澤東的民粹主義思想，以及如何看待民粹主義與我國革命和建設的關係展開。對於民粹主義研究中的特定問題已有幾篇綜述文章。論文不擬就諸如毛澤東的民粹思想以及民粹主義與社會主義的關係等問題做重複性的綜述，而是試圖對於中國近現代民粹主義政治思想的總體研究狀況進行綜述，以便提升對於該問題研究的深度和廣度。

1.1.1 近代中國民粹主義研究的三個階段及其主要成果

　　自 1912 年列寧發表《中國的民主主義和民粹主義》一文發表至今，對於中國近現代民粹主義政治思想的研究可以分爲以下三個階段。

　　新中國成立以前是民粹主義研究的第一階段。一般認爲，1912 年列寧發表《中國的民主主義和民粹主義》一文對中國近現代民粹主義研究影響甚大〔註 1〕中國人從列寧的著作獲取了關於民粹主義的大部分知識和概念。1912年，列寧根據孫中山的一篇辭職演說寫了《中國的民主主義和民粹主義》一

〔註 1〕 李偉《關於國內民粹主義研究的幾點討論》，《馬克思主義研究》，2003 年第 1
　　　　期。

文，文中列寧認爲孫中山是一位民粹主義者從而把民粹主義與中國聯繫了起來。延安時期，中國共產黨人從俄國民粹派的錯誤中得到啓發，深化了關於中國革命的認識。毛澤東關於民粹主義問題的講話成爲相當長的時期內中國共產黨人探討民粹主義的重要理論依據。

民粹主義研究的第二階段是從新中國成立到 1997 年。20 世紀 50 年代中後期開始，研究者開始從馬克思主義傳播史的角度著重探討了馬克思主義與民粹主義的關係。在此期間，中國的民粹主義研究是以俄國的民粹主義模式作爲參照的。在中國近現代民粹主義的研究中，民粹主義主要是作爲介紹俄國民粹主義或作爲馬克思主義經典作家批判的對象而存在。除闡釋馬克思主義經典作家的相關著作以及毛澤東在四十年代批判民粹主義的相關論述之外，主要就是介紹或闡發相關思想的小冊子〔註 2〕文化大革命期間學術研究陷於停滯。黨的十一屆三中全會解放了人們的思想，中國學者對於民粹主義思想的研究有所發展。民粹主義的研究擴展到政治思想史的領域，並取得了一些階段性成果。李澤厚從墨子身上讀出了民粹主義的色彩〔註 3〕。一些著作認爲章太炎的思想具有民粹主義的色彩〔註 4〕，同時也有學者認爲在李大釗身上曾存在民粹主義的色彩。五四時期，李大釗在接受馬克思主義的過程中，受到民粹主義的一些影響。這體現在他號召中國青年傚仿俄羅斯民粹主義者「到民間去」，以及他對待農民和資本主義的態度上。李大釗之所以受到民粹主義的影響，根源於中國具備了民粹主義賴以生存和傳播的社會環境。可貴的是，李大釗並未被民粹主義所左右，而是有所超越。〔註 5〕

在此期間對於傳統文化之中的民粹主義因素學者也有所提及。李澤厚發現了墨子與近代民粹主義的血緣關係，認爲中國歷史文化傳統中的民粹主義是經由墨子開始到顏元乃至近代的章太炎、梁漱溟等，形成了一個歷史文化延續的線索，並對馬克思主義中國化產生了深刻影響〔註 6〕。有學者認爲 20 世紀初，資產階級革命派表現出了小資產階級激進的反資本主義的民粹派特徵。〔註 7〕

〔註 2〕陸波《俄國民粹主義和馬克思主義（學習筆記）》，遼寧人民出版社，1956 年版。

〔註 3〕李澤厚《中國近代思想史論》，人民出版社，1979 年版。

〔註 4〕曹德本《中國近代政治思想史》，高教出版社，1999 年版。

〔註 5〕李帆《李大釗與民粹主義》，《吉林大學社會科學學報》1994 年，第 5 期。

〔註 6〕李澤厚《中國古代思想史論》，人民出版社，1979 年版，第 74 頁。

〔註 7〕李澤厚《中國古代思想史論》，人民出版社，1979 年版，第 89 頁。

還有學者認為章太炎等人的民粹觀點具有中國傳統的封建性〔註8〕。學者普遍認為中國傳統文化中的民粹主義因素與俄國民粹主義思潮，構成了近現代中國民粹主義發生的兩個源頭；而知識分子是中國民粹主義的主要信奉者和傳播者。

　　民粹主義研究的第三階段是從 1998 年至今。1998 年胡繩先後發表了《社會主義和資本主義的關係：世紀之交的回顧和前瞻》、《毛澤東的新民主主義論再評價》兩篇文章。通過對毛澤東 40 年代的新民主主義理論進行再評價，作者認為，在 50 年代「現代工業生產只占國民經濟中很小的百分比的情況」下，進行社會主義革命，是「離開馬克思主義的」的，犯了民粹主義的錯誤。隨後學術界就民粹主義問題展開了激烈的討論，有數量可觀的文章發表。討論主要的焦點集中於毛澤東的民粹主義思想。由於這次討論引發了對於民粹主義問題的關注，學術界也展開了對於民粹主義一些衍生問題的討論。這次關於民粹主義的大討論使民粹主義的研究達到了一個新的高潮。民粹主義的討論延伸到文化等領域。

　　在這次關於民粹主義的討論中，對於民粹主義的研究在多個層次和角度展開，有作者探討了傳統文化與民粹主義的關係。有作者認為，民粹主義與民本主義的認知主要是以對腦體分工的曲解為前提，將士從農工商的複雜關係裏剝離出來，使士人形成知識原罪意識。再以知識原罪為邏輯起點，推演出傳統士人特有的民粹心態和帶有歧義的民本主義價值觀。這種邏輯決定了士人的社會定位與自我定位，他們既被貶也自貶。中國傳統社會是從對士人的隱蔽性貶抑轉向公開實施反智主義的政策，使士人在社會地位不斷降低的同時，不得不走上依附體制的道路。他們依附體制的心理軌迹與封建制度的剛性規定不期而合，一是由進入廟堂而恒產化形成的順向耦合，二是知識罪惡感與反智主義政策的無奈耦合，這兩種耦合強化了他們對體制的依附性，給中國知識分子以後的角色轉換帶來了難度。〔註9〕

　　探討民粹主義與社會主義的關係是一個長期以來討論的老問題。〔註 10〕有作者認為，作為五四前後國內興起的各種民粹主義思潮中的一種，「農業社

〔註 8〕李澤厚《中國古代思想史論》，人民出版社，1979 年版，第 409 頁。

〔註 9〕陳曼娜《中國傳統民粹主義和民本主義中的士人角色》，《湖北大學學報》哲社版，2005 年，第三期。

〔註 10〕蘇志宏《論「農業社會主義」》，《四川大學學報（哲學社會科學版）》，2004 年第 4 期。

會主義」曾經長期影響甚至左右了中共對於馬克思主義中國化和社會主義的認識。實用主義地對待資本主義和商品經濟，是農業社會主義一以貫之的思維方法。中國 20 世紀七八十年代開始的改革開放，就是馬克思主義中國化歷程中對農業社會主義的自我反省與解構。探討民粹主義對於中國革命的影響同樣是一個傳統的研究領域。〔註 11〕在《中國共產黨思想史研究若干問題述要》一文中作者對此問題進行了比較系統地回顧和總結。有作者認爲，國民革命引發的近代中國最大一次以農民爲主體的鄉土社會動員，給民粹主義提供了一個理想的實驗場。盲目崇拜農民，從小生產者的立場出發否定地主土地所有制和封建財產私有制，動員貧苦農民對鄉土社會進行激進改革，是湖南農民運動民粹主義思想潛流的重要表徵；湧動於鄉土社會中的民粹主義是農民運動和國民革命失敗的主觀原因之一。〔註 12〕還有作者探討了左傾思潮與民粹主義的關係。作者認爲，「左」傾意識形態具有空想社會主義、民粹主義、封建社會主義、軍事共產主義四大政治思想特徵，並從認識論上闡述了它與客觀相分裂的唯主觀論、與眞理相分裂的唯價值論、與經濟相分裂的唯政治論、與統一相分裂的唯鬥爭論、嚴重脫離黨和群眾的個人崇拜論等特徵。〔註 13〕

　　關於中國近代民粹主義的研究同樣取得了一定成果。有作者認爲，在清末民初的共和主義思想潮流中，章太炎主張應根據中國歷史發展的內在邏輯創設一個有別於西方諸國的共和政體。這種共和政體以五權分立與制衡（立法、行政、司法、教育、監察）爲其運作形式，以「損上益下」、「抑強輔微」爲其內在精神，充滿了濃厚的民粹主義色彩。章氏由於拒斥代議制，將公民主權落實在盧梭的公意上，以法治與道德作爲其創設的共和政體的根幹，導致了其向古典共和主義理想的趨附，使其創設的共和政體有著明顯的烏托邦色彩。〔註 14〕對於孫中山民粹主義思想的研究也取得了一些新的進展。針對列寧對於孫中山民粹主義的定論，有作者認爲雖然列寧對孫中山的評論充滿

〔註11〕 《關於在中國革命和建設中民粹主義影響問題的研究述要》，《中共黨史研究》，2002 年第 4 期。

〔註12〕 姚曙光《國民革命失敗的民粹主義因素分析——以湖南農民運動爲個案的探討》，《南京大學學報（哲社版），2003 年第 3 期。

〔註13〕 楊發民《「左」傾中國社會主義意識形態的特徵》，《人文雜誌》，2005 年第 1 期。

〔註14〕 王玉華《章太炎共和思想論》，《福建師範大學學報（哲學社會科學版）》，2002 年第 3 期。

了眞知灼見，但也有一些不符合孫中山思想實際的成分。孫中山的民生主義既與俄國的民粹主義有本質的不同，也不是主觀社會主義；孫中山的土地綱領既不激進，也不是純粹的十足的資本主義綱領。造成列寧理解偏差原因是：首先，列寧評價孫中山的依據不充分；其次，列寧當時評價孫中山的參照系是俄國；第三，列寧對孫中山的評價是基於他當時對社會主義理解和認識。〔註 15〕

　　對民粹主義的深入研究和發掘同樣體現在對於民粹主義思想起源的研究上。有作者認爲傳統的民粹主義植根於小農經濟的文化心態。儘管它是以「俄羅斯問題」的形式表現出來的，但在中國與俄國具有語言表述上的相似性。中國近代的民粹主義心態，以孫中山和章太炎最具典型意義：一是通過民生主義表現出民粹心態的內在矛盾與緊張；一是以回歸傳統而顯示出的傳統民粹心態對近代人物所具有的巨大的吸附力。從兩種民粹心態的分析可以看到世紀初期社會主義和反資本主義思潮之間的微妙關係，尤其是民粹主義心態在其中所起的重要作用。〔註 16〕

　　民粹主義與馬克思主義的關係問題是民粹主義的重點研究課題。有作者對於相關問題進行了比較系統全面的歸納總結。〔註 17〕關於新民主主義革命和民粹主義的關係有作者認爲，中國共產黨人並沒有成爲民粹主義浪漫理想王國的追求者，也沒有認同於拒斥「現代化」思潮的保守派，而是保持了冷靜的現實主義態度和馬克思主義立場，這對於最終解決通往社會主義途徑具有深遠影響。在馬克思主義中國化的社會轉變道路的探索中，毛澤東的新民主主義理論佔有重要地位，正是在新民主主義理論中才正確地解決了中國社會經過新民主主義走向社會主義的歷史選擇問題。〔註 18〕同時也有作者認爲，民粹主義是一個具有複雜性、模糊性的理論和實踐特徵的世界性思潮。通過對新民主主義理論和社會主義改造進程等問題的分析和論爭，人們得出了不盡相同的結論，其中既包括如何吸取歷史經驗、加深對社會主義初級階

〔註 15〕劉貴福《循名責實對列寧《中國的民主主義和民粹主義》的一點看法》，《馬克思主義研究》，2005 年第 2 期。
〔註 16〕陳曼娜《略論辛亥革命時期的民粹主義心態》《湖北大學學報》（哲學社會科學版）2002 年第七期。
〔註 17〕姜若寧、王兆祥《馬克思主義與民粹主義的論戰史述評》《馬克思主義研究》2000 年第 3 期。
〔註 18〕王素麗《馬克思主義中國化的社會轉變道路與近現代民粹主義思潮》《中共黨史研究》1998 年第三期。

段認識的問題，也包括如何評價毛澤東思想的問題。〔註19〕

1.1.2 現有民粹主義研究模式的不足之處

　　自1912年列寧發表《中國的民主主義和民粹主義》至今，關於中國近現代民粹主義的討論斷斷續續進行了九十餘年，在此期間產生了相當數量的研究成果。以上僅是對近些年來有代表性的成果和觀點所進行的歸納。關於此問題學術界形成了比較完善的研究領域，同時產生了一批學術成果，在某些問題上也達成了相當的共識。但同時必須看到對於中國近現代民粹主義的研究存在著明顯的不足。

　　首先，現有研究幾乎是以單一的俄國經驗爲研究的標尺和參照，而忽略了民粹主義是一種具有世界性範圍的思潮。雖然中俄兩國的民粹主義具有某些相似的特徵，但在世界範圍而言，俄國的民粹主義具有特殊性。以單一的俄國標準作爲研究的標尺，尤其是幾乎僅以對於資本主義的超越作爲標準，自然會忽略民粹主義的其他重要的特徵，從而使民粹主義的研究限於片面。

　　其次對於民粹主義的研究並未完全擺脫列寧對於民粹主義的批判模式，學術界仍將主要的精力集中於探討民粹主義與社會主義和馬克思主義的關係。而對於作爲一種普遍存在的政治思想的民粹主義，並未進行系統的研究。尤其是未就中國民粹主義的起源發展特徵等問題展開系統的專題研究。對於民粹主義政治思潮的研究雖然貌似繁榮，但實際上除一些有影響的個案研究以外，並無系統上的突破。這實際上從根本上束縛了對於此問題的研究。國內有些學者已經認識到了這個問題，並指出了研究中已經存在的一些缺陷。〔註20〕同時也有學者認識到民粹主義具有複雜性和模糊性的理論和實踐特徵，同時就其國際化等特徵進行了總結。〔註21〕而文學界對民粹主義的研究有所突破，並拓展了民粹主義的內涵。關於民粹主義的本質，有作者認爲，民粹思想的核心問題是文化施眾和文化受眾、文化載體和文化受體之間的關係問題，兩者之間的關係如何也就是區別民粹與否的質點。民粹主義的關鍵在於

〔註19〕劉志光、王磊、蘇鴻《中國社會主義發展與民粹主義研究綜述》《中共黨史研究》2002年第二期。

〔註20〕李偉《馬克思主義研究》2003年第1期《關於國內民粹主義研究的幾點討論》。

〔註21〕劉志光、王磊、蘇鴻《中國社會主義發展與民粹主義研究綜述》《中共黨史研究》2002年第二期。

知識分子的立場和出發點是以民眾為本位，把民眾當作真理的支柱而無限地仰視，而非俯視和平視民眾，搞民眾崇拜。〔註 22〕作者對於民粹主義內涵的挖掘已經超出了以前的很多作者，他已經將民粹主義從對於資本主義社會形態的超越的表象拓展為其內核——「以民眾為本位，把民眾當作真理的支柱而無極限地仰視」。民粹主義作為在一定歷史時期普遍存在的一種思潮，雖然在各自的領域之內表現不同，但作為同一概念，其在內涵上必然具有通約性。實際上民粹主義在政治思想領域內的表現也不僅僅是對於資本主義的超越，這僅僅是其標而非是其本。對於近現代中國民粹主義的後續研究而言，首要任務是理清民粹主義的內涵和外延，從近代中國民粹主義產生的根源和流變等角度對於民粹主義本身進行研究。否則對於民粹主義的研究就難以擺脫以僅有的史料炒冷飯的狀況，更何談有重大的突破。

　　對於世界範圍內的民粹主義研究而言，比較全面地對於民粹主義研究狀況進行歸納總結的是英國塔格特的專著《民粹主義》〔註 23〕。他從歷史的角度認真分析了世界各地的民粹主義思潮及其運動。塔格特認為：民粹主義本身是一個具有內在矛盾的悖論，其本身處於兩難的困境之中；必須結合具體的情景才能相對客觀地對民粹主義進行認識。在這部專著中，塔格特主要以美國歐洲和拉丁美洲的民粹主義作為案例進行研究，而將俄國的民粹主義作為一個特例，對中國近現代的民粹主義並未提及。

1.2 民粹主義的內涵與特徵

　　民粹主義是在特定的社會轉型階段，即從傳統的農業社會向近代的工業社會過渡的一種歷史現象。民粹主義思想由於歷史條件和社會環境的不同而形態千差萬別。學術界已提出了多種標準對民粹主義思潮進行了區分和研究，但筆者認為均未能扼要地對民粹主義進行有效地區分。現有的分類方法在研究中反而在某種程度上引起了混亂。而以民粹主義思潮所處的外部政治環境作為區分標準，可以將民粹主義政治思潮首先區分為代議制民主體制內的民粹主義和代議制民主體制外的民粹主義，繼而將民粹主義區分為民粹社會主義和民粹主義民主。在資本主義代議制完善以前，民粹主義普遍呈現出

〔註22〕苗四妞《試論民粹思想與 20 世紀中國文學》《人文雜誌》2001 年第 4 期。
〔註23〕塔格特《民粹主義》吉林人民出版社，2005 年 5 月第一版。

民粹社會主義的形態。民粹主義民主主要存在於代議制政體相對完善的國家，它主張平民主義政治，強調以直接民權的方法對代議制的弊端進行修正。以此角度對民粹主義進行研究有利於比較全面地揭示民粹主義政治思潮的本質和特徵。

1.2.1 學術界對民粹主義內涵的共識與分歧

以民粹主義所處的外部政治環境作爲標準，從類型學上可以將民粹主義區分爲民粹社會主義和民粹主義民主兩大類型。對於中國的學術界而言，在相當長的時間內民粹主義幾乎就是指俄國的民粹主義。列寧給民粹主義下了一個經典性的定義，他認爲民粹主義「是有關俄國可能發生非資本主義發展的學說」。俄國著名哲學家和思想史家尼·別爾嘉耶夫又說：「民粹主義是俄羅斯的特殊現象」，「民粹主義的思想只能存在於農民、農業國家中」。〔註24〕列寧和別爾嘉耶夫相信俄國有走非資本主義道路的可能。他們所說的民粹主義實際上是指民粹社會主義。

而從世界範圍來看，民粹主義卻並不僅僅屬於農民。民粹主義是一種在世界範圍內普遍存在的思潮，而且不同類型之間的民粹主義有著巨大的差別。總體看來，民粹主義是對現代化的一種反映。雖然被稱爲民粹主義的案例間差別明顯，但還是有著共同之處，那就是對於人民的崇拜。民粹主義認爲，世界是由有智慧的人民以共同的方式，即參照過去事物的理想化模式所創造的。人民居於民粹主義話語體系的中心區域。希爾斯認爲理解民粹主義的關鍵是理解大眾與精英的關係。卡農範認爲民粹主義共同的主題是依靠人民的感召力而不相信精英。學者普遍認爲這是民粹主義的共同特徵。〔註25〕

民粹主義並非是在民眾中自發產生的，它主要屬於特定的知識分子群體。民粹主義主張人民是主體，是整體，從而具有優先權。民粹主義具有兩大特徵，一是群眾優於受過教育的精英，並由此形成民眾集體行動的理論。民粹主義認爲美德只存在於普通人身上，「民」被賦予了道德上「善」的內涵，所以人民有權居於優勢的地位。二是以反代議制爲出發點，而其目的是超越西方的政治體制繼而形成對於西方社會的全面超越。其中第一點是根本的，

〔註24〕馬龍閃《俄國民粹主義產生的歷史條件和它的主要特徵》《俄羅斯研究》2002年第2期。
〔註25〕參見《民粹主義》第二章。

而第二點充分地體現了民粹社會主義對於資本主義所謂的超越特徵。

　　以人民名義所發動的武裝鬥爭是否屬於民粹主義？不能一概而論。民粹主義是現代化過程中或現代社會中的產物，現代化或其過程中是指其所處的政治環境。在傳統社會中的各種武裝起義，即使是以人民的名義也不是民粹主義。同時民粹主義的「民」是一種前階級分析式的思想。它將人民視為一種不存在著分化的整體。如果以階級分析的方式對於人民進行分析則其不屬於民粹主義。因為民粹主義認為人民是一個不可分割的整體，不存在著隨著歷史發展內涵變化的情況。民粹主義是對作為整體的人民的價值的肯定，所以在價值觀上具有與精英主義相對的平民主義的色彩。將人民視為缺乏基本分化的單一實體是民粹主義人民觀的重要特點。民粹主義將人民視為基本的統一體。而無產階級革命也使用人民的概念，但其使用階級分析的方法對人民進行分析，而且認為人民是一個歷史範疇是隨著時代的變遷而變化的。是否將人民作為一個缺乏分化的單一實體，是評判民粹主義的重要標誌之一。

1.2.2 民粹主義民主的內涵與特徵

　　民粹主義是歷史的發展過程中對於現代化的一種反應。民粹主義的形成和發展與代議制政體有著十分密切的關係。代議制民主與民粹主義的關係在某種程度上決定了民粹社會主義與民粹主義民主的分野。民粹社會主義處於非完善的代議制民主政治體制下，或完全游離於代議制政體之外的。而民粹主義民主是代議制政體的一部分，並在代議制民主政治環境下運行。是否處於完善的代議制環境中成為區分民粹主義類型的最主要標準。以民粹主義所處的政治環境為標準，民粹主義可分為體制內的民粹主義和體制外的民粹主義。體制內的民粹主義，例如歐美和拉丁美洲的民粹主義；體制外的民粹主義，例如中國和俄國的民粹主義。

　　民粹主義民主與代議制民主的關係是相互影響的。對代議制的不滿產生了民粹主義民主；而民粹主義民主使代議制民主修正其弊端，使其更加完善。對於體制內的民粹主義而言，它修正並補充了代議制的直接民權的內容，這在美國的民粹主義運動中表現尤為明顯。民粹主義民主作為一種政治運動雖然是從反代議制開始的，但它只有在代議制的環境中才能存在和發展。這使得體制內的民粹主義民主最終成為代議制民主政體的有機組成部分。而體制外的民粹社會主義注定要被更加激進的左翼政治思潮所替代。中國和俄國政

治發展的歷史證明了這一點。

英國青年學者保羅・塔格特在《民粹主義》〔註26〕一書中對代議制政體下民粹主義的特徵進行了歸納。在這本書中，他對五種類型的民粹主義進行了研究，這五種類型分別是：美國的民粹主義，俄國的民粹主義，拉丁美洲的民粹主義，加拿大的民粹主義和新民粹主義。他將俄國的民粹主義視為一個特例，而認為其他的民粹主義具有普遍性。從其對代議制政治環境下民粹主義的研究中，我們可以總結出民粹主義民主的主要特徵。民粹主義民主在西方民主體制下，主要表現為對代議制政體的反映，體現為試圖修正代議制弊端的直接民權。從眾多民粹主義思想研究者對民粹主義的總結中，可以歸納出民粹主義民主的主要特徵。「民粹主義者敵視代議制政治；民粹主義者把他們所偏愛的群體作為理想化的中心地區並以此作為辨識自身的依據；民粹主義作為一種思想意識缺乏核心的價值；民粹主義是對嚴重危機的強烈反應；民粹主義因自身的矛盾性而具有自我局限性；民粹主義作為像變色龍一樣的東西，能夠隨環境的變化而變化。」〔註27〕思想史大師以賽亞・柏林對民粹主義的總體特徵進行了概括，並總結了民粹主義的若干特徵。第一個特徵是承認禮俗社會（譯者注：近似於社區），這可導致完整而協調的社會思想的形成。第二個特徵是民粹主義不關心政治即政治體制不感興趣因為民粹主義首先信仰社會，其次才信仰國家。第三個特徵是民粹主義留戀過去，試圖把古代的價值觀帶進當代社會。第四，民粹主義發生於經歷或即將經歷現代化過程的不同社會之中。〔註28〕從以賽亞・柏林和塔格特對民粹主義與代議制關係的歸納中可以反映出民粹主義民主的某些特徵。另外一些學者在研究中對民粹主義民主的特徵進行了更加具體的描述。希爾斯認為，民粹主義基本上不信任那些充斥於這些機構（引者，指國家大學官僚和金融機構）中的人，認為他們不僅腐敗，而其缺乏智慧，智慧屬於人民，政治機構只有認同於人民而不是代表的意願，政治才被看成是合法的。〔註29〕希爾斯強調人民主權以及政府與人民之間直接接觸的重要性。〔註30〕康豪澤認為，大眾社會導致民粹主義民主的產生，與之相對的是自由民主。作為規避代表制機構和社團的方式，民粹主義民主需要人民直接參與，而且還要取

〔註26〕塔格特《民粹主義》，吉林人民出版社，2005 年 5 月第一版。

〔註27〕《民粹主義》，第 3 頁。

〔註28〕《民粹主義》，第 22 頁。

〔註29〕《民粹主義》，第 15 頁。

〔註30〕《民粹主義》，第 21 頁。

消個人自由，因爲人民是整體，有優先權。〔註31〕卡農範認爲，美國二十世紀早期的進步運動的根源是十九世紀的民粹主義運動，通過對進步運動的研究，她總結了其中的若干民粹主義特徵。例如這場運動不信任代議制政治的公共機構，而是尋求引進那些能夠避開代議制功能的機制，例如公民立法的提案權，公民復決投票權以及罷免權。這些相當程度上建立在民粹主義所奠定的基礎之上，從而進一步完善了美國的民主模式。卡農範認爲，民粹主義者的民主形式會產生一個系統，這個系統強調權力下放，廣泛採用公民復決的方式解決高度分化和分割的人口問題，這種系統還會在困難的環境下產生一種具有可操作性的民主形式。〔註32〕在根本上，民粹主義作爲一套思想體系與政治，尤其是與傳統的代議制政治有著根本性的矛盾。民粹主義認爲政治是混亂和腐敗的。爲了迴避代議制政治制度，結構和模式的問題，民粹主義試圖將普通人的簡單明瞭轉化爲簡單直接的政治結構，依靠領導者或者避開與政黨湊在一起。〔註33〕這實際上也就形成了民粹主義民主的所謂直接民權的特徵。塔格特認爲，民粹主義的重要特徵是「那種概念化方面進行廣泛而大膽的嘗試將得出的結論是，民粹主義實質上是一個破碎斷裂的概念。」〔註34〕所以如果將各種類型的民粹主義進行總體研究，則無法進行有效的研究。有效地對民粹主義進行分類是進行民粹主義研究的基本前提。

1.2.3 中國早期民粹主義——民粹社會主義的內涵與特徵

　　中國早期的民粹主義政治思想的主流屬於民粹社會主義。本文採用的是民粹社會主義的標準對中國近代的民粹主義政治思想進行梳理和研究。顧名思義，民粹社會主義是民粹主義與社會主義尤其是農業社會主義的結合。在近代經濟發展落後的許多國家，都發生過憎惡和抵制現代工業化的思潮和運動。這在俄國稱之爲民粹主義；在拉丁美洲稱之爲民眾主義；在非洲有鄉村社會主義；在亞洲有甘地主義。在中國，民粹主義在知識分子中也有影響。〔註35〕民粹社會主義作爲民粹主義與社會主義的結合，體現出民粹主義與社會主義的雙重特徵。俄國的民粹主義是民粹社會主義的經典類型，有學者對

〔註31〕《民粹主義》，第 16 頁。
〔註32〕《民粹主義》，第 26 頁。
〔註33〕《民粹主義》，第 3、5 頁。
〔註34〕《民粹主義》，第 30 頁。
〔註35〕羅榮渠《從西化到現代化》，北京出版社，1988 年版，第 27 頁。

以俄國爲代表的民粹社會主義的典型特徵作了系統的總結，現歸納如下。

首先，民粹主義者將人民推上了聖壇，將人民作爲信仰崇拜的對象。所謂「民粹派」從表面上理解就含有「人民的精粹」或「粹藏於民」的內涵。民粹社會主義者認爲，人民在多數場合是指農民和社會上的勞動階級。其次，在民粹社會主義的思想中具有濃厚的反智主義的成分，推崇勞動人民，反對文化崇拜。民粹主義是以對於人民的崇拜爲前提的。在民粹主義者看來，知識分子所獲得的全部文化都是人民的勞動創造的，而掌握文化的少數人則是靠著人民的血汗養活並獲得文化的，於是知識就成爲了知識分子所背負的沉重的原罪。正因爲如此，民粹派知識分子在人民面前總有一種贖罪感。所以在民粹社會主義思潮之中，「知識分子與人民」的關係問題，是民粹主義思想中一個長盛不衰的永恒的議題。再次，民粹社會主義的社會理想之中總是有一個傳統的現實或理想中的社會組織作爲原型，並試圖在此基礎上建立一個新的社會以實現對於資本主義的超越。〔註 36〕這個傳統的社會組織在不同的文化傳統中呈現出不同的形態。

在政治實踐上，民粹社會主義體現爲一種超越的特徵，即繞過資本主義道路，直接過渡到社會主義。民粹社會主義是從傳統社會向現代社會過渡過程中的產物，是小生產者對於現代化的一種反應。小生產者在從傳統向現代的轉變中處於劣勢，隨時處於瀕臨破產的邊緣，民粹主義表達了他們面對現代化恐懼的呼聲以及對傳統社會無限的留戀。一般來講，民粹社會主義產生於從傳統的農業社會向現代化轉化的過程中，所以民粹社會主義思潮之中存在著明顯的鄉戀情結，體現出對於已經失去的田園牧歌的鄉村生活的懷戀。民粹社會主義同農民階級是直接相聯繫的，它把農民階級看作實現社會主義的基本力量。這是民粹社會主義的重要特徵。

民粹社會主義是農業社會主義的一種特殊表現。以農民爲粹並不意味著民粹社會主義僅僅涉及到農民和他們的村舍。俄國的民粹主義者認爲村社原則形成的「自然集體主義」，不僅存在於廣大的農村，還存在於城市中。手工業者自由結合的各種聯合會，如木工聯合會、車夫聯合會等等「流動的村社」是城鄉聯繫的環節，有助於村社原則的推廣。〔註 37〕民粹社會主義是一種矛

〔註36〕馬龍閃《俄國民粹主義產生的歷史條件和它的主要特徵》，《俄羅斯研究》2002年第 2 期。

〔註37〕徐覺哉《社會主義流派史》，上海人民出版社，1999 年版，第 80 頁。

盾的結合，其中既有社會主義的空想成分，同時又表達了農民的革命民主要求。馬克思主義經典作家對於民粹主義作了十分準確的評價。恩格斯針對 19 世紀初期空想社會主義的一句名言同樣適用於民粹主義：「在經濟學上是錯誤的東西，在世界歷史上卻可以是正確的。」〔註 38〕列寧在提醒人們注意恩格斯的這句名言時指出：「民粹派的民主主義在經濟學的形式上是錯誤的，而在歷史上卻是正確的；這種民主主義作爲社會主義烏托邦是錯誤的，但是作爲農民群眾的特殊的、有歷史局限性的民主主義鬥爭的表現，卻是正確的，」〔註 39〕

　　綜上所述，雖然民粹主義特徵各異流派紛呈，但同作爲民粹主義，其內涵具有共性。即肯定作爲精英對立面的作爲整體的人民的價值和要求，並以整體的人民作爲動力的一種思想體系。民粹主義作爲在近現代世界廣泛存在的思潮還受到了各國國情和文化傳統的深刻影響。美俄的民粹主義差異是巨大的，這主要代表了民粹社會主義與民粹主義民主兩種民粹主義類型之間的差異。美國的民粹主義體現爲土地所有權的激進主義；而對俄國的民粹主義而言，俄國的農村和農民是他們的中心。體制內的民粹主義是作爲代議制民主的補充而存在的，具有直接民權的特色同時具有改良的特色。而體制外的民粹主義具有對於西方社會整體超越的特色，它最終成爲向更加激進的左翼思潮過渡的橋梁。

1.3 平民主義與民粹主義辨析

　　平民主義政治思潮對於近現代中國政治思想的發展產生了十分重要的影響，很多思潮都被貼上了平民主義的標簽。中國近代存在著民粹主義的思潮是一個不爭的事實，但學術界對於民粹主義的理解存在著很大的歧義，其中一個重要的原因在於其與平民主義的關係。有學者認爲，對於中國近代的思想而言，歐美語境中的所謂民粹主義就是平民主義，甚至將二者等同起來。有人鑒於這兩個概念的含糊，甚至主張放棄民粹主義的概念而以平民主義取而代之。但就中國近代而言，雖然平民主義與民粹主義均是中國近代政治現代化過程中的產物具有諸多共性，但二者具有不同的內涵和特徵，是兩種截

〔註 38〕《馬克思恩格斯全集》，人民出版社，第 21 卷，第 521 頁。
〔註 39〕《列寧全集》人民出版社，第 18 卷，第 352 頁。

然不同的思想體系。

　　近代中國的所謂平民主義一般是指關注普通人民的社會地位、作用和權利的一種思想體系。中國近代的平民主義政治思潮經歷了平民意識、平民主義社會文化思潮和平民主義政治思潮三個階段。〔註40〕這三個階段是逐層遞進緊密相連的，而平民主義的內涵和特徵應是指其成熟時期的內涵和特徵。五四之後中國思想界對於民主的理解具有更加明顯的平民主義的色彩，開始形成平民主義政治思潮。俄國十月革命的發生以及五四運動顯示了民眾勢力的崛起和民眾力量的偉大，有人寫道：「現在的世界潮流趨於平民的方向」。〔註41〕有篇宣言寫道：「世界潮流漸趨於勞動社會，所謂『平民全體的能力組織之強固之國家』一語，將由理想而演成事實，時勢所趨，雖有大力，莫之能逆。」〔註42〕伴隨這類在當時較有普遍性的認識，平民主義思潮大起，「平民」一詞充斥報刊，成為極時髦的用語。〔註43〕至此，對平民的關注已經成為多數知識分子的共識。李大釗的《平民主義》一書中對於中國近代的平民主義政治思潮作了總結。至此中國近代的平民主義政治思潮達到了系統化和完善。

　　李大釗對於平民主義的政治思想作了經典的表達。李大釗的所講的「平民主義」其實就是通常意義上所說的民主政治。針對當時人們對西方文化中的 democracy 一詞的不同理解，李大釗有更為深刻的考慮：「『平民主義』是democracy 的譯語：有譯為『民本主義』的，有譯為『民主主義』的，有譯為『民治主義』，有譯為『唯民主義』的，亦有音譯為『德謨克拉西』的。」〔註44〕為什麼不能直接將 democracy 翻譯成「民主政治」呢？因為這個詞背後包含了豐富的文化意義。他說：「民主主義，用在政治上亦還妥當，因為它可以示別於君主政治與貴族政治，而表明一種民眾政治。但要用它表明在經濟界、文藝界、文學界及其他種種社會生活傾向，則嫌政治的意味過重，所能表示的範圍倒把本來的內容弄狹了。」〔註45〕因此，將 democracy 翻譯成「平民主義」，是李大釗在反覆權衡之後，才使用的一個詞彙。

〔註40〕朱志敏《論五四時期的平民主義思潮》，《近代史研究》，1989 年，第 2 期。

〔註41〕陳體榮《「學生生活」問題的討論》，《南洋》第 8 期，1919 年 11 月 10 日。

〔註42〕《平民生計社宣言》，《新青年》，第 5 卷，第 5 號，1918 年 11 月 15 日。

〔註43〕朱志敏《論五四時期的平民主義思潮》，《近代史研究》，1989 年，第 2 期。

〔註44〕《平民主義》，《李大釗文集》第 4 卷，人民出版社，2000 版，第 246 頁。

〔註45〕《平民主義》，《李大釗文集》第 4 卷，人民出版社，2000 版，第 246 頁。

　　李大釗的平民主義政治思想也是經歷了一個發展過程的，其思想演化的過程比較典型地體現了平民主義政治思潮在中國近代流變的過程：那就是從中國傳統的民本思想到近代資產階級的民主政治思想，再到無產階級的平民政治——即工人政治。隨著李大釗對資產階級的民主政治有了更深入的瞭解，他開始追求一種新型的民主政治模式——平民主義政治。這種平民政治，其行爲不是對人的控制而是對物的管理，不是研究如何得著權力，而是研究如何管理事物。在《由平民政治到工人政治》一文中，他說道：「現代德謨克拉西（democracy）的意義，不是對人的統治，乃是對物的管理或執行。我們欲實現德謨克拉西，不必研究怎樣可以得著權力，應該研究管理事物的技術。」〔註46〕後來，他又在《平民主義》一文中又作了詳細的補充：「平民主義」政治的精髓在於它不是對人的統治，而是對物的管理，是人道主義與社會主義的統一。李大釗認爲：「現代的『平民主義』，由於人民的政治，不是對人的統治，乃是對事物的管理。我們若欲實現『平民主義』，不必研究怎樣可以得著權力，應該研究怎樣可以學會管理事物的技術。」而在李大釗的思想中，平民主義不僅作爲一種政治形式，而且也作爲一種精神氣質。李大釗指出：「現在的平民主義，是一個氣質，是一個精神的風習，是一個生活的大觀；不僅是一個具體的政治制度，實在是一個抽象的人生哲學；不僅是一個純粹理解的產物，並且是深染了些感情、衝動、念望的色澤。」〔註47〕他曾多次地說道，將 democracy 這個詞翻譯成任何現代漢語，都有可能使該詞所包含的豐富的文化意義喪失掉，故而譯爲「平民主義」最爲恰當。

　　爲此李大釗強調純正的平民主義。李大釗運用階級分析的原理認識到：「普通所說的平民政治，不是眞正的平民政治」，「純正的平民主義」，「就是政治上、經濟上、社會上一切特權階級，完全打破，使全體人民，都是爲社會國家作有益工作的人」〔註48〕。而這種平民的社會，只有通過階級鬥爭，建立工人階級政權以後，才能實現。李大釗揭露在剝削制度下勞工受物質的剝削，更被剝奪了學習的機會是「莫大的罪惡」，指出工人爭取八小時工作，八小時休息，還要爭取時間學習，「去讀書，去看報，去補習技能，慰安性靈」

〔註46〕 轉引自吳根友《簡論李大釗的社會理想》，《河南大學學報（社會科學版）》，2004 年，第 1 期。

〔註47〕 《平民主義》，《李大釗文集》，第 4 卷，人民出版社，2000 版。

〔註48〕 《李大釗選集》，人民出版社，1959 年版，第 427 頁。

是「非常的寶貴的」。「不許專立幾個專門學校，拿印板的程序去造一班知識階級就算了事，必須多設補助教育機關，使一般勞作的人，有了休息的工夫也能就近得個適當的機會去滿足它們知識的要求……像我們這樣教育不昌、知識貧弱的國民，勞工補助教育機關尤是必要之必要，望關心社會教育、勞動問題的人注意！」〔註49〕他熱情號召革命青年到工農群眾中去，「去開發他們，使他們知道要求解放、陳說苦痛、脫去愚暗、打算自己生活的利病」，去消滅痛苦的原因。「這樣的民主主義，才算有了根底，有了源泉」〔註50〕。

綜上所述，平民主義經歷了平民意識、平民主義社會文化思潮、平民主義政治思潮三個階段，從總體上體現了對於普通人民的社會地位、作用、權利的關注。李大釗的平民主義內涵是民主主義，並以馬克思主義階級分析的方法來對人民進行分析，並未將人民視為一個同質的整體。所以平民主義的形成標誌著其已經擺脫了民粹主義。民粹主義和平民主義具有自身獨特的特徵和內涵，是一個各自獨立的思想體系，不能以其中的任何一方來代替另一方。只有真正理清二者的聯繫和區別，才能對中國近現代的民粹主義和平民主義政治思潮做出客觀準確地研究和評價。

〔註49〕《李大釗選集》，人民出版社，1959年版，第427頁。
〔註50〕《李大釗選集》，人民出版社，1959年版，第427頁。

2. 中國早期民粹主義政治思想形成與發展的歷史條件

2.1 中國早期民粹主義政治思想形成與發展的社會條件

　　中國近代的民粹主義思想與俄國所不同的是，中國既沒有完全意義上的民粹主義思想家，也沒有產生重大社會影響的民粹主義運動。中國的民粹主義思想主要是與無政府主義思潮伴生的，無政府主義是民粹主義的最主要寄主。關於民粹主義與無政府主義的關係，本文將在涉及到之處分別闡述，以保持篇章結構的完整。1907 年 6 月劉師培創立了《天義報》宣傳無政府主義，其中包含著諸多民粹主義思想。這是中國近代民粹主義思想的最早記載，所以將 1907 年定爲中國民粹主義思想的開始。將 1927 年定爲分界點基於以下兩個原因。一是 1927 年無政府主義作爲一種政治思潮退出了歷史舞臺，而與之伴生的民粹主義思想也失去了寄主。中國民粹主義的形態隨之發生了轉變。二是瞿秋白在 1927 年著文總結批判了民粹主義思潮，這表明了中國的知識分子對民粹主義的認識已經達到了理性的階段。基於以上原因，將 1907～1927 界定爲中國民粹主義思想的早期。中國早期民粹主義政治思想形成與發展的社會條件主要體現在以下幾個方面。

2.1.1 近代中國社會危機的全面爆發

　　中國近代處於內憂外患，全面的危機之中。19 世紀末 20 世紀初中華民族的全面危機成爲近代中國思想界的大背景。甲午戰敗和《馬關條約》的簽訂

在社會上引起了巨大的震動，有識之士已經意識到甲午戰爭的慘敗是中國歷史的一個重大轉折點。梁啓超在《戊戌政變記》中多次指出：「喚起吾國四千年之大夢，實自甲午一役始也」，許多報紙雜誌也曾發表文章，說明「中國久睡初醒」。甲午戰後中華民族意識的迅速覺醒，甲午戰爭是中國近代思想的催化劑。〔註1〕無數仁人志士放眼世界，尋求救亡圖存之道。近代中國的社會危機與民族主義思潮研究在學術界成果斐然，篇幅所限，此不贅言。

總之，19世紀末20世紀初嚴重的民族危機刺激著中華民族，中國人民認識到只有用新的思想武器才能救亡圖存。而民粹主義也正是在這種探求新思想的過程中產生和發展起來的。民族主義是中國近代所有思想總的目標和特徵，民粹主義也不例外。與民族主義的親和程度，以及作為手段實現民族主義的有效性決定了民粹主義在中國近代思想舞臺上的命運。所以從這個角度上講，民族主義是民粹主義命運的仲裁者。

2.1.2 近代中國商品小農的壯大

近代中國的民粹主義是在現代化過程中產生的，它在政治社會和文化等方面對於中國近現代思想的發展產生了廣泛而深遠的影響。以往學術界普遍認為，民粹主義是小生產者和小資產階級的呼聲，是小生產方式在上層建築上的體現。這是馬克思主義經典作家的結論，在學術界業已形成普遍的共識。但對於中國近代的民粹主義而言，僅作如上結論並不能準確客觀地解釋民粹主義產生和發展的階級基礎。中國近代處於從傳統社會向現代社會的過渡時期。在這個特殊的歷史階段，它既具有傳統社會的某些特徵，也具有現代社會的某些特徵。近代中國的小生產正是這種具有雙重特性的歷史現象。從傳統性而言，中國近代仍然是小農經濟的汪洋大海；而從現代性而言，隨著中國日益被捲入世界資本主義的漩渦之中，中國的小農日益呈現出商品化的趨勢。商品小農經濟是近代中國小生產的重要特徵，商品小農也是中國近代社會發展的一個重要的變化。數量巨大，分佈廣泛的商品小農是近代中國民粹主義最主要的階級基礎。

近代中國商品小農的現代性與啟蒙思潮

民粹主義是近代中國社會現代化過程中的產物。社會現代化是社會變遷的形式之一，是一種特殊形式的社會變遷。它是指人們利用近現代的科學技

〔註1〕轉引自陶緒《晚清民族主義思潮》，人民出版社，1995年版，第146頁。

術，全面改造自己生存的物質條件和精神條件的過程。一般認為，社會現代
化包括以下幾方面的基本內容：以工業化為核心的經濟現代化；以民主和效
率為標誌的政治現代化；城市化；以科層制為起點的組織管理的現代化；社
會結構的分化和普遍性社會關係的建立，文化和人的現代化；生活方式的現
代化。依據一個國家現代化起始時間以及現代化的最初啟動因素，可以將捲
入現代化浪潮的國家分為兩大類型，即早發內生型現代化和後發外生型現代
化。前者以英國法國部分西歐國家和美國為代表，後者以日本俄國和中國等
國為代表。由於後發外生型現代化本身所具有的特點以及它所面對的特殊制
約條件，其發展過程中會面對一些特殊的問題。概括地說，可以歸納為四類：
錯位現象，失衡現象，畸變現象，兩難現象。由傳統因素的瓦解和現代因素
生成的異步性造成了錯位現象。後發型現代化所需要的社會綜合能力，並不
是在短期內就可以形成，這樣就造成了突然提出的新任務與正在形成的能力
間的錯位現象。對於後發外生型現代化國家而言，現代化往往是在條件相對
較好的地區首先開始的，其結果就是在傳統的汪洋大海之中形成一些規模和
範圍有限的現代化孤島，而這就造成了所謂的失衡現象。在現代地區和部門
變得越來越現代化的同時，傳統地區和部門卻變得越來越落後，形成了人們
通常所說的二元結構。在現代化的過程中，會出現一些與現代性因素極為相
似，但在實質上卻與現代化的要求背道而馳的現象，這就是所說的畸變現象。
對於現代性因素來說，這種現象有一種貌合神離的性質，其中最為典型的是
過度城市化的現象。在後發外生型現代化中，交織著各種極為複雜的矛盾。
這些矛盾交織的結果，就是在現代化中形成了一系列政治經濟文化上的兩難
窘境。〔註2〕正是這些特徵導致了現代化過程中民粹主義的產生。

　　中國的傳統社會是一個小農社會，但在不同的生產力水平下，小農經濟
具有不同的特徵。從歷史過程看，隨著生產力的發展，小農經濟大體經過了
古典小農、宗法小農、商品小農和現代小農等幾個發展階段。在中國，古典
小農的興盛期大約在戰國至東漢時期。在此期間，商品化程度較高，家庭小
而獨立，全面的宗法社會尚未形成，商品經濟中的價值規律起著重要的作用。
宗法式小農是建立在人的依附性上的經濟形式，它是小農演進的又一新階
段，在我國大約為東漢以後至明清時期。東漢以後，中國社會演化為宗法社

〔註2〕 參照孫立平主編《社會學導論》，首都經濟貿易大學出版社，2004 年第一版，
　　　　第十二章。

會，與此同時古典自由農民也演化爲宗法依附農民。隨著生產力的不斷發展，宗法小農向商品小農演進。商品小農形態是小農系統演進的又一新階段，它大約產生於明清以後。商品小農的運行基礎是商品經濟。在這種經濟形式下，契約關係逐漸成熟，競爭規則也日趨平等。宗法小農演變爲商品小農的過程也就是從自然經濟發展成爲商品經濟的過程。隨著社會的進一步發展和現代化的全面推進，商品小農也就進一步發展成爲現代小農。〔註3〕明清之際，隨著資本主義萌芽和生產力的不斷發展，自然經濟向商品經濟轉化，宗法小農也開始向商品小農演進。鴉片戰爭之後，中國日益被捲入了世界經濟的漩渦之中，中國小生產的商品化成分迅速加大。雖然中國近代農業的生產力水平和商品化程度有所提高，但由於中國的資本主義經濟發展相對緩慢，不能消化大量的剩餘勞動力，中國廣大農村地少人多的基本狀況並未改變。在這種社會條件下，小農經濟仍然是中國近代農村的主要經濟形態。

近代中國商品小農的這種兩重性是在近代中國社會處於從傳統社會向現代社會過渡的過程中，即現代化的過程之中得以體現的。所謂現代化，具體體現爲一個國家、一個地區的現代性生長和構成的過程。作爲現代化的主要構成因素，現代性的生成、推演和鋪陳即形成了所謂現代化的進程。〔註4〕現代性是現代化本質的體現，「現代性」產生和發展，爲現代化提供了基本前提。個人主義和理性主義是「現代性」的主要觀念。現代化的社會特徵體現爲理性化和世俗化。理性化的現代生活體現爲公民意識、思想自由、學術獨立、宗教寬容、個性文化、世俗人生等特徵。所謂「現代性」，主要是指啓蒙運動所開啓的近代西方社會現代化的基本原則，即以個人主義和理性主義爲中心的、處於主流地位的現代西方文化觀念。現代化不僅是經濟發展、政治變革、社會進步，而且是一場以理性主義爲基礎的深刻文化變遷。理性主義是「現代性」的根本特徵。〔註5〕理性主義在從傳統向現代的轉化過程中引起了各個領域的一系列變化，構成了現代工業文明的文化價值基礎。以韋伯爲代表的西方思想家概括了理性主義思維的要點，即：明確意識到行動的目的；對所

〔註3〕《對小農經濟特性的兩點再思考》，《內蒙古社會科學（漢文版）》，2003年，第1期。

〔註4〕周穗明等《現代化：歷史、理論與反思：兼論西方左翼的現代化批判》，中國廣播出版社，2002年第一版，第165頁。

〔註5〕周穗明等《現代化：歷史、理論與反思：兼論西方左翼的現代化批判》，中國廣播出版社，2002年第一版，第166頁。

追求的具體目標進行價值大小的比較；根據預計的後果權衡行動的必要性；根據目的選擇手段，以用最小代價獲取最大利益作為選擇標準；在行動中遵循嚴格的首尾一貫性，使一切行動合理而有序。〔註6〕商品經濟呼喚理性，而商品小農商品經濟的一面體現出啓蒙和理性的需求。在這方面商品小農體現出了現代性。在現代意義上的商品關係中，契約關係取代了宗法關係。在近代中國的商品小農身上這種個人主義體現為對於自由和權利的渴求。

現代化的基礎是工業化和市場化，城市化是工業化的主要副產品。民粹主義產生於城市而不是產生於農村。民粹主義是現代化過程中的產物，正是這種對於鄉村的脫離使其產生了對於鄉村生活深深的懷戀。工業化、市場化改變人們的經濟關係，城市化則改變了人們的社會關係。近代中國的商品小農具有商品和小農的雙重屬性，這種特性決定了近代中國商品小農在現代性問題上的內在矛盾。商品小農商品經濟特色的一面體現了現代性，而其傳統小農的一面則體現了反現代性。在近代中國社會特定的歷史條件下，其現代性通過啓蒙思潮體現出來。中國的傳統的社會以小農經濟為基礎，王權專制主義彌漫於一切領域，自然不存在著理性主義發展的環境。鴉片戰爭之後，近代中國商品經濟的發展，客觀上也培植了理性主義的文化環境和社會氛圍。科學與民主構成了理性主義精神的核心內容。以民主和科學作為旗幟的新文化運動是中國近代思想啓蒙的運動，同時也是一場理性主義的革命，充分地體現了現代性的基本精神。

中國歷史上的小農經歷了經典小農、宗法小農、商品小農三個發展階段，中國近代的小農屬於商品小農。商品小農的運行基礎是商品經濟。商品小農所具有的商品經濟的特性，決定了它對於自由的必然訴求。商品小農在關注平均的同時比宗法小農更加注重個性的自由。高舉科學和民主大旗的新文化運動是一場真正意義上的理性主義的思想啓蒙。在近代的商品小農身上，作為商品交換主體的進步性與作為小生產者的傳統小農的保守性同時並存，使商品小農本身成為了一個矛盾的結合體。其商品性的一面呼喚自由和個性的解放，而其傳統小農的一面又期盼平等乃至平均。商品小農的這種兩重性也體現為近代思想史上啓蒙思潮與民粹主義的對抗。商品小農的商品性的一面體現了其對於啓蒙思潮的要求，即個性的解放和對人身束縛解除的訴求。作

〔註 6〕周穗明等《現代化：歷史、理論與反思：兼論西方左翼的現代化批判》，中國
廣播出版社，2002 年第一版，第 167 頁。

爲商品經濟的產物，商品小農期盼自由。商品交換過程中，商品小農作爲商品交換的主體必然會產生平等自由和契約等諸多的啓蒙意義上的思想要求。近代中國無政府主義思潮也體現了商品小農對於自由的企盼。〔註7〕商品經濟中的自由是資本重壓下的虛假的自由，而無政府主義中的自由是一種脫離了資本重負的自由，它表達了商品小農對新的生產方式的期盼。所以近代中國的啓蒙思潮不僅僅是新型資產階級的政治和社會要求，它同樣體現了中國近代數量龐大的商品小農的要求。

商品小農的反現代性與近代中國民粹主義思想

近代尤其是二十世紀初之後，中國傳統的宗法制度遭到了前所未有的破壞，近代中國的小生產被捲入了世界資本主義的漩渦之中。近代中國雖然具有了某些商品化的特徵，但近代的商品小農仍具有相當程度上的傳統性。在半殖民地半封建的舊中國，廣大的小農在現代化過程中處於弱勢的地位，隨時處於破產的邊緣，其前途具有極大的不可測性。反現代的民粹主義思想是商品小農對現代化所發出的恐懼的吶喊和對於傳統社會中穩定生活的懷戀。中國近代形成民粹主義思想的根本原因。商品小農除了具有其商品性進步的一面外，同樣還擁有作爲小農的保守性，這又使其具有明顯的傳統小農的特徵。作爲商品經濟的產物，商品小農渴望自由；而出於對現代化的恐懼，商品小農期盼平等。反現代性是通過民粹主義體現出來的，民粹主義承載了商品小農對於平等的訴求。

近代中國的商品經濟是在半殖民地半封建的社會條件下形成的，是一種畸形的不徹底的商品經濟。這也就決定了近代中國的商品小農具有商品經濟和小農經濟的雙重屬性。小農的特性決定了它要求平均主義的一面，而商品經濟的特徵決定了它對於自由平等的要求。商品經濟呼喚自由和平等，而在中國近代半殖民地半封建的歷史條件下，小生產者在現代化的過程中處於劣勢，是現代化過程中種種弊端的最終承擔者。這種經濟地位使小生產者在現代化的過程中處於矛盾的狀態，對現代化既愛又恨。既有與現代化相適應的要求民主和自由的一面，又有對傳統社會中與世無爭的傳統生活的懷戀。這

〔註7〕關於近代中國無政府主義思想中的自由內涵參見：徐善廣、柳劍平《中國無政府主義史》湖北人民出版社，1989 年版；蔣俊、李興芝《中國近代的無政府主義思潮》山東人民出版社，1991 年版；李怡《近代中國無政府主義思潮與中國傳統文化》華中師大出版社，2001 年第一版。

也體現了中國傳統的小農在向現代過渡的過程中轉化的不徹底性。民粹主義的反現代性反啓蒙體現在兩個方面：一是以集體主義反個人主義；二是以情感主義和道德主義反對理性主義。與啓蒙思潮弘揚理性化世俗化相比，民粹主義呈現出道德化和禁欲化的傾向。近代中國民粹主義思想中泛道德主義的思維方式與理性主義是相對的，泛道德主義是對於理性主義的反動。

商品經濟在為人的自然個性的發展創造了前提的同時，也存在著私有制基礎上的自由競爭造成人的異化。在民粹主義的思想和實踐中存在著眾多的反異化的思想。在民粹主義的鼻祖盧梭的思想中即存在著明顯的反異化的內容。〔註8〕而在中國式的民粹主義實踐，新村主義和工讀主義中，也有明顯的反異化的成分。在理想的新村和工讀社團中，自由的人自由地組成了自由人的聯合體，在那裡，勞動已經不是為了謀生而成為了人的第一需要。每個人都自由地從事這所喜歡的工作。雖然這些美妙的設想具有明顯的空想的成分併最終歸於失敗，但其已經在中國提前地敲響了對與現代性弊端的警鐘，在這一點上，他們是思想的先知和偉大的探索者。

商品小農的階級特性決定了其具有商品和小農的雙重特徵。民主科學和自由等啓蒙思潮的訴求是其商品性的體現，而民粹主義則是其小農本性的體現，其小農的本性決定了其與民主是相悖的。小農的政治影響表現為行政權力支配社會，在政治上體現為形形色色的權威主義。馬克思說過，農民分散脆弱的經濟地位，使「他們不能代表自己，一定要別人來代表他們。他們的代表一定要同時是他們的主宰，是高高站在他們上面的權威，是不受限制的政府權力，⋯⋯並從上面賜給他們雨露陽光。所以歸根到底，小農的政治影響表現為行政權力支配社會。」〔註9〕

商品小農的這種思想上的兩重性也表現為在啓蒙與民粹之間的徘徊和動搖。作為其商品性的一面，它是啓蒙的重要的社會力量；而作為小農的特性，又使其產生了民粹主義的思潮。啓蒙思潮主張民主和科學，而民粹主義推崇平均和權威。在實踐上它體現為對勞動階級的盲目崇拜，不是用先進思想去改造群眾而是成為了群眾的尾巴，犯了所謂的尾巴主義錯誤。權威是與民主相對的。小農的本性必然會產生各種類型的權威主義，民粹主義的性善論就隱含著權威

〔註8〕相關內容參見朱學勤《道德理想國的覆滅》，上海三聯，2004年第一版，第三章。

〔註9〕《馬克思恩格斯選集》第一卷，人民出版社，1972年版，第693頁。

主義的危機。民粹主義對於科學的反動還體現在其對於生產力的忽視或蔑視上。民粹主義主張在落後農業社會的基礎上實現對於資本主義的超越就是科學精神的缺乏，同時也是對社會發展規律和科學技術的蔑視。而在新村工讀主義的實踐中更多地體現出來的是對於生產關係的關注，而非是對於生產力的關注。民粹主義所懷念的是田園牧歌的鄉村社會中人與人之間的關係，而非是對於其生產力水平的關注。民粹主義對於勞動人民的推崇是因為從道德方面的理解，而非是其在生產力發展的作用。民粹主義這種對生產力因素的忽視也體現了科學精神的缺失。民粹主義具有反民主和科學的成分，具有反啓蒙的特徵。

綜上所述，中國歷史上的小農經歷了經典小農、宗法小農、商品小農三個階段。中國近代的商品小農作為商品交換主體的進步性與作為小生產者的小農的保守性同時並存，這就使其同時具有現代性和反現代性的特徵。商品小農的商品性的一面體現了其對於啓蒙思潮的訴求。而在中國近代半殖民地半封建的歷史條件下，小生產者在現代化的過程中處於劣勢，是現代化過程中種種弊端的最終承擔者。這種經濟地位使小生產者在現代化的過程中處於矛盾的狀態。既有與現代化相適應的要求的一面，又有反對現代化過程中的弊端，對傳統社會中與世無爭的生活的懷戀。新文化運動標誌著此前啓蒙思潮中現代性成分的繼續發展，而與啓蒙思潮同時存在的反現代性成分也在繼續發展並最終形成了民粹主義思想。新文化運動期間，啓蒙思潮中的現代性的成分終於發展成熟和完善。而反現代性的成分也日益壯大起來，形成了沖決啓蒙思潮大堤的潛流。

2.1.2 知識分子群體的產生與壯大

民粹主義是現代化過程中小生產者的呼聲，但這種呼聲卻是通過知識分子得以表達的。現代意義上知識分子的形成是民粹主義產生和發展的重要前提。1900 年以後隨著教育制度的普遍改革，大學建立。大學是新知識、新思想的集散中心，也是知識分子的最主要舞臺。由 1895 年至 1920 年前後，全國共設立 87 所大專院校。截至 1949 年，中國約有 110 所大專院校，其中有 4/5 創立於這個時期。現代教育制度的建立，為知識分子的產生創造了物質條件。〔註 10〕

〔註 10〕轉引自張灝《中國近代思想史的轉折時代》，《二十一世紀》，1999 年 4 月號，
　　　　第 52 期。

　　除大學以外，近代各種學會等社團和書報媒體進一步推動了知識分子的發展，也為民粹主義的形成和發展創造了良好的社會環境。1895 年以後，最初由於政治改革運動的帶動，報刊雜誌數量激增。根據布里滕的統計，1895年中國報刊共有 15 家。1895～98 三年間，數目增加到 60 家，1913 年是 487家，五四時代數量更為激增。根據當時《中國年鑒》的估計是 840 家，《申報》認為有 1,134 家，而 1917 年美國人伍德布里奇在《中國百科全書》給的數字是 2,000 家。據胡適的估計，僅是 1919 年，全國新創辦的報刊大約就有 400種。由此可見轉型時期報刊雜誌增長速度的驚人。〔註 11〕所謂學會，是指轉型時代的知識分子進行學術研究並評論時政的自由結社。世紀之交，報章雜誌、學校與學會三者同時出現，互相影響，彼此作用，極大地推動了新思想的傳播。隨著中國近代現代化進程的推進，一批現代意義上的知識分子應運而生。

　　1905 年在中國延續了千餘年的科舉制度壽終正寢。科舉制度的廢除造成了廣泛而深遠的社會影響。它首先使讀書人與國家脫離，形成了現代意義上的知識分子。而正是這些現代意義上的知識分子成為了民粹主義思想的載體。蕭功秦先生認為中國社會轉型時期的知識分子大概可以分為四類。第一類是關注國計民生的經世致用派。第二類知識分子是恪守學術本位的學院派。第三類是以清流自好的文人派。第四類知識分子是浪漫激進的社會批判派。〔註 12〕近代中國是中國社會的大轉折時期，很顯然承載著中國近代民粹主義思想的正是這類對社會進行批判的浪漫激進的知識分子。

　　科舉制度的廢除引起了深刻的社會變化。傳統中國士人以耕讀為榮，多數人青少年在鄉間讀書，成年在城市為官，老年還鄉為紳士。而在新的教育制度下，青年學校畢業後基本在城市生活，甚至死後也安葬於此。民粹主義所注意到的讀書人脫離群眾脫離鄉村其中部分原因也是由於傳統的耕讀生活方式終止造成的。民粹主義所提出到民間去的口號，正是那時城鄉已分離的明證。同時科舉制度的廢除斷絕了知識分子成為鄉紳的途徑，也在相當程度上割斷了知識分子與鄉村的聯繫，在客觀上形成了失去知識

〔註11〕 轉引自張灝《中國近代思想史的轉折時代》，《二十一世紀》，1999 年 4 月號，第 52 期。
〔註12〕 蕭功秦《改革轉型期中國知識分子的類型分化》，《探索與爭鳴》，1994 年，第 8 期。

的鄉村和失去鄉村的知識分子。而失去知識的鄉村是難以和關注依戀鄉村的知識分子形成互動的，這也是最終失去知識的鄉村在實踐中拒絕了知識分子啓蒙的重要原因。中國近代這些有民粹主義傾向的知識分子在童年和少年大多有鄉村生活的經歷。成年以後在城市中漂泊的知識分子對農村除了依稀的童年記憶外實際呈現一種隔膜而陌生的狀態。而經歷了對於現實的不滿和失望之後，他們又往往將理想化的鄉村生活作爲理想中的烏托邦的藍本。這些人大多只在農村度過童年和少年，雖然出身鄉村，但其對與鄉村的理解僅僅是膚淺的表面層次的。正因爲這樣才可能在這些人的頭腦中虛構出一個道德主義的理想的鄉村烏托邦。而如果知識分子們對於中國的農村理解得像魯迅那樣深刻，並洞察到鄉民的阿Q的本質，那麼哪裏還會去構想一個鄉村的道德理想國呢？所有這些在客觀上爲中國近代民粹主義政治思想的產生和發展創造了條件。

中國近代科舉制度的廢除使中國近代的社會產生了深遠的影響。科舉制度的廢除使中國產生了現代意義上的知識分子群體，而他們正是近代中國民粹主義政治思想的載體。同時，科舉制度的廢除使中國傳統的士階層退出了歷史舞臺，從而使農村社會失去了聯繫城鄉的文化紐帶繼而形成了城鄉文化斷層。隨著城市成爲知識分子的主要活動領域，知識分子對於農村的理解處於一種主觀的理想化的狀態，而農村對於知識分子是陌生的。正是由於科舉制度使知識和知識分子脫離了鄉村，所以才會產生知識分子懷戀鄉村的情緒；而且正是由於脫離鄉村，才會產生對於鄉村生活和道德的理想化的虛幻。這些都爲中國近代的民粹主義思想預設了背景，同時也昭示了民粹主義失敗的必然命運。

中國早期民粹主義政治思想的產生與近代中國知識分子的文化認同危機同樣有著密切的關係。近代中國的知識分子在文化認同方面存在著嚴重的危機。張灝先生認爲，傳統文化的主流——儒家的基本道德價值可以分爲兩個層次：以禮爲基礎的規範倫理與以仁爲基礎的德性倫理。這兩面在1895年以後都受到極大的衝擊，造成二者核心的動搖，甚至解體。規範倫理的核心是儒家的三綱之說，它在轉型時代受到西潮的衝擊下趨於崩潰。鴉片戰爭之後，中國進入一個以新的西方霸權爲主的國際社會。中國瞬間由一個世界中心迅速地被邊緣化。中國知識分子群體的自信與自尊難免大受損傷。西方的物質和文化霸權對於中國思想界的影響是雙方面的。一方面他們恨帝國主義，另

一方面他們深知與帝國主義同源的西學也是生存在現代世界的需要，現代化是中國發展的必然趨勢。這種在西潮的衝擊下思想界所產生的認同危機是中國近代思想危機的重要體現。因為中國的近代社會處於全面的危機之中，所以近代進步知識分子的思想的大背景自然是危機意識。張灝先生將中國近代知識分子的危機意識歸納三個方面：（1）對現實日益沉重的沉淪感與疏離感；（2）強烈的前瞻意識，投射一個理想的未來；（3）關心從沉淪的現實通向理想的未來應採何種途徑。1895 年以後，文化自我批判意識由「用」進入「體」的層次，由文化邊緣深入核心，認為當前國家社會的危難反映了文化核心部分或整體的腐爛。這種激進的文化自我批判意識與疏離感在轉型時期日益深化與擴散，常常與政治的危亡感互為表裏。〔註 13〕近代中國社會的全面危機和知識分子的危機意識迫使中國的知識分子另闢蹊徑，探索一條有中國特色的發展道路，而民粹主義正是這種探索過程的產物。

2.1.4 近代中國的鄉村危機

中國近代的民粹主義思潮之中有著濃厚的鄉村情結，對理想化鄉村生活的憧憬是其共同特徵。中國近代的鄉村危機與中國近代民粹主義中的鄉村情感有著密切的關係，它是民粹主義產生和發展的社會大背景。面對著不盡如人意的都市，近代中國的民粹主義思想家將心中的鄉村虛幻為一片道德淨土，他們在抨擊現實不滿的同時，喊出了一個響亮的口號「回到鄉村」。而與中國近代民粹主義將農村理想化為田園牧歌的道德理想國相反的是，中國近代的農村正處於深刻的全面的危機之中。對鄉村的憧憬既表達了民粹主義的烏托邦理想，也從另外一個角度映襯了民粹主義對於近代中國鄉村悲慘現實的關注。中國近代的鄉村是現代化犧牲品，同時也是中國現代化的關鍵所在。在中國近代特殊的歷史條件下，除了現代化別無他路，歷史的車輪不可能倒轉，民粹主義者已經無路可逃。中國近代的鄉村危機已經預示了民粹主義思潮的虛幻性和失敗的必然命運。

近代的中國社會存在著嚴重的社會危機，近代的鄉村一直處於危機之中。中國近代的鄉村危機，首先是指農民的生存危機。中國早期現代化的成就並沒有為農民所享有。同時隨著中國社會近代化的進程，中國鄉村的危機

〔註 13〕轉引自張灝《中國近代思想史的轉折時代》，《二十一世紀》，1999 年 4 月號，
第 52 期。

從傳統向近代轉變。自秦漢至清初，中國人口規模大概在兩千萬至八九千萬間。但自康熙五十一年（1712 年）實行「盛世滋生人丁，永不加賦」起，人口迅速增加。據當時的官方統計，1741 年全國登記人口突破有史以來的 1 億大關，1762 年人口增至兩億，1790 年人口超過 3 億，至 1812 年爲 3.65 億人。與此同時中國人均耕地只有 2.87 畝，1851 年人均耕地更下降爲 2.47 畝。〔註 14〕由於人口增長土地兼併，人地之間的矛盾已空前尖銳化。中國的鄉村蘊藏著深刻的危機。

鴉片戰爭之後，帝國主義的入侵促進中國傳統社會解體的同時也使中國鄉村的危機從傳統向近代轉化。鴉片戰爭之後，自給自足的自然經濟的逐漸解體，從而形成了近代中國所特有的半封建半殖民地化的經濟結構。同時，農村所固有的傳統社會秩序被打破。傳統農村權力系統的控制力大大減弱，作爲農民之間重要聯接紐帶的血緣家族組織遭到破壞，傳統社會結構趨於崩潰的邊緣。與此同時，封建壓迫和剝削的加重導致了農民破產失業。鄉村危機導致了中國農村社會的長期動盪。鉅額戰爭賠款加之大興洋務，使農民的賦稅負擔有增無減。清政府所舉辦的近代化事業，其資金只能通過田賦等途徑剝奪廣大農民而得，這無疑將進一步加劇中國農村的衰落。

據統計，自 1868 至 1908 年間，各省田賦都有程度不同的增加。另據康熙五十二年（1713 年）至光緒二十九年（1903 年）的統計，糧稅率增加了210%，附加稅增長了 128%。正如宣統二年（1910 年）四月一日《國風報》所指出的：「夫國中貧民，以農爲唯一之職業，雖有永不加賦之祖訓，而官吏相沿，巧設名目，十年以來，田賦之暗增於舊者，已不只二三倍。〔註 15〕隨著中國被捲入世界資本主義體系，中國鄉村危機也由傳統危機轉化爲近代危機。接連不斷的軍閥混戰不僅給農業造成巨大破壞，而且戰爭所耗費的人力物力基本上都由農民負擔，以至農民的賦稅遠較其他時期沉重。河北定縣在 1911 至 1927 年間，田賦正稅增加了 63.42%，附加稅增加了 353.25%。四川南溪縣 1925 年一年之內地丁稅從 7000 元增加至 323500 元。四川梓桐 1926年的賦稅已預徵到 1957 年。〔註 16〕據張振鷗等輯《清末民變年表》統計，

〔註 14〕 轉引自章有義《近代中國人口和耕地的再估計》，《中國經濟史研究》1991 年，第 1 期。

〔註 15〕 以上數據均轉引自張福記《鄉村危機與近代中國政治格局的嬗變》，《山東師大學報（社會科學版）》，1996 年，第 3 期。

〔註 16〕 以上數據均轉引自張福記《鄉村危機與近代中國政治格局的嬗變》，《山東師

1902 至 1911 年間，除學潮和愛國革命運動外，各地人民的反抗鬥爭多達 1131
次〔註17〕在半殖民地半封建的舊中國，中國的鄉村社會處於嚴重的危機之
中。近代中國的民粹主義思想家們最早注意到了現代化過程中所形成的全面
危機，並將關注的目光投入了鄉村，提出了自己的解決方案。

對於中國近代鄉村的深刻危機民粹主義思想家們是有所洞察的，鄉村的
危機使民粹主義關注鄉村改造鄉村具有合理性和先見性。但問題在於這些思
想家並沒有將解決農村的社會危機與現代化的進程聯繫在一起。換而言之，
這些思想家並沒有試圖通過農村的現代化來解決農村的社會危機，而是試圖
在傳統農村社會的基礎上，通過逃避現代化來解決農村爲危機。中國近代的
民粹主義思想家對於中國農村的危機既沒有做出正確的診斷也沒有開出正確
的藥方。他們的美妙設想實際上不可能解決任何社會問題。雖然對於鄉村物
質生活上的危機有所洞察，但思想家們賦予了鄉村生活以道德的含義，並以
道德理想化的鄉村生活與被視爲道德墮落的都市生活相對立。這同樣是一種
脫離現實的主觀空想，是一種純粹意義上的浪漫主義。它體現了中國近代民
粹主義思想中的主觀性與空想性。

鄉村社會的深刻危機使民粹主義將鄉村生活道德化理想化成爲虛幻的夢
想，同時也昭示了這種思潮失敗的必然命運。小生產是沒有前途的，它遲早
要爲社會化大生產所代替。資本主義的發展，必然要以小生產者的破產爲代
價。面對著這種慘淡的前景，小生產者必然會發出驚恐的呼聲。但歷史的車
輪不能倒轉。列寧說過：「如果從資本主義的各種矛盾中得出結論說，資本主
義是不可能的和不進步的等等，那就是再荒謬不過的了，——這是想逃避不
愉快的但卻是明顯的現實而耽於浪漫主義的非非之想。」〔註18〕

近代中國民粹主義政治思潮中的鄉村情結是中國近代鄉村社會深刻危機
的一種反映。隨著中國近代的現代化進程，城鄉之間的二元結構日益分明。
近代中國的民粹主義者懷著對於現代化過程中所產生的弊端的憎惡，將城市
和鄉村之間物質上的二元對立演化爲道德上的善惡二元對立。鄉村的生活被
賦予了道德意義上善的含義，鄉村也被理想化爲與物欲橫流的都市相對立的

　　　大學報（社會科學版）》，1996 年，第 3 期。
〔註17〕以上數據均轉引自張福記《鄉村危機與近代中國政治格局的嬗變》，《山東師
　　　大學報（社會科學版）》，1996 年，第 3 期。
〔註18〕《列寧選集》人民出版社，1995 年版，第一卷，180 頁。

田園牧歌的道德理想國，成爲逃避現實的一片樂土。近代中國民粹主義思想中的鄉村情結既體現了富有社會責任感和道德使命感的思想家對於鄉村的關注，也體現了這些富有浪漫氣質的思想家對於現實的逃避。然而在現實中，中國近代的鄉村並非是思想家們所想像的那樣是一片道德樂土，恰恰相反，它正處於危機之中，處於崩潰的邊緣。他們思想中的鄉村實際上是烏托邦的道德理想國，是將這種道德主義的烏托邦精神注入到已被抽空眞實內涵的鄉村的軀殼之內。他們的思想中鄉村僅僅是一種與都市現代化罪惡相對應的道德的象徵，而不是一種眞實的存在。更何況這種空想是一種眞正意義上的空想，對於近代絕大多數民粹主義思想家來講，連民粹主義的局部實驗都沒有做過。逃離近代農村現實的危機使近代民粹主義思想家的鄉村道德理想國也陷入眞正的危機。在嚴酷的現實面前，他們那些美妙的構想就像一個繽紛燦爛的肥皂泡，無聲無息地破滅了。在中國近代特殊的歷史條件下，除了現代化外別無他路，民粹主義已經無路可逃。中國近代的鄉村危機早已經預示民粹主義思想的虛幻和失敗的必然命運。

2.2 中國早期民粹主義政治思想形成與發展的思想條件

2.2.1 西方民粹主義與中國早期民粹主義政治思想

　　盧梭是世界近代民粹主義思想的鼻祖，他的民粹主義思想對世界民粹主義思潮的形成和發展產生了廣泛而深遠的影響。盧梭的思想曾經對於近代中國的思想界產生過里程碑式的影響。就思想特徵而言，儘管中國近代的民粹主義思想與盧梭的民粹主義思想有相當多的共性，但盧梭的民粹主義思想卻不是中國民粹主義思想的直接源頭。盧梭的民粹主義思想是俄國民粹主義直接的思想源頭。〔註 19〕盧梭對於中國近代民粹主義的影響是以俄國的民粹主義爲媒介的，托爾斯泰是連接盧梭和近代中國民粹主義思想的主要橋梁。從這個角度上講，中國近代的民粹主義是盧梭民粹主義思想的再傳弟子。盧梭的間接影響使中國的民粹主義思想具有了民粹主義思想的某些共性，成爲世界民粹主義思潮的有機組成部分。

〔註 19〕朱學勤《參見道德理想國的覆滅》，上海三聯，2004 年，第一版。

盧梭思想在近代中國的傳播及其民粹主義思想的基本特徵

盧梭的思想在近代中國曾經廣泛地傳播，對當時的進步青年產生了廣泛而深刻的影響。盧梭的思想複雜而博大，從不同的角度理解盧梭就會得到不同的盧梭。在中國近代盧梭的名字可謂如雷貫耳，盧梭的理論可謂深入人心。但中國近代思想家所理解的盧梭主要是民族主義和民主主義的盧梭，而非是民粹主義的盧梭。晚清思想界對民族主義和民主主義的迫切需求促進了盧梭平等自由學說的傳播，而盧梭的平等自由思想反過來對於西方思想在近代中國的選擇和傳播產生了深刻的影響。

19 世紀末 20 世紀初，中國近代的思想家在探求救國救民之路時認識到，盧梭提出的天賦人權，自由平等學說是重要的理論基礎。他們認為，「人權者出於天賦者也，故人人皆有自主之權，人人皆平等；國家者，由人民之合意結契約而成立者也，故人民當有無限之權，而政府不可不服從民意，是即民族主義之原動力。」〔註 20〕他們認為自由是民族主義的原動力，而民族主義是救國救民的法寶。「一國之人聚族而後，自立自治，不許他國他族握其主權，並不許干涉其毫末之內治，侵奪其尺寸土地，是本國人對外國所爭得之自由也」。〔註 21〕同時中國近代的思想家還認為，法國大革命即以此為原動力，其《人權宣言書》說：「凡以己意欲棲息於同一法律之下之國民，不得由外國人管轄之，又其因之全體乃至一部分不可被分割於外國，蓋國民者獨立而不可解者也」。從法國大革命後民族主義「以萬丈之氣焰，磅礴沖激於全世界人人之腦中，順之者生，逆之者亡。」〔註 22〕蔣方展在《民族主義論》一文中也認為，將民族主義推源於法國大革命是因為「民族主義與專制政體不相容」，民族主義「目的在統一同族以立國」，盧梭《民約論》倡言天賦人權的自由平等學說，是「民族主義之根蒂生也，民族主義亦天則也」，「凡以己意欲生息於同一法律之下之國民，不得由外人管轄之」，「民權之進一步即為民族主義，而民權未發達則民族主義必不能行。」〔註 23〕在中國近代，這種認識在進步的知識分子中相當程度上達成了共識。他們廣泛宣傳盧梭的自由平等學說以

〔註20〕 《國家思想變遷異同論》，《飲冰室合集文集》，中華書局，1989 年版，第 19 頁。

〔註21〕 《新民說論自由》，《飲冰室合集專集》，中華書局，1989 年版，第 41 頁。

〔註22〕 《國家思想變遷異同論》，《飲冰室合集文集》，中華書局，1989 年版，第 19 頁。

〔註23〕 《民族主義論》，《浙江潮》，第二期，第 19～20 頁。

進行思想的啟蒙。如梁啓超的《自由書》、《新民說》中的《論自由》以及他的許多文章中都宣揚盧梭的自由平等學說。19世紀末30世紀初的報紙雜誌中「自由」、「平等」之字眼成為了廣泛傳播和接受的觀念。鄒容認為，盧梭「自由平等」學說是「起死回生之靈藥，返魄還魂之寶方」，為了拯救中國，必「執盧梭諸大哲之寶幡，以招展於我神州土」〔註24〕高旭在《海上大風潮起放歌》中說：「要使民權大發達，獨立獨立聲囂囂，全國人民公許風，從茲高漲花錦潮」，「兩重奴隸苦復苦，恨不滅此而食朝」，「指將頭顱對鏡笑，男兒定要吃一刀，獨立檄文民約論，誰敢造此無乃妖」，「做人牛馬不如死，淋漓澆灌自由苗。」〔註25〕柳亞子詩中也有不少如「自由平等」、「獨立旗」、「自由民」、「民族風潮」、『民族魂』等詞。〔註26〕盧梭自由平等學說對於激發中國人的民族主義精神、促進民族主義思潮的形成起著非常重要的作用。盧梭對近代中國產生重要影響的主要是自由民權思想和契約論思想，而其民粹主義思想並未直接對中國近代的民粹主義產生重要的影響。雖然盧梭的民粹主義思想並未對於中國近代的民粹主義產生直接的影響，但盧梭自由平等學說的傳播為盧梭民粹主義思想的間接傳播在一定程度上創造了思想條件。

盧梭是世界近代民粹主義思想的始祖。關於盧梭的民粹主義思想，朱學勤先生在《道德理想國的覆滅》一書中作了全面系統地總結。依據朱學勤先生的觀點，盧梭的民粹主義思想主要包括以下六點內容。其中前四點直接譯自盧梭《致達朗貝爾信——論觀賞》，後兩點歸納《愛彌兒》等著作中的類似主張。第一，盧梭認為通過「會社」聯誼，可以有效地維繫傳統的道德風化。「會社」是日內瓦祖傳的民間鄰里聯誼組織，通常以十二至十五戶家庭為一單位，男女分別聚會活動。盧梭對於會社的社會功能進行了不懈的辯護：「讓我們保留會社，即使附帶它的弊端。不會有某種設想的社會生活形式，不比它產生更為有害的結果。此外，也不要讓我們追求某種空想的前景，除非是更有可能適合人的天性和社會的結構。」第二，鄉鎮的社會生活公開透明是具有道德上的象徵意義的。「在大城市裏，道德和名譽蕩然無存。因為每一個人都很容易隱藏他的行為，瞞過公眾的眼睛，只通過他們的名望來表現自己，只因為他們的財富而獲得尊重。在大城市裏，警察再多，也比不上各種娛樂數目的增長。娛樂之多，以及

〔註24〕《革命軍》，《鄒容文集》，重慶出版社，1983年版，第13頁。
〔註25〕高旭《海上大風潮起放歌》，《國民日日報彙編》，第一編。
〔註26〕《柳亞子文集‧磨劍室詩詞集》，上海人民出版社，1985年版。

使用娛樂的方法之多，使人不能從各種追求冒險的誘惑中擺脫出來……」「但是在小城市裏，由於居民少，每一個人等生活在公眾的眼皮底下，生來就是其他人的監視者。那裡，警察能夠監督每一個人，制約人的規範必須遵守。如果有了工業、藝術、製造業，人們必然小心翼翼地防範著，以免產生各種耽於享樂的行為。」第三，盧梭認為鄉鎮裏的勞動者未受分工限制，自給自足，不仰他人是非異化的人。「在這個國家，別想有木匠、鎖匠、玻璃匠以及車工能進來。每個人自己就是木匠、玻璃匠、車工，每一種工種都不是為了別人而存在。……說來也真不可思議，每一個人都要把鐘錶生產中所包括的各種技藝集於一身，甚至自己為自己製作所需要的工具。」「絕大多數在巴黎發亮的文學明星，絕大多數有用的發明都來自那些受人鄙視的外省。你在一個小城市生活一段時間，你馬上就會相信，你發現的全是原生事物。那裡的人比你那些都市的猴子還要靈巧。那裡有一些聰明人，他們的才能、作品令人驚訝不已、肅然起敬。真正的天才都是樸素的。他不會功於算計，更不會錙銖必較，也不知道通向榮譽和財富的道路。他從不夢想這些，他無從比較，他所有的元氣、活力都凝聚於他內部。」第四，盧梭崇拜農民認為勞動尤其是農業勞動是道德的象徵。「農業是人類所從事的歷史最悠久的職業，它是最誠實、最有益於人，因而也就是人類所能從事的最高尚的職業。在所有一切技術中，第一個最值得尊敬的是農業，我把煉鐵放在第二位，木工放在第三位……我之所以不喜歡那些沒有趣味的職業，是因為其中的工人沒有兢兢業業的上進心，而且差不多都是像機器似的，一雙手只會幹他的那種活兒……從事這種職業的人，等於是使用另外一架機器的機器。」第五，他認為民間道德監督，足以取代法理型科層制規則。在盧梭的道德理想國，法理型科層制的規則、程序都是不必要的累贅，是人對人統治的物化手段，他認為，不能依靠這些手段來監督官員是否貪污瀆職，統治者應該認識到，「只有道德是唯一有效的監督，因此，應該放棄所有的帳簿和文件，把財政金融置於真正可靠的人手裏，那才是唯一可靠的運轉方法。」第六，盧梭賦予了廣大的底層民眾以道德含義。他認為，底層草根民眾是未受文明腐蝕的美德承載者。只有從勞動者那裡才能發現力量和善良。理性使人斂翼自保，哲學使人與世隔絕；把撕打著的人勸開，阻止上流人互相傷害的正是群氓，正是市井婦女；人民才是真正道德上的裁判者。人民或許可以欺騙他，卻絕不能腐蝕他。「至於我，我可沒有培養什麼紳士的榮幸，所以，我在這方面決不學洛克的樣子；還是讓我們回到我們的茅屋去住吧，住在茅屋裏比住在這裡的皇宮

還舒服得多！」〔註27〕

　　雖然中國近代的民粹主義思想並未直接受到盧梭民粹主義思想的影響，但就近代中國的民粹主義的思想特徵而言，卻與盧梭的民粹主義有諸多相似之處。首先，會社是盧梭心目中理想的社會組織，他認為通過「會社」可以有效地維繫傳統的道德風化。重視傳統社會組織的社會功能，通過對它的改造使其成為新社會的細胞，這是中外民粹社會主義的共同特徵。這種傳統的社會組織在盧梭的思想中是會社，在俄國民粹主義者的思想中是村舍。而中國近代社會中並不存在著類似於村舍或會社的社會組織，帶有民粹主義思想的青年們只能重新設計和規劃理想的社會組織，這種組織就是新村或工讀主義的社團。中外民粹主義者所構想的會社也好，村舍也好，新村也好，都是試圖以此作為社會的基本細胞，以實現對社會的重構。盧梭是從道德主義的角度來認識和闡釋會社的社會功能的。與盧梭類似，中國近代的民粹主義思想家也是從道德主義的角度來認識社會的，盧梭的會社就相當於中國近代民粹主義所設計的新村或工讀社團。中國近代帶有民粹主義特色的思想家不僅對新村進行了比較細緻的規劃，而且進行了真誠地進行了社會實踐。他們首先進行了新村主義的規劃，在新村主義的實踐失敗後，中國近代的民粹主義思想家們又在城市之中進行了以新村主義為精神實質的工讀運動。在對於會社的社會功能充分肯定的同時，盧梭還認為，鄉鎮的社會生活公開透明的因而是具有道德上的象徵意義的。盧梭對鄉鎮生活的憧憬與中國民粹主義者對於鄉村生活的理想化十分類似。中國近代帶有民粹主義特色的思想家從劉師培到李大釗都將鄉村的生活理想化並將其賦予了道德的含義。〔註28〕

　　反對因社會分工而產生的人的異化是中外民粹主義的共同特點。盧梭認為鄉鎮裏的勞動者未受分工限制，自給自足，不依賴他人是非異化的人。盧梭反對勞動分工，反異化的思想在中國體現為泛勞動主義和工讀主義的思想。在富有民粹主義特色的新村和工讀社團之中，並不存在著明確的社會分工，其中的腦體分工也並不明確，成員們半工半讀，所以稱之為工讀主義。不僅是在工讀社團之中，在他們所設計的新村之中，同樣是半工半讀，並且

〔註27〕參見朱學勤《道德理想國的覆滅》，上海三聯，2004年第一版，第四章。
〔註28〕劉師培的相關思想參見：《無政府主義思想資料選》上冊，北京大學出版社，1984年，第67頁、第71頁、第77頁；蔣俊、李興芝《中國近代的無政府主義思潮》山東人民出版社，1991年第一版，第49頁。

在具體的生產勞動之中，也並不存在著明確的詳細的分工。中西的民粹主義者在勞動問題上的共同特徵是反對勞動的異化，反對使人成為社會分工的奴隸，成為為生活而工作的活的機器。盧梭崇拜農民認為勞動尤其是農業勞動是道德的象徵。盧梭賦予了廣大的底層民眾以道德涵義。中國近代的民粹主義思想同樣對農民和農業加以美化，並賦予體力勞動者以道德內涵。在政治體制方面，盧梭強調民間道德監督，他認為它足以取代法理型科層制規則。而中國近代的民粹主義對於代議制民主普遍持反對或漠然的態度。盧梭的民粹主義思想並未直接影響中國近代的民粹主義思想，但二者在特徵上確有諸多的相似之處，其原因究竟何在呢？

2.2.2 托爾斯泰在溝通中西民粹主義思想中的歷史作用

托爾斯泰在連接中西民粹主義思想中起到了至關重要的作用。盧梭的思想影響了俄國的思想家。通過托爾斯泰，中國近代的民粹主義成為了盧梭的再傳弟子，間接地受到了盧梭民粹主義思想的影響。盧梭的民粹主義思想對於俄國的民粹主義產生了直接和關鍵的影響。正如朱學勤所描繪的那樣，法國革命的最後一浪——拿破崙帝國遠征，是被俄羅斯帝國擊敗的。但是，法國革命的思想，卻流向撲滅這場革命的俄羅斯帝國。而且更具諷刺意義的是，從法國盜得革命火種的第一批人，就是進剿巴黎的第一批俄羅斯軍官。隨沙皇亞歷山大遠征巴黎的青年軍官，下馬與街頭民眾接觸，如受電擊：被他們擊敗的法國革命，原來有如此高尚的道德理想！於是成群結隊，紛紛去盧梭隱居地——愛維爾弗農山莊，在那裡自願接受法國革命的精神洗禮。回國不久，即有十二月黨人之變。事變軍官的貴族出身，與事變綱領中的平民要求形成強烈反差，以致俄國人這樣評價：「從來都是鞋匠們造反，要做老爺；未見過當今老爺們造反，卻為的是——要做鞋匠！」〔註29〕在這批要做鞋匠的老爺們造反以後，19 世紀 40 年代才有第二代俄國平民知識分子的民粹要求出現：別林斯基、杜勃洛留勃夫等等。他們已改變 12 月黨人來自法國的思想面貌，融會大量本土思想資源，如東正教思想。但是，他們又恰恰到過巴黎，都領受過盧梭思想和羅伯斯庇爾實踐的影響。1841 至 1842 年的冬天，別林斯基和他的朋友紛紛閱讀法國革命史，並爭論吉倫特派和雅各賓派的是非。別林斯基成了堅定的俄國山嶽黨人，赫爾岑等人在睡覺以前不是祈禱，而是閱

〔註29〕 參見朱學勤《道德理想國的覆滅》，上海三聯，2004 年第一版，第四章。

讀馬拉和羅伯斯庇爾的演說。〔註30〕

　　盧梭的民粹主義思想對俄國的思想家產生了深遠而廣泛的影響，托爾斯泰也不例外。俄國著名思想家別爾嘉耶夫將托爾斯泰的民粹主義思想概括爲宗教民粹主義。俄國民粹主義產生有宗教上的原因，懺悔的原罪意識即來源於宗教。民粹主義的懺悔意識，在托爾斯泰那裡達到頂峰，他的宗教民粹主義對中國民粹主義產生了深遠的影響。就思想傳承的邏輯關係而言，民粹主義思想鼻祖盧梭的思想影響了俄國的知識分子，而俄國的民粹主義又直接影響了中國。這種影響主要體現爲泛勞動主義的價值觀和懺悔意識的反智主義。托爾斯泰的思想是一個博大精深的複雜體系，無政府主義和民粹主義是托爾斯泰思想的重要特色。近代中國思潮受到了托爾斯泰無政府主義和民粹主義成分的雙重影響。無政府主義思想在近代中國影響深遠，中國近代的進步青年多少都受到了無政府主義思想的影響。以無政府主義爲媒介，托爾斯泰的民粹主義思想對中國近代的進步青年產生了影響。托爾斯泰的民粹主義思想對於中國近代民粹主義從無政府主義思潮之中的蛻變產生了巨大的推動作用。托爾斯泰所講的「革命即懺悔」的思想對近代中國的反智主義有重要的影響，知識分子對於廣大勞動人民的懺悔也就形成了反智主義的意識。近代中國的民粹主義知識分子尤其是瞿秋白，對傳統社會的知識分子進行了無情的揭露，這構成了民粹主義之中反智主義的重要組成部分。〔註31〕托爾斯泰主張走向農村，走向自然，走向人民和勞動。從純樸的人民中，從勞動中尋求真理，這是與中國民粹主義的共同點。這些思想在李大釗的思想中均可以尋到蹤迹。〔註32〕

　　托爾斯泰對以李大釗、瞿秋白爲代表的近代中國民粹主義產生了重要而深遠的影響。托爾斯泰的思想推動了近代中國民粹主義的產生和發展，並構成了中國近代民粹主義直接的思想來源。李大釗接受了托爾斯泰革命即懺悔，勞動是實行懺悔的途徑的思想。而這種思想的繼續發展就形成了瞿秋白

〔註30〕參見朱學勤《道德理想國的覆滅》，上海三聯，2004年第一版，第四章。

〔註31〕瞿秋白的相關思想參見：《瞿秋白文集》，政治理論編第一卷，人民出版社，1987年9月第一版，第14～15頁，18頁，41頁，43頁，45頁，46頁，80頁，83頁。

〔註32〕李大釗的相關思想參見：《李大釗全集》第一卷，河北教育出版社，1999年版，第559頁；《李大釗全集》第二卷，河北教育出版社，1999年版，第373頁、第673頁、第463頁。

民粹主義思想中的反智主義。可見託爾斯泰對於中國民粹主義思想的影響是連續的全方位的。

　　綜上所述，盧梭的民粹主義思想以托爾斯泰爲中介對中國近代的民粹主義思想產生了深遠的影響。盧梭民粹主義思想的六點特徵與中國近代的民粹主義思想具有相當程度上的共性。不能因爲是僅僅是間接地受到的盧梭的影響而貶低盧梭對於中國近代民粹主義思潮的歷史作用，作爲再傳弟子接受思潮影響的例子在中國近代屢見不鮮。通過托爾斯泰作爲媒介和橋梁，中國思想界比較全面地受到了盧梭的影響。盧梭是民粹主義思潮的鼻祖。中國近代民粹主義對於盧梭民粹主義思想的間接借鑒，使中國的民粹主義從思想源頭上受到民粹主義的影響。正是以托爾斯泰爲橋梁，中國近代的民粹主義與盧梭的民粹主義思想產生出了眾多的共鳴之音，從而彙入了世界民粹主義思潮的洪流並成爲其不可分割有機組成部分。

托爾斯泰與近代中國的民粹主義思潮

　　托爾斯泰是俄國偉大的思想家，他的思想是一個博大精深的複雜體系。無政府主義和民粹主義是托爾斯泰思想的重要特色，俄國著名思想家別爾嘉耶夫將托爾斯泰的民粹主義思想概括爲宗教民粹主義。近代中國思潮受到了托爾斯泰思想之中無政府主義和民粹主義成分的雙重影響。以無政府主義爲媒介，托爾斯泰的民粹主義思想對中國近代的進步青年產生了影響。

托爾斯泰與李大釗的民粹主義思想

　　中國近代的民粹主義思想直接受到了俄國的影響，而影響最大的莫過於托爾斯泰。托爾斯泰的民粹主義思想對李大釗的民粹主義思想同樣產生了重要的影響，並構成了其民粹主義思想的重要來源。李大釗對托爾斯泰的思想在相當程度上持肯定的態度。李大釗將中里彌之助的《托翁言行錄》摘譯爲《托爾斯泰主義之綱領》〔註33〕。在文章中李大釗表達了對於托爾斯泰思想的肯定和贊同。在文章開頭有一段按語，「日人中里彌之助氏若《托翁言行錄》，復綜托翁學說結晶而成斯篇，讀之當能會得托翁之精神。爰急譯之，以餉當世。」此文爲李大釗所譯，「急譯之」的「急」表明了他翻譯此文的迫切心情。因爲是摘譯又是急譯之，可以理解爲他選譯了其中他認爲最具有代表性的同時又是他最爲贊同的內容。

〔註33〕《李大釗全集》第一卷，河北教育出版社，1999年版，第559頁。

在文章的第一部分李大釗寫道，「（一）噫！虛僞之文明。今之文明，虛僞之文明也。爲少數階級之淫樂與虛榮，幾千萬多數之下層階級窮且餓矣。人間之情理，以殺人爲天下莫大之罪惡。然今之國家，強人以殺人，而嚴罰其不從者。科學日益進步，而應用此進步之科學者之手，惡魔之手也。稱之爲文明，實則文明者，一部少數之文明也；多數且餓死矣，且見殺矣。是非虛僞之文明軟？是非可怖之文明坎？」這句話與盧梭的成名觀點「科學與藝術的復興無益於風俗敦化」何其相似！這種反現代文明的思想雖然引自於托爾斯泰，但也表達了李大釗對這種思想的肯定。從這種反現代文明的思想中也明顯地體現了盧梭的思想。可以看到盧梭對於俄國民粹主義思想的影響。這也是盧梭間接影響中國近代民粹主義思想的一個例證。認同多數人不能從中受益的文明皆僞文明，這也體現了盧梭，托爾斯泰，李大釗在這方面的思想共性。

在文章的第二部分，李大釗肯定了托爾斯泰的革命即悔改的思想。「（二）革命之眞意義。人生眞實也，不堪虛僞。今之文明虛僞也，則革命必不得不至。革命云者，何也？革命者，人類共同之思想感情，遇眞正覺醒之時機，而一念興起，欲去舊惡就新善之心的變化，發現於外部之謂也。然悔改一語外，斷無可表示革命意義之語。」僞文明是革命的根本原因。李大釗將革命歸結爲人生問題。革命即去除僞文明，革命即悔改，革命即去惡從善。所以從這個角度上講，知識分子對廣大勞動人民的悔改也是一場革命，而且是一場人生的革命。這表明了李大釗思想中所表現出來的對於廣大勞動人民的懺悔和悔改的思想是與托爾斯泰有關的。這種思想在《青年與農村》等文章之中皆有所體現。

悔改即革命，而勞動是悔改的重要途徑。在文章的其餘幾部分著重闡述了泛勞動主義的思想。「（三）悔改軟？個人欲進於道，其先不可越之門，悔改是也。無悔改而欲入於道，未可以想像也。時勢亦然，國家亦然。時勢，罪惡之時勢也；國家，罪惡之國家也。人分其悔改軟？國分其悔改駄？其悔改而就善。（四）所謂善者何也？人間本然之理性與良心之權威是也。（五）勞動者善也如之何可爲善乎？所謂最大之善，何也？勞動者最大最初之善也。無勞動則無人生。不解其何爲者，可先熟慮反省此一語。我等所以得有煩悶思考者，非以我等有生活故耶？爲供我等煩悶思考之時間，非有何人代我等勞動之賜耶？無勞動則不能生活，即離勞動無人生。於是知勞動爲人生

之最大義務，從而爲最大善也。當先盡人生之義務，而後人生之意義始解。離乎勞動之安心也，悟道也，其於根底虛僞耳，姑息耳，誤謬耳！」以此思想邏輯推斷，革命即悔改，通過悔改才能夠過道德的生活，即入於道。而悔改即去惡就善，而善即人間本然之理性與良心之權威。勞動最大最初之善也，無勞動即無人生，勞動是悔改即去惡就善的途徑，勞動爲悟道安心之根本。這體現了托爾斯泰的泛勞動主義的思想，同時也具有濃厚的民粹主義特色。

托爾斯泰提倡泛勞動主義是爲了建立勞動的理想國。「（六）勞動之定義。勞動云者，生產人生必須之衣食住之『四體之勤』之謂也。」從此定義可以看出，托爾斯泰所提倡的勞動主要是指體力勞動。「（七）勞動之感苦理由勞動爲毫弗痛苦者，且一如不勞動之無痛苦也。今勞動者痛苦之原因，蓋於他有掠奪彼等之勞動者故也。易言之，即彼等背後有奸惡之國家制度故也。」勞動是一種至善，是一種快樂，而造成勞動痛苦的根源是奸惡的國家制度，而建立理想的勞動的理想國的關鍵是廢除奸惡的國家制度。這與無政府主義思想又形成了邏輯上的關聯。提倡勞動主義是爲了建立勞動主義的理想國。「（八）理想之勞動國。卑各人悉爲勞動乎？人類將以半日之勞動，易得衣食住。而將以其餘半日，得消遣於靈性之慰安與向上。勞動能健康人類之心身，使疾病絕迹於社會。」綜上所述，李大釗表達了對於托爾斯泰泛勞動主義思想的贊同，同時也表明了托爾斯泰對於李大釗思想的影響。李大釗支持工讀運動，上述思想的影響也是重要的原因。

在李大釗稍後發表的幾篇文章中，他再次肯定了托爾斯泰悔改即革命的思想。在《介紹哲人托爾斯泰》〔註34〕一文中，李大釗寫道，「托爾斯泰者，近代之偉人也，舉世傾仰之理想、人物也。彼生於專制國中，以熱烈之赤誠，倡導博愛主義，傳佈愛之福音於天下，扶弱摧強，知勞動之所以爲神聖。身爲貴族，而甘於菲食敝衣，與農民爲伍，自揮額上之汗，以從事勞作，此其德行之美爲何如耶？氏之言曰：人之性質，本由靈性與獸性相合而成，然皆爲獸性所蔽，故靈性失其光明，徒求滿其物欲。人之往往自蹈於可怖之罪惡中、憂悶中，而沈於暗慘之墳墓者，以此矣。人若了悟，當棄可卑之物欲，使獸性服從靈性，離自己之利害，增進他人之安寧幸福，人始得入於靈界，享永遠美麗之心靈的生活。夫人之眞相爲無限發現之愛，愛者實崇高無對之

〔註34〕《李大釗全集》第二卷，河北教育出版社，1999年版，第373頁。

理，體既通於神明，先天內容之動機，天眞自然之情也。即一切道德之淵源，自他融合之，胸中之光明也。沮礙此愛發現之物及物欲之滿足，皆爲罪惡博愛之犧牲者，即死於肉而生於靈者。故人當有不憚爲博愛而死之覺悟也。」經李大釗所闡述的托爾斯泰的思想頗有些陽明心學的意味。勞動即至善，靈性之所在。而勞動這個至善靈性，被獸性所遮蔽，經過悔改，將獸性去掉，就可以回覆至善的靈性，而建成至善的理想國。而這種悔改，就是勞動。李大釗在《青年與農村》之中所體現出來的正是這種思想。

　　別爾嘉耶夫將托爾斯泰的民粹主義思想概括爲宗教民粹主義。托爾斯泰將革命理解爲懺悔，這符合其宗教民粹主義的特徵。李大釗在不止一處對托爾斯泰革命即懺悔的思想加以肯定。在《罪惡與懺悔》〔註35〕一文中，李大釗寫道「俄國大哲托爾斯泰詮釋革命之意義，謂惟有懺悔一語足以當之。今吾國歷更革命已經三度，而於懺悔之義猶未盡喻。似此造劫之人心，尚未知何日始能脫幽暗而向光明。瞻念前途，浩劫未已。廉恥掃地，滋可痛矣！夫以一二人之罹於罪惡，吾人爲其個人已不勝悼惜；而其個人之罪惡，同時又爲吾人所與共處之社會現象，故其罪惡同時亦爲社會之罪惡。斯則懺悔之責，固不僅爲躬犯罪惡之人所獨任，即呈布此罪惡之社會中之各個分子，亦當因之以痛加省察，深爲懺悔。須知一個罪惡之構成，因果複雜，決非當事者之一人所能致。在個人固不可以此自脫，在吾人對於其個人亦不宜以此恕之。而在社會本身，則當以此自責；在吾人對於此社會，亦當爲沉痛之警告也。吾人試尋政治上、社會上之腐敗，足與個人以易墮落於罪惡之暗示模仿者，其端甚多，不遑枚舉，茲特擇其要者言之。」「勢位之足以保障罪惡也。今之膺顯職握實權者，莫不以斂錢爲事。鴉片可買也，公帑可盜也，民脂民膏可以任意剝敲也。凡夫坐擁重兵、列職疆吏者，對於其治下之財政，直視爲一人之私，囊括席卷，莫可誰何！以致舉國空虛，官僚厚富，其所剝民蠹因而得之財貨，與其所居位置之級、所握權勢之分，成一正比例。上行下效，全國風從，而大盜民賊，盈天下矣。」「法律失其權威也。中國承專制之餘，本於法治之精神多所外背。又以袁氏當國數年，蔑棄法紀，縱容奸宄。但爲一姓之鷹犬，雖犯盜國殃民之罪，而亦爲所優容，甚且在賞獎之列焉！法律不敢過問，即問之而亦無效。今袁氏雖瑣，一般人民心理，對於法律之信畏，終不甚厚。一旦爲罪惡所誘惑，遂忘卻法律之權威，而悍然不顧以行之。」「奢

〔註35〕《李大釗全集》第二卷，河北教育出版社，1999 年版，第 673 頁。

侈之風盛行也。書生得志，一躍而置身榮顯，輒如乞兒暴富，極欲窮奢。於是衣必金紫，食必甘旨，居必廣宇，行必汽車，內以驕誇於妻妾，外以酬應乎親朋，每月俸資有限，烏能供爾許之揮霍？迨其虧累日多，無以彌償，而受賄中飽、鬻爵賣官欲之事，乃以迭見層出矣。推其原因，個人浪費，固為自取之咎，而社會風俗之奢靡，亦殊有及於個人之影響焉。吾人今為此言，非以委過於社會，而以輕個人之責也。蓋冀社會中之各個大人，對此罪惡之事實，皆當反躬自課，引以為戒。庶幾積小己之懺悔而為大群之懺悔，而造成善良清潔之社會力，以貫注於一群之精神，使人人不得不棄舊惡，就新善，滌穢暗，復光明。此即儒家日新之德，耶教復活之義，佛門懺悔之功矣！」最後一段表明了李大釗受到了托爾斯泰革命即懺悔的影響。李大釗在《青年與農村》等文章中所表達出來的對勞動人民的懺悔之情，在相當程度上可以溯源至此。而對於廣大勞動人民的崇拜和懺悔構成了民粹主義的重要特徵。通過分析可以看出，托爾斯泰的思想對於李大釗民粹主義思想的形成和發展起到了重要的影響。在《日本之托爾斯泰熱》〔註36〕一文中，李大釗還通過托爾斯泰思想在日本的熱和在中國的冷兩種不同境況的對比，認為托爾斯泰的思想應大力宣傳。這也表明了李大釗對於托爾斯泰思想的認可。

托爾斯泰與瞿秋白的反智主義思想

托爾斯泰對於李大釗的民粹主義思想的形成和發展起到了重要的影響。除了李大釗的民粹主義思想之外，瞿秋白的民粹主義思想也是近代中國的民粹主義的重要組成部分。瞿秋白思想中的民粹主義成分相當部分是來源於托爾斯泰，他曾坦言受到過托爾斯泰的影響。瞿秋白在談到他創辦《新社會》雜誌的思想時講，他「是一個近於托爾斯泰的無政府主義者。」〔註37〕可見託爾斯泰對於瞿秋白等進步思想家的影響也是很大的。瞿秋白將托爾斯泰主要理解為無政府主義者，而他在接受託爾斯泰的思想的同時也受到了其民粹主義的影響。通過分析可以看出，瞿秋白思想中的具有民粹主義特色的反智主義成分與托爾斯泰的民粹主義思想有著密切的關係。

托爾斯泰對於瞿秋白民粹主義思想的影響主要體現在反智主義方面。在《知識是贓物》一文中，瞿秋白引用了托爾斯泰的觀點：「托爾斯泰曾經說過：

〔註36〕《李大釗全集》第二卷，河北教育出版社，1999年版，第463頁。
〔註37〕《多餘的話》轉引自蔣俊、李興芝《中國近代的無政府主義思潮》，山東人民出版社，1991年版，第239頁。

你們用現在這樣的宗教哲學科學文學去講分工，去做勞動家的勞動的代價，是欺詐的行為。你們說：『勞動家呵！你們勞動著，我們就可以有空閒的工夫，來研究宗教哲學科學文學，做你們精神上的慰藉品，我們將要這樣報酬你們，你們快快替代我們去勞動。』但是勞動家向你們要達慰藉品的時候，你們究竟給了他們多少？他們永久不會相信你們的。」〔註38〕瞿秋白對托爾斯泰的上述觀點是贊同的。同托爾斯泰一樣，瞿秋白認為知識分子與勞動階級之間的交換是不等價不平等的。知識分子的知識是勞動階級通過勞動換來的，而知識階級並沒有為勞動階級進行足夠的補償，從這方面來講，知識分子欠了勞動階級的良心債，這筆債知識分子必須進行補償。這種邏輯也就是比較典型的俄國民粹主義中反智主義的邏輯。在《知識是贓物》一文中瞿秋白指出，「更因為有了這種階級，知識少的人就因此更少，知識多的人就因此更多；知識少的人因為知識多的人要增加他私有的知識而專去求知識所以不得不加倍勞動，拋棄他的精神生活，以致失去他求知識的能力；知識多的人就用掠奪人家時間——像托爾斯泰所說——的辦法去求得知識。」〔註39〕這段話就將瞿秋白的反智主義思想表達得更加明確。知識分子的知識是通過對勞動階級的掠奪而得來的。所以至少從道德的層面講，知識分子欠下了勞動階級的債務，並要為勞動階級精神生活的缺乏和喪失求知識的能力而承擔責任。所以從道德的層面上講，知識階級的知識是一種罪惡，而知識分子在勞動階級面前則成為了罪人。而在道德層面，知識階級有義務和責任通過實際行動來贖這種罪惡以補償勞動階級。

瞿秋白思想中的反智主義成分與托爾斯泰的泛勞動主義也有著直接的關係。瞿秋白對托爾斯泰的泛勞動主義思想進行了系統的歸納。「托爾斯泰底《科學均藝術之意義》裏，曾經論及勞動，他的大意是，為人工作和為己工作本來沒有分別。人生在世，自己吃飽了肚子，就應當養活別人。」「假使不勞而食」，那就是最褻神的、最反自然性的危險的景象。工作永久是快樂的，滿足精神上肉體上底要求的，除非不知道那層意思。所以他又說，人類底活動，應當分做四部分：一、筋肉的活動——即手足脊背底激烈勞動，這種勞動都要出汗的。二、手指和手腕的活動——即手藝底活動。三、知和思想底活動。四、社交底活動。人生享用的東西，也分做四份：（一）激烈勞動底生產品：

〔註38〕《瞿秋白文集》第一卷，人民出版社，1987年第一版，第43頁。
〔註39〕《瞿秋白文集》第一卷，人民出版社，1987年第一版，第45頁。

麵包、家畜、建築品、井池等；（二）技藝勞動底生產品：衣靴、器皿等；（三）精神活動底生產品：科學、藝術；（四）人類中社交協會等底組織。這就是所謂泛勞動主義。〔註40〕」瞿秋白借倍倍爾對托爾斯泰的評論表達了他對於泛勞動主義的看法。他贊同倍倍爾的觀點，認爲泛勞動主義具有空想性，不能解決現實的社會問題，必須建設一個新社會。他在新社會三個字下還加了著重號。「他們都不能過托爾斯泰式的生活呀。被壓迫於生存競爭底困乏之下的人決不能做那樣的工作……這是托爾斯泰底謬誤，他想以模範以宣教改革社會。……要普及這樣的生活方式於人人，必須有另外一種的社會情形，必須有新社會。」〔註41〕瞿秋白認清了托爾斯泰泛勞動主義思想的本質，他認爲托爾斯泰是用宗教的方法，解決社會問題。「托爾斯泰主張泛勞動主義，又主張無抵抗主義。他所以達到他的勞動生活只在於無抵抗，他有一篇小說《呆伊凡故事》，極力描寫無抵抗的純粹肉體勞動的生活，極力的貶抑精神勞動。……『由於自己的良心認識自己的責任才知道勞動──肉體勞動──是第一等最要緊的事，是養活人的。』宗教的意味非常濃厚。」〔註42〕

瞿秋白注意到了托爾斯泰思想中輕視腦力勞動的成分：「托爾斯泰雖然不絕對的否認自然科學，然而他確是輕視精神勞動，因反對現代社會的文明，而遂反對精神勞動底謬誤，反對分工。他有兩篇論文：（1）《手的勞動與精神的活動》（2）《愛勞心抑農人之勝利》，裏面論精神勞動甚詳。他說現在爲科學藝術工作固然好，最好能使科學都有益於人生，所以最要的是「理性之認識」，而不是科學。人類理性發展之後，庶幾能以科學所發明的來做有益人生的事，不然呢，就都是有害的。所以他反對精神勞動而仍舊列「知和思想底活動」爲四分勞動之一。……所以現代科學藝術──現代人精神勞動底出產品──在托爾斯泰看來，當然都是些不當做的事。即使不是絕對的不當做也決不是最要的，至多不過次要罷了。而他對於勞動的意見純粹是主張理性之認識，而不注重以科學藝術技術的方法來改善勞動，減輕勞動時間和勞動力的。」〔註43〕

通過對托爾斯泰和倍倍爾思想的比較和分析，瞿秋白對於托爾斯泰思想

〔註40〕 《瞿秋白文集》第一卷，人民出版社，1987年第一版，第77頁。
〔註41〕 《瞿秋白文集》第一卷，人民出版社，1987年第一版，第77頁。
〔註42〕 《瞿秋白文集》第一卷，人民出版社，1987年第一版，第79頁。
〔註43〕 《瞿秋白文集》第一卷，人民出版社，1987年第一版，第78頁。

的道德價值給予了充分的肯定。瞿秋白認爲，「托爾斯泰和伯伯爾兩人對於勞動的意見似乎很不相合，立於反對的地位；然而實在是相反相成的。他們有一個共同觀念；勞動力和勞動底出產品不是可以拿來買賣的貨物，而是供給人生需要的東西，大家享用的東西；不應當有資產階級來掠奪勞動者底勞動力和勞動底出產品。這是錯的麼？這還有什麼錯誤？至於方法呢，我們自己的事。」〔註44〕「喂！托爾斯泰式泛勞動的生活，我們自問良心，應當不應當？伯伯爾式將來的社會，我們不作違心之論，欣羨不欣羨？人爲什麼勞動？勞動力應當如何使用？勞動底出產品應當如何分配？托爾斯泰式的生活是我們安心的生活，伯伯爾式的方法是我們達到目的的方法。我們因於時代地域環境更應當有精密的研究，強毅的自省。我們難道不承認他們的話是對的麼？……也許是資本家化的青年。」〔註45〕通過分析比較可以得出結論，瞿秋白思想中的民粹主義成分仍主要來源於托爾斯泰。瞿秋白在手段層面肯定了倍倍爾而在道德價值層面肯定了托爾斯泰。瞿秋白的思想表達了中國近代思想界從擺脫民粹主義的影響到接受科學社會主義的過程，他的思想是這種中間過渡形態的代表。

綜上所述，托爾斯泰對以李大釗、瞿秋白爲代表的近代中國民粹主義思想產生了重要而深遠的影響。托爾斯泰的思想推動了近代中國民粹主義的產生和發展，並構成了中國近代民粹主義直接的思想來源。托爾斯泰對於李大釗和瞿秋白思想的影響實際上體現近代中國民粹主義思想的發展脈絡。李大釗接受了托爾斯泰革命即懺悔，勞動是實行懺悔的途徑的思想。而這種思想的繼續發展就形成了瞿秋白民粹主義思想中的反智主義。可見託爾斯泰對於中國民粹主義思想的影響是連續的全方位的。但同時必須看到，雖然托爾斯泰的思想對中國近代的民粹主義思想產生了深遠的影響，中國近代的民粹主義思想並非是照搬其思想，而是結合中國的國情進行了創新。中國近代的民粹主義思想具有濃厚的中國特色。在中國的民粹主義思想中，反資本主義的思想成分主要是本土的，而反智主義的成分則主要是舶來的。俄國以托爾斯泰爲代表，思想家對人民的悔罪的原動力來源於宗教，而中國民粹主義之中的反智主義很顯然並非來源於宗教意識，同時它也並非是主要源於中國傳統的反智主義成分，因爲這些成分畢竟存在了兩千餘年而並未形成民粹主義。

〔註44〕《瞿秋白文集》第一卷，人民出版社，1987年第一版，第80頁。
〔註45〕《瞿秋白文集》第一卷，人民出版社，1987年第一版，第80頁。

很顯然它的形成與中國近現代特定的歷史條件有關。這主要體現為如下的三種因素。一是民族主義和民主主義。在清末民初反帝反封建的政治鬥爭中，知識分子認識到自身力量的軟弱，這也就迫使知識分子將鬥爭的注意力轉移到下層民眾之中。二是平民主義思潮。這種思潮使對於人民的關注提上了議事日程。三是人道主義。這體現了對於廣大人民的同情。如果非要談到信仰或宗教因素的影響，那麼在傳統知識分子身上所體現出來的救世的思想，也體現了知識分子對自身社會責任的認同，這種捨身求法的精神也是一種信仰。總體看來，貫穿於俄國民粹主義是宗教精神，而滲透於中國民粹主義的則是濃厚的人道主義氣息。

2.2.2 心學思維的復興與中國早期民粹主義政治思想

近代中國民粹主義產生和發展的思想條件是多方面的。除了西方民粹主義直接和間接的影響，近代中國心學思維的復興也對民粹主義政治思想產生了重要的影響。陽明心學與程朱理學是中國傳統儒家思想的重要思想流派。隨著清王朝以理學作為官方的意識形態，陽明心學一度衰微。但甲午戰後隨著中國政治和社會的全面危機，在物質條件薄弱的條件下，思想家將救國救民的希望寄託於主觀能動的精神，於是傳統陽明心學的思維方式被注入了時代的內涵，在新的歷史條件下獲得了新生。中國近代心學思維方式的特點是對於心力的弘揚。民粹主義從思維方式上看實際上就是心力思維的產物。民粹主義一些基本的推斷都是主觀的想像，這種思維方式是中國近代心學復興的結果。但這種回歸併非是對與傳統簡單的重複，而是對於傳統的創新，中國近代的民粹主義在繼承傳統的基礎上實現了對於傳統改造和昇華。學術界以往對民粹主義的研究在某種程度上忽視了近代中國思想環境對於民粹主義形成和發展的影響。

近代中國的三代知識分子與心學思維的復興

在中國儒家思想發展歷史上形成了兩大思維傳統：以程朱為代表的「理學」傳統和以陸王為宗師的「心學」傳統。中國近代心學思維的復興實際上是中國傳統思維方式的一種歷史慣性。中國近代各種思潮驟然湧入，心學思維方式的復興實際上體現了中國近代的知識分子在無法全面理解把握新思想的情況之下，重新回歸傳統，試圖以超越性的直覺思維把握各種思潮。這在某種程度上直接助長了中國近代思想中本已有之的主觀特性。從客觀的社會

環境上講，中國近代內憂外患，試圖變革的精英們面臨著重重困難任務極其艱巨。在敵我對比懸殊，物力明顯不足的情況下，思想家將目光投於心力是再自然不過的事情了。近代中國心學的復興不是一蹴而就的，而是由中國近代三代知識分子根據社會環境的變化不斷發展完善而成的。

中國近代心學思維的復興主要體現為心的神化、人的神化。有學者認為這種思潮是由三種資源演化綜合而成。第一，清季今文家力斥荀學的收束而讚賞孟學的學風，這在相當程度地為誇張心的力量推波助瀾。荀學講求禮制，強調的是作為客觀共認規則的限制，不大允許跳躍性的思維。而孟學推崇心的功能，強調「擴而充之」，故有發展主觀能動性的可能。清末荀學衰而孟學盛，康梁師生推崇孟學，間接幫助了凡事訴諸一心之發動的思維。第二，明代心學一派，將理等同於天，而又將人心等同於理的思維，也是使得破除重圍之哲學得以興盛的重要原因。第三，從清代後期以來有一股強調人的主觀能動性的思潮興起，它將人的主觀能動性誇張到極處，培養出不畏一切、不依任何成憲而行動的人物。後來還與尼采的超人哲學相結合而誕生了心力說。〔註46〕

鴉片戰爭後，先進的知識分子即開始從傳統的心學資源中去尋找變革的思想動力。龔自珍是發揚心力論的前驅。他說：「報大仇、醫大病、解大難、謀大事、學大道，皆以心之力。」〔註47〕龔自珍想「醫大病、解大難」，自然必須徹底突破一點一滴改革式思維，而代之以一種面對困難無所畏懼的精神才能做到「大言不畏、細言不畏、浮言不畏、抉言不畏」。而要想突破現實之樊籬，則要「尊心」。另一位改革的先驅魏源也一樣推崇心學。他對心學人物如王守仁、高攀龍、劉宗同等都寫有贊文。他一方面強調心的訓練要能「臨大節時，一則心如止水，一則心火不熾」，同時也要無限擴充心的量，認為「心之心，即天地之心」。〔註48〕

中國近代思想界存在著心學思維復興的現象。之所以將上述的歷史現象稱為心學思維的復興而不是稱為心學的復興，是因為在中國近代並非是整個傳統心學體系的復興，而是這種思想體系中某些成分的復興。在中國近代內

〔註46〕 參照王汎森《中國近代思想與學術的系譜》，河北教育出版社，2001年第一版，第140頁。

〔註47〕 轉引自王汎森《中國近代思想與學術的系譜》，河北教育出版社，2001年第一版，第140頁。

〔註48〕 轉引自王汎森《中國近代思想與學術的系譜》，河北教育出版社，2001年第一版，第142頁。

憂外患，保守勢力強大，改造社會的任務極其艱巨。在物質力量嚴重不足的情況下，求助於意志和精神的力量成為了思想家自然的選擇。這是中國近代心學思維復興的根本原因。心學思維在中國近代的復興經歷了三個時期。這種思維方式滋養了中國近代的三代知識分子，使他們面對強敵和艱險義無反顧，獲得了無盡的思想動力。從戊戌一代知識分子開始，中國思想界形成了重視主觀的心學風尚。康有為開啓了近代中國心學的風尚，而譚嗣同又將其發展成為心力學說。心學的復興在辛亥一代知識分子中同樣產生了重要的影響。不僅章太炎等革命家從中獲得了思想的動力，同時他們也成為了承前啓後的一代人。例如楊昌濟關於心力的思想影響了眾多的青年，而正是這些青年改寫了歷史。五四一代知識分子身上充分體現了心學思維與民粹主義的關係。

在戊戌一代知識分子中，康有為和譚嗣同對於近代心學思維復興做出了重要的貢獻。康有為認為陸王「直捷、明誠、活潑、有用」，因此，「自修及教育後進者，皆以此為鵠焉」〔註 49〕同時康有為也是心學思維的實踐者。在戊戌一代知識分子中，對近代心學思維復興貢獻最大的當屬譚嗣同。他的心力學說對於後繼者產生了重大的影響。1896 年，他在上海、南京、北京等地的實地考察使他對中國國情大為失望。心力二字並非是譚嗣同的原創，它在《尚書·大禹漠》中出現時只有很普通的意思，「爾尚一乃心力，其克有勳。」但譚嗣同賦予了心力這箇舊詞以新的內涵。在其代表作《仁學》裏，譚嗣同的「心」是「涵蓋乾坤」的無限之「心」，具有至大無比的精神力量。在譚嗣同的思想中，心力可以與天對立，可以與地比擬，天地之間的萬物皆可「隨心所欲」。〔註 50〕

在辛亥一代知識分子中，章太炎以其學貫中西的知識素養推動了心學思維的近代化。章太炎從以「以太」為核心的物化思想轉化到純然的「心化」思路，其「依自不依他」即是這一思想的集中體現。〔註 51〕他於《答鐵錚》中寫道「明之末世，與滿洲對抗，百折不回者，非耽悅禪觀之士，即姚江學派之徒。日本維新，亦由王學為其先導。王學豈有他長？亦曰自尊無畏而已。

〔註 49〕 蕭公權《近代中國與新世界：康有為變法與大同思想研究》，江蘇人民出版社，1997 年第一版，第 52 頁。
〔註 50〕《譚嗣同全集》，北京中華書局，1981 年版，第 318 頁。
〔註 51〕《章太炎全集》第 4 卷，上海：上海人民出版社，1984 年版，第 418 頁。

其義理高遠者，大抵本之佛乘，而普教國人則不過斬截數語，此即禪宗之長技也。」〔註52〕在章太炎的思想中，「存在就是被感知」的命題正是王守仁「心學」命題的再現。〔註53〕

在五四一代知識分子中，李大釗的心學思想最爲典型。李大釗的心學思想對於五四一代知識分子產生了直接而深刻的影響。李大釗認爲「精神現象是物質的反映」，但從「物心兩面的改造」的角度看，在「靈肉一致」的改造達不到時，傳統的反觀自我、求諸內心的方式就有了寄託。〔註54〕「心」的改造是「悔悟」。在李大釗的思想中，乘機而起悔改的「心力」作用無與倫比，所謂「一念之悔，萬劫都銷」〔註55〕。在明知「物質」條件不具備的情況下，李大釗著重強調了意識對物質的反作用。他說：「有些人誤解了唯物史觀，以爲社會的進步只靠物質上自然的變動，勿須人類的活動，而坐等新境遇的到來。因而一般批評唯物史觀的人，亦有以此爲口實，便說這種定命（聽天由命）的人生觀，是唯物史觀留下的惡影響。這都是大錯特錯，唯物史觀及於人生的影響乃適居其反。」〔註56〕

綜上所述，在中國近代試圖進行社會改造的知識精英中，普遍存在著心學的思維模式。這在中國近代的思想界形成了一種特殊的思想氛圍。在客觀條件不成熟的情況下求諸於「心的力量」，「心力」就這樣完成了對於無奈現實的超越。借助「心力」來進行社會變革的先哲們所設計的藍圖具有濃厚的烏托邦色彩，但這也正是其悲劇色彩之所在。正如西格蒙·鮑曼所說的那樣：「和所有別的烏托邦一樣，都有一個令人懊惱的特點，即它只是停留在可能範圍內時才振奮人心。一旦它宣佈自己大功告成，已成爲經驗性的現實，它也就立即失去了創造力。」〔註57〕

近代中國心學思維復興與民粹主義思想的產生和發展

近代中國心學思維與民粹主義有著密切的關係。在中國提倡和實踐心學思維的思想先驅的頭腦中不同程度地存在著民粹主義的成分。譚嗣同認爲

〔註52〕 《章太炎·答鐵錚》民報（14）。
〔註53〕 《王守仁·傳習錄下》。
〔註54〕 《李大釗全集》第 3 卷.石家莊：河北教育出版社，1999 年版，第 286～288 頁。
〔註55〕 《李大釗文集》（上），北京：人民出版社，1984 年版，第 175 頁。
〔註56〕 《李大釗文集》（下），北京：人民出版社，1984 年版，第 365 頁。
〔註57〕 張隆溪《烏托邦：觀念與實踐》，讀書，1998（12）。

「達者兼善天下，不知窮者亦能兼善天下，且比達官力量更大。」〔註58〕這種思路與他「心力」之說息息相關。章太炎在其著作《革命道德說》甚至得出了這樣的結論：社會集團的地位與教育程度愈高，其道德水平亦就愈低。〔註59〕李大釗是將道德與大眾化的民粹傾向結合得最自然的一個。在他看來，「有德」的表現就是將以打通「人間相互的隔絕」，建立一個「精神解放」的社會。〔註60〕他提出「到農村去」的號召：「我們中國是一個農國，大多數的勞工階級就是農民。他們若是不解放，就是我們全體國民不解放，他們的痛苦，就是我們國民全體的痛苦；他們的愚暗，就是我們國民全體的愚暗；他們生活的利病，就是我們政治全體的利病。」〔註61〕心學思維為民粹主義思想的產生創造了思想和文化條件。

心學思維與民粹主義的關係在李大釗的身上有集中的體現。李大釗在「物的改造」與「心的改造」的天平最終還是傾斜向「心」的悔悟。在李大釗的心目中，悔改的「心力」作用無與倫比，所謂「一念之悔，萬劫都銷」〔註62〕。這種心的悔悟在李大釗的思想中有明顯的體現。李大釗和他的信徒們成為了中國近代向人民懺悔的知識分子。他們認為，社會財富是人民通過勞動創造的，而勞動使他們失去了得到知識的機會。作為一名知識分子在某種程度上也體現了對於勞動人民的剝奪。這是在這個懺悔的知識分子群體之中，產生了中國近代的民粹主義思想。

近代中國的民粹主義繼承和發展了中國近代心學的思維方式。正是因為有我心即理這樣一種思維方式，民粹主義的思想家才在脫離客觀現實的情況下，通過主觀假定的道德價值形成了一系列的民粹主義思想。同時心學思維中二元對抗的思想在民粹主義總也有明顯的體現。我們可以明顯看到在民粹主義的心學思維中存在著二元對抗性結構：我與客觀的世界。在繼承近代心學思維模式的同時，民粹主義對於這種思維方式還有所突破。民粹主義將我心即理或心勝於理，發展成為一種泛道德主義的心學思維：善即是理。所以在民粹主義筆下，善惡、光明黑暗這些對立的詞彙比比皆是。心學思維無論

〔註58〕譚嗣同《譚嗣同全集》，北京：中華書局，1981年版，第318頁。
〔註59〕《章太炎全集》第4卷，上海：上海人民出版社，1984年版，第279～280頁。
〔註60〕《李大釗文集》（下），北京：人民出版社，1984年版，第211頁。
〔註61〕《李大釗文集》（上），北京：人民出版社，1984年版，第649頁。
〔註62〕《李大釗文集》（上），北京：人民出版社，1984年版，第175頁。

是我心即理或是心勝於理，關鍵心與理的關係。而民粹主義在理的內涵上完成了對於傳統的超越，帶有豐富的民主主義內涵。在民粹主義的邏輯中，善既是主觀的也是客觀的。這種善的形成過程中是主觀的，但一旦認定了這種善的內涵和性質，這種善就不僅僅是一種道德倫理，而且是一種客觀眞理。人們所能做的只是將這種眞理髮至於萬世萬物，使之成爲萬事萬物之理。民粹主義思想家認爲自己站在道德一邊，是道德和正義的代言人。

綜上所述，在中國近代特定的歷史條件下政治社會處於全面危機的狀態。面對改造現實的重重阻力，在客觀物質條件不具備的情況下，思想家們不得不強調主觀意志的作用，於是以心爲理的思維方式得以復興。中國近代心學思維的特點體現在對於心力的強調。在內憂外患的重重危機中，中國近代心學的思維方式了到了復興，在繼承傳統的心即理的思維方式的基礎上，近代中國的心學還對於傳統進行了超越。這種對於心力的強調，爲試圖改造舊社會的民粹主義政治思想提供了思想上的動力和勇氣。這種思維方式從康有爲譚嗣同到李大釗一脈相承。但這這種回歸併非是對於傳統的一種摹仿，而是一種否定之否定的昇華。民粹主義對於傳統心學思維的超越使其具有了現代政治思想的特徵，並成爲中國近代政治思想轉化的中介。但其忽視客觀條件對於主觀意識的片面強調也產生了眾多的負面影響，留下了深刻的歷史教訓。

3. 中國早期民粹主義政治思想的形成和發展與衰微

　　民粹主義是世界近現代影響廣泛的一股思潮，而對中國民粹主義思想的研究始於列寧。在 1912 年發表的《中國的民主主義和民粹主義》一文中，孫中山的民生主義思想被列寧定性爲民粹主義。在相當長的時期內，這成爲學術界的經典結論。直到近些年來，有些學者對於列寧的結論進行了質疑，認爲孫中山的思想不屬於列寧所說的民粹主義。〔註1〕對此結論筆者基本贊同，篇幅所限，此不贅言。中國早期的民粹主義政治思想主要表現爲民粹社會主義。

　　中國近代民粹主義是在現代化的過程中產生的，是對於西方社會和資本主義制度的批判。正因爲如此，它主張在農業社會的基礎上對資本主義進行超越，而這些是民粹社會主義的典型特徵。劉師培、章太炎等人主張以小農爲粹，因爲這些思想家主要是以傳統的文化和價值觀對西方進行批判，以他們爲代表的民粹主義思想可以稱之爲傳統派民粹主義。這是中國早期民粹主義政治思想的萌芽。在近代中國民粹社會主義的譜系中，與傳統派民粹主義相對應的是平民派民粹主義。他們是中國早期民粹主義政治思想的繼續發展。李大釗和瞿秋白是平民派民粹主義的典型代表。他們的民粹主義思想是以其平民主義理論爲基礎的，帶有明顯的平民民主主義的特徵。李大釗等人主張以平民爲粹，尤其是主張以青年爲粹。

〔註1〕劉貴福《循名責實：對列寧《中國的民主主義和民粹主義》的一點看法》，《馬克思主義研究》，2005 年，第 2 期。

　　由於所用的思想武器不同，直接導致了民粹主義兩種不同的發展方向。這兩派雖然都帶有傳統思維方式的特徵，但這兩派保守的程度是不同的。傳統派民粹主義是以傳統反現代，所以更具有保守主義的特色；而平民派民粹主義主要側重於社會的改造與建構，它更加強調政治方面，在與社會的關聯度方面遠遠勝過傳統派民粹主義。另外二者的社會基礎也不相同。傳統派民粹主義主要是傳統文化素養深厚的高級知識分子，他們的活動範圍主要是在象牙塔內；而平民派民粹主義的社會基礎主要是青年學生，他們的活動場所是十字街頭。在革命風起雲湧的中國近代，後者很顯然佔據了思想主流，為更多的進步青年所接受。新文化運動期間，傳統派民粹主義逐漸淡出了政治思想舞臺而成為象牙塔中的思想鑒賞品。隨著平民主義政治思想迅速發展和傳播，平民派民粹主義逐漸成為民粹主義政治思想的主流。

　　平民派民粹主義思想的載體是一群年輕的知識分子，他們中長者不過而立，而幼者不及弱冠之年。平民派的民粹主義者是中國近代產生的兩代知識分子。第一代包括李大釗瞿秋白等人，第二代則包括他們的學生們。他們雖然也在相當程度上受到了傳統文化的影響，但這種傳統的色彩與章太炎、劉師培等人相比已經淡了許多。其思想結構思維方式與舊學出身的章劉等人也有顯著的不同。他們與傳統文化母體的臍帶已經基本脫落，這使其思想中有更多的空間容納新生事物。平民派民粹主義思想的形成與平民派民粹主義知識分子的生活閱歷同樣有密切的關係。這些人在二十世紀初大多年齡較輕，正處於中國近代教育改革的時期，所以相對於傳統派而言並未受到系統的傳統文化教育。他們對傳統文化的理解與章太炎劉師培等人相比是有限的，其中絕大多數並未獲得過功名。這些人更多地受到民主主義思潮的影響，因而帶有明顯的平民民主主義的特徵。這些人大多只在農村度過童年和少年，雖然出身鄉村，但其對於鄉村的理解僅僅是膚淺的表面層次的。正因為這樣，這些人才可能在的頭腦中虛構出一個道德主義的鄉村烏托邦。中國近代的民粹主義實際上就是在虛構一個鄉村的道德理想國，並用這個虛幻的道德理想對抗西方文明的弊端。

　　李大釗和瞿秋白的民粹主義思想是平民派民粹主義思想的典型代表。李大釗等人所代表的平民派民粹主義同樣具有濃厚的民粹社會主義色彩。他們的思想在勞動崇拜、反智主義等方面與俄國的民粹主義思想有驚人的相似，但同時它與俄國的民粹社會主義有顯著的不同。李大釗的思想中更多地有平

民主義的色彩，這是由李大釗思想的主流——平民民主主義決定的。

傳統派民粹主義是傳統的士大夫向現代知識分子轉化過程中的一種反應。作爲向現代轉化的士大夫，其數量和影響日益衰微。同時傳統派民粹主義的思想由於學術素養，自身經歷等多方面原因，很難和廣大的青年知識分子產生共鳴。最終這種思潮就變成了象牙塔中少數思想家的自我傾訴。這股思想的主要作用是以傳統的文化和價值觀，對於西方的文明敲響了警鐘。其歷史作用正像一個處於社會轉型時期的宿學老者對於年輕人的忠告，如此而已。而平民派的民粹主義則大不相同。它處於歷史潮頭的最高點，正是青年才俊一試身手的弄潮之地。它順應了歷史的潮流，順應了青年的心理，也適合了青年的閱歷。雖然這朵浪花最後還是在現實的礁石上激得粉碎，但其滾滾大潮的歷史方向還是沒有錯的。民粹主義實踐失敗後，青年們馬上彙入了激進民主主義的激流之中，成爲了歷史的中流砥柱。

1927 年以後，民粹社會主義的政治思想逐漸退出了政治思想的舞臺，成爲了一股思想的潛流。平民派民粹主義思想家在政治社會實踐失敗後，逐漸拋棄了民粹主義，相當一部分人接受了馬克思主義。此後，平民派民粹主義思想的影響主要是存在於文化領域。三四十年代的左翼文學之中可以看到明顯的平民派民粹主義的痕迹。在此領域現代文學史界多有建樹，此不贅言。

3.1 中國早期民粹主義政治思想的萌芽

3.1.1 章太炎的民粹主義思想

章太炎繼承和發展了中國傳統文化中從韓非子到鄭板橋龔自珍的民粹主義成分。他充分肯定了農工勞動階級的社會價值和作用，而對官紳知識分子的社會地位和作用頗多貶抑。他在《革命之道德》一文中寫道：「今之道德，大率從於職業而變。都計其業，則有十六種人：一曰農人，二曰工人，三曰裨販，四曰坐賈，五曰學究，六曰藝士，七曰通人，八曰行伍，九曰胥徒，十曰幕客，十一曰職商，十二曰京朝官，十三曰方面官，十四曰軍官，十五曰差除官，十六曰僱譯人。其職業凡十六等，其道德之第次亦十六等」，「農人於道德爲最高」，「工人稍知詐僞，……然其強毅不屈，亦與農人無異」。而「自藝士下率在道德之域，而通人以上，則多不道德者。……要之知識愈進，權位愈申，則離於道德也愈遠。」其中「學究者」：「堅守其所誦習者，而不

通於他書。貧無所賴，則陶誕突盜之事亦興，乃有教人作訟，以取溫飽，而亦輒與官吏相抗，其他猥鄙，不可歷數，然無過取給事畜。」有「迂疏之士」，「雖學術疏陋，不周世事，……然未至折腰屈膝為他人作狗馬也。」至於世人所仰慕的「通人」，雖通多種學問，但「樸學之士多貪，理學之士多詐，文學之士多淫，至外學則並包而有之。」〔註2〕章太炎的思想比較典型地繼承了中國傳統文化中的反智主義成分，他是從中國傳統的反智心態向反智主義過渡的典型代表人物。章太炎的民粹主義思想體現了在現代化過程中處於重重危機之中的小生產者的利益。同時在其思想中又存在著明顯的勞動主義的成分，肯定了自給自足的小生產方式。章太炎主張，「田不自耕者不得有，有牧不自驅策者不得有，山林場圃不自數藝者不得有，鹽田池井不自煮暴者不得有。」〔註3〕對於中國人正在熱情渴求的資產階級民主政治尤其是議會政治，他還專門撰寫了《代議然否論》，對代議制的民主性表示懷疑，對廣大人民群眾民主權利的獲得與維護，表示出擔憂。章太炎在對於資本主義的批判過程中，最後乾脆主張拋開現代技術和物質文明。對於章太炎的民粹主義思想，學術界已給予了相當的關注，並產生了一批學術成果，在此僅擇其要點進行歸納，具體內容可參照相關文章專著。

3.1.2 劉師培的民粹主義思想

劉師培是中國近代有影響的思想家，以往學術界認為其對於中國近代思想發展的影響主要體現在無政府主義和國粹主義方面。但劉師培的思想之中同樣存在著獨具特色的民粹主義成分，而這一點以往為學術界所忽略。

劉師培民粹主義思想的產生

劉師培（1884～1920）字申叔，又名光漢，江蘇省儀徵縣人。1904 年冬參加資產階級革命團體光復會。1905 年，他又與鄧實、黃節創辦了《國粹學報》，以「發明國學，保存國粹」為宗旨，結成近代中國思想史上有名的「國粹派」。在留日期間，劉師培大力宣傳無政府主義思想，因為其創立了《天義》報，所以被認為是《天義》派無政府主義思潮的代表人物。劉師培的一生，

〔註 2〕《章太炎政論選集》（上冊），中華書局，1977 年版，第 314、315、316、318 頁。

〔註 3〕《代議然否論》，《民報》24 期轉引自《中國政治思想史》，高教出版社，1999 年第一版。

在政治上思想上都呈現出大起大落、曲折多變的特徵。劉師培思想的主流是無政府主義和國粹主義。劉師培的民粹主義思想是中國近代特定歷史條件下的產物。劉師培生活的晚清時代處於社會政治的全面危機之中。他既不滿傳統社會的衰敗，也同樣不滿意西方事物，這使他在思想上陷入兩難的困境之中。而這些正是劉師培民粹主義形成思想背景。

這種困惑引導著劉師培走上了獨具特色的救國之路。在留日期間，通過與幸得秋水等人的接觸，劉師培接受了無政府主義。經過對於無政府主義的研究，劉師培覺得無政府主義是使中國擺脫困境的良方。劉師培認為，中國不需先成為資本主義社會就可以直接跳到最高級的無政府主義社會。劉師培通過對於中國國情的考察後認為：正因為中國有社會落後而組織鬆散的特質——既無大地主，也無大資本家——反而比西歐先進國家更容易達到理想的無政府境界。在中國近代，人們一直是將無政府主義作為一種社會主義思潮來理解的。中國近代的很多思想家認為無政府主義是適合中國國情的社會主義。在革命陣營中，朱執信與宋教仁都深受其影響。宋教仁曾說，如果中國要實行社會主義，便應行無政府主義。〔註4〕劉師培認為中國有不經過資本主義，從農業社會直接過渡到所謂無政府共產主義的可能性。這與俄國民粹主義在村舍基礎上的超越資本主義何其相似！劉師培的思想表現出明顯的民粹社會主義特徵。

劉師培民粹主義思想的特徵

劉師培民粹主義思想的性質是民粹社會主義，他的民粹社會主義思想具有十分濃厚的中國特色和時代特徵。劉師培的民粹主義思想中體現了以民為粹的思想，他思想中「民」的內涵是主要是指小農和小商人等小生產者。他的思想中具有明顯的勞動主義和反智主義的特徵，它的均力說也有明顯的民粹主義特色。劉師培對於小生產的同情與支持使其具有某些反現代化的民粹主義的特徵。

在劉師培所創辦的《天義》及《衡報》中體現了對於小農的深深的同情，通過對這些文字的分析，劉師培的民粹主義思想清晰可見。劉師培特別關心當時長江下游的小農，並作了相當精細的調查。在文章中劉師培表達了對所有資本家和商人的不滿。劉師培認為小生產者是社會的精粹，是推動歷史變

〔註4〕王汎森《中國近代思想與學術的系譜》，河北教育出版社，2001年第一版，第217頁。

革的力量。劉師培對於小農十分重視，他認爲小農是整個社會重要的組成分子並預測他們將是推翻清朝政府的主力。劉師培認爲中國農民必然偏好無政府式生活，而且認爲中國歷史上的改朝換代中，小農都扮演著重大角色。劉師培雖然厭惡商人和資本家，但對小商人卻持肯定態度。劉師培同時也研究中國下層階級的各種私人團體。他下結論說，因爲這些團體都是小民們爲了各自需要而成立的互助團體，而且它們比任何由上至下的統治形式更爲和平而有效率。所以劉師培預期中國下階層的各種組織，甚至包括秘密幫會，都將是推翻現有政府及建立將來無政府社會的骨幹。劉師培甚至認爲，因爲中國傳統下層社會是近乎無治的社會，這是因爲中國幾千年政治理想是被儒家與道家的「無治」的傾向所影響。所以傳統中國專制政治的實質是：官吏的統治幾乎未下達到百姓，縣以下的社會始終是近於無政府狀態，而百姓也不信任他們的長官，法令近乎是空文，沒有人眞正擁有任何權力，也沒有人眞正遵循法令。所以在劉師培看來，傳統中國雖然有政府，但實際上等於所有國家建制都被摧毀後的無政府狀態，〔註5〕所以，無政府主義是中國將來最自然的出路。他甚至樂觀地認爲中國會成爲全世界第一個實現無政府主義的地方。

通過分析可以看出，劉師培十分珍視小農的社會價值和歷史作用，在文章中它充分表達了以小農爲粹的思想。劉師培的所指的民就是作爲農民或小商人的小生產者，它從無政府角度提出了以民爲粹的觀點，這也是劉師培思想中存在民粹主義的直接證據。劉師培對於中國傳統社會中下層群眾自發組織的社團的讚美在某種程度上可以理解爲他認爲這些團體具有與俄國的村社相似的功能。劉師培此時信奉無政府主義，崇尚無政府主義的價值觀。他對與人民近乎無政府主義生活的讚美，實際上也是對下層民眾道德上的讚美，認爲人民是道德的體現和來源。

劉師培的民粹主義還體現在其均力說的思想之中。通過對體力勞動的強調，劉師培表達了對於勞動人民的讚美，同時也使其思想具有明顯的反智主義的傾向，而這些都是民粹主義思潮的一些典型特徵。劉師培引用了戰國農家許行的「君民並耕說」，認爲傳統文化中的並耕「即人人勞動之謂也」，並將這一思想與克魯泡特金的勞動思想相融會，提出別具一格的均力說。劉師

〔註 5〕王汎森《中國近代思想與學術的系譜》，河北教育出版社，2001 年第一版，第211 頁。

培認爲所謂均力說「即以一人而兼眾藝之謂也」。〔註6〕從均力說出發，劉師培主張人人從事勞動，並批判了孔孟輕視勞動者的思想。他認爲孔孟的「天下之人，因勞力勞心之分，生人治於人之差別」是錯誤言論，認爲這些言論與人類平等的宗旨是背道而馳的。劉師培從均力說出發，接受了蒲魯東以體力勞動爲自豪的思想，最後發展成爲勞動崇拜，將體力勞動推上了至高無上的聖壇。他對體力勞動的推崇產生了敵視腦力勞動的偏見，這也使其均力說的思想具有明顯的反智主義傾向。劉師培宣稱「所謂勞心者，外託狂傲之名，而陰以逐其懈情之性。役使眾民，仰其供給，世界安能容此惰民耶？」〔註7〕

劉師培的民粹主義思想在中國近代特定的歷史條件下有其進步意義。他的民粹主義思想表達了對於勞動人民的同情和對祖國命運的擔憂。他所提出的超越資本主義制度克服資本主義的弊端直接實現社會主義的設想體現了當時一大批知識分子的思想傾向。但同時必須看到，劉師培的民粹主義思想並不是先進生產力的代表，不代表著歷史的發展方向，他所設想的所謂美好制度存在著嚴重的弊端。劉師培所謂的「一人而兼眾藝」「人人不倚他人」，只是表現了他狹隘落後的小農意識。他脫離生產力的發展，企圖人爲地消滅社會分工只能造成生產的萎縮和社會的倒退。劉師培傾盡心力所規劃的「人類均力」的烏托邦不是建立在高度發展的生產力上面，而是建立在落後的生產力之上的。劉師培預計當時的生產水平時說：「每人所獲之穀，約計足供四、五人之食。」〔註8〕這正是一個養活5口之家的普通農民的生產水平。這個社會只能維持簡單的再生產，以滿足人們最低限度的生活需求。劉師培構想的烏托邦不可能是幸福的天堂，而只能是貧窮落後的社會。劉師培所設想的社會制度，不是依靠先進的科學技術來實現，而是採用傳統的區田法，這明確地表明了其農業社會主義的本質。劉師培認爲當社會發展到了人類均力的階段，已經從制度上杜絕了人類不平等的根源，但仍面臨著人口的自然增長與社會生產水平的矛盾。他用以解決這一問題的辦法，不是採用先進的生產，而是實行古代的「區田法」。他認爲採用這種方法，「其所收穫，較之普通田畝，或增加數十倍」如果這種辦法還不能解決問題，可以「浮筏於水，累土

〔註6〕《無政府主義思想資料選》上冊，北京大學出版社，1984年，第67和71頁。

〔註7〕《無政府主義思想資料選》上冊，北京大學出版社，1984年，第77頁。

〔註8〕王汎森《中國近代思想與學術的系譜》，河北教育出版社，2001年第一版，第48頁。

於其上，用以藝穀……若依此法擴張，則海洋川湖均可易爲產穀之區，所產之穀，復可倍增，此則維持共產制之唯一要務也。」〔註9〕劉師培的理想社會並不是建立在發達的社會生產力之上，而是乞靈於古老的耕作方法。劉師培的民粹主義思想體現了從傳統向現代轉化過程中，近代中國廣大小生產者對於現實的不滿和對於未來的恐懼。劉師培的民粹主義思想中具有極大的空想和主觀成分。

綜上所述，劉師培與章太炎的民粹主義思想是中國近代民粹主義思想的萌芽。它是在現代化的過程中產生的，同時它是主張以小農爲粹的，在這一派思想家的頭腦中充滿了對於已經失去的鄉村生活的懷戀，以傳統文化爲思想武器在感情上和理論上對抗西方。而他們所代表的從傳統向現代轉化的士大夫，其數量和影響日益衰微；同時傳統派民粹主義的思想由於學術素養，自身經歷等多方面原因，很難和廣大的青年知識分子產生共鳴，最終這種思潮就變成了象牙塔中少數思想家的自我傾訴。在中國近代特殊的國情之下，確如當時的仁人志士認爲的，只有社會主義才能救中國；但具有濃厚空想成分的民粹社會主義卻不能救中國。它的結局只能和它所附著的無政府主義一樣，在歷史洪流的衝擊下，必然地退出歷史的舞臺。

3.2 中國早期民粹主義政治思想的發展

3.2.1 李大釗的民粹主義思想

對李大釗的民粹主義思想，學術界早有關注，並有多篇文章對其民粹主義思想進行研究。已有的研究成果主要集中於李大釗關注農村和號召青年向農村去的主張方面，而對於李大釗民粹主義思想形成和發展的思想脈絡缺乏系統的研究。

李大釗的青春主義宇宙觀和哲學觀

李大釗的民粹主義思想經歷了從青春主義到鄉村主義到民粹主義的流變。李大釗將由西方傳入的進化論同中國古代的辯證法相融合，形成頗具特色的青春哲學。他的青春哲學思想集中於《民彝與政治》、《青春》、《矛盾生活與

〔註9〕蔣俊、李興芝《中國近代的無政府主義思潮》，山東人民出版社，1991年第一版，第49頁。

二重負擔》、《關僞調和》等文中，而《青春》一文其中表達了李大釗的青春哲學。青春主義是李大釗民粹主義的第一階段。在青春主義階段，他認爲青年體現了青春這個宇宙的根本特性，是宇宙和民族之粹。在《青春》〔註10〕一文在文章的末尾，李大釗表達了對於青年的歌頌，這種思想貫穿於其思想的始終。「青年尋蹈乎此本，其理性爲人類造幸福，以青春之我創建青春之家庭、青春之國家、青春之民族、青春之人類、青春之地球、青春之宇宙。資以樂其無涯之生，乘風破浪，迢迢乎遠矣。復何無計留春望塵莫及之憂哉？」李大釗在文中闡述了他青春的宇宙觀，並表達了青年爲宇宙之精、民族之粹的思想。李大釗認爲宇宙的進程就是青春的進程，青年因具有青春的特徵，故而爲宇宙之粹。以青年爲粹的思想貫穿著李大釗民粹主義思想的始終。青年是李大釗民粹主義思想的主體。從青春主義的宇宙觀出發，李大釗提出了青春主義的人生觀，繼而提出了以青年爲粹的思想。以青年爲粹的青春主義思想是李大釗民粹主義思想的邏輯起點。

李大釗的鄉村主義思想

李大釗民粹主義思想發展的第二個階段是鄉村主義階段。鄉村主義是指對理想化或現實中的鄉村生活的依戀或讚頌，並賦予其特定價值而形成的一種思想體系。它主要體現爲一種心理或情緒上的反應。李大釗認爲都市是罪惡的根源，而鄉村是淨土；在李大釗看來城市是奢華墮落的黑暗的象徵，而鄉村是道德的高尚的光明的象徵，鄉村的生活被賦予了道德的含義。當然這種鄉村生活僅僅是一種理想化了的設想。這種反都市的鄉村主義爲民粹主義進行了心理和情緒上的鋪墊。李大釗的鄉村主義思想體現於《都市少年與新春旅行》《少年中國的少年運動》《青年與農村》等文章之中，而在《青年與農村》一文中集中體現了李大釗的鄉村主義思想。

在《都市少年與新春旅行》〔註11〕一文中，作者視都會爲罪惡的源泉而少年爲光明的源泉，李大釗以青年爲粹的思想表達了某些民粹主義的特徵。李大釗在文中表明了對於都市生活的厭倦以及對於鄉村生活的讚賞和嚮往。「都會爲罪惡之淵，少年爲光明之泉源。故少年而居都會易生厭倦之思。都會而有少年易播罪惡之習……」作者由反都市而提倡簡易的生活，而鄉村的

〔註10〕 《青春》，《李大釗全集》第二卷，河北教育出版社，1999年版，第381頁。
〔註11〕 《都市少年與新春旅行》，《李大釗全集》第二卷，河北教育出版社，1999年版，第645頁。

生活簡樸的，所以也可以將李大釗所提倡的簡樸生活視爲對鄉村生活的提倡和憧憬。「今欲有以救之捨提倡簡易之生活皆無善途。……而後道義可守，節操可保，威武不能挫其氣，利祿不能動其心，處故能安其樸素，出亦不易其清廉，俯仰天地之間全無所於愧怍也。」「此種生活，即爲簡易之生活也。苟能變今日繁華之社會奢靡之風俗而直至儉易，則社會所生之罪惡，比不弱今日之多且重，然則簡易生活者，是罪惡社會之福音也。」綜合李大釗的思想分析，他認爲理想化的農村的生活是道德的樂土，是簡易生活的示範。

在《少年中國的少年運動》〔註12〕一文中，李大釗進一步提出到農村去的主張。李大釗指出，「我們少年運動的第一步，就是要作兩種的文化運動：一個是精神改造的運動，一個是物質改造的運動。……我們要作這兩種文化運動，不該常常漂泊在這都市上，在工作社會以外作一種文化的游民應該投身到山林裏村落裏去，在那綠野煙雨中，一鋤一犁的作那些辛苦勞農的伴侶。吸煙休息的時間，田間籬下的場所，都有我們開發他們，慰安他們的機會。……我們應該學那閒暇的時候就來都市裏著書，農忙的時候就在田間工作的陶士泰先生，文化的空氣才能與山林裏村落裏的樹影炊煙聯成一氣，那些靜沉沉的老村落才能變成活潑潑的新村落。新村落的大聯合，就是我們的少年中國……總結幾句話，就是：我所希望的少年中國的少年運動，是物心兩面改造的運動，是靈肉一致改造的運動，是打破知識階級的運動，是加入勞工團體的運動，是以村落爲基礎建立小組織的運動，是以世界爲家庭擴充大聯合的運動……」。

而在《青年與農村》〔註13〕中李大釗指出，「要想把現代的新文明，從根底輸入到社會裏面，非把知識階級與勞工階級打成一氣不可。……在那陰霾障天的俄羅斯，居然有他青年志士活動的新天地，那是什麼？就是俄羅斯的農村。我們中國今日的情況，雖然與當年的俄羅斯大不相同，可是我們青年應該到農村裏去，拿出當年俄羅斯青年在俄羅斯農村宣傳運動的精神，來作些開發農村的事，是萬不容緩的……我們中國是一個農國，大多數的勞工階級就是那些農民。……農村中很有青年活動的餘地，並且有青年活動的需

〔註12〕 《少年中國的少年運動》，《李大釗全集》第三卷，河北教育出版社，1999 年版，第 381 頁。

〔註13〕 《青年與農村》，《李大釗全集》第三卷，河北教育出版社，1999 年版，第 179頁。

要，卻不見有青年的蹤影。到底是都市誤了青年，還是青年自誤？到底是青年辜負了農村，還是農村辜負了青年？……都市上有許多罪惡，鄉村裏有許多幸福；都市的生活黑暗一方面多，鄉村的生活光明一方面多；都市上的生活幾乎是鬼的生活，鄉村中的活動全是人的活動。都市的空氣污濁，鄉村的空氣清潔。你們爲何不趕緊收拾行裝，結清旅債，還歸你們的鄉土？……青年呵！速向農村去吧！日出而作，日入而息，耕田而食，鑿井而飲。那些終年在田野工作的父老，都是你們的同心伴侶，那炊煙鋤影、雞犬相聞的境界，才是你們安身立命的地方呵！」

李大釗的尊勞主義思想

李大釗的民粹主義思想發展的第三個階段是尊勞主義的階段。尊勞主義是李大釗所使用的一個詞彙，體現了李大釗對於勞動的肯定和尊崇。在《現代青年活動的方向》〔註 14〕一文中李大釗寫道「免苦的好法子，就是勞動。……這叫作尊勞主義。這樣講來，社會上的人，若都本著這尊勞主義去達他們人生的目的，世間不就靡有什麼苦痛了嗎？」鄉村主義更多地是一種心理一種情緒，而勞動主義已經是一種比較完整的政治社會主張，並具有更加明確的民粹主義特色。李大釗認爲勞動是美德的來源，他所主張的工讀主義同樣體現了對於勞動的尊崇。勞動體現美德，尊勞主義與鄉村主義是一脈相承的。李大釗提出以工農尤其是以農民爲粹想法的同時，提出了走向鄉間的號召。

在《懺悔的人》這篇文章中，李大釗對於懺悔的人是崇敬的。但懺悔什麼？本文沒有回答。但從其後的《低級勞動者》、《光明與黑暗》兩篇文章中可以看出，這種愧疚是對脫離勞動的愧疚。基於對於這種愧疚的反思，李大釗提出了現代青年活動的方向，爲中國現代的青年指明了光明的前途。在《懺悔的人》〔註 15〕一文中李大釗指出，「最可敬的是懺悔的人，因爲他是從罪惡裏逃出來的，所以他對於罪惡的本體和自己墮落的生活，都有一層深嚴而且透徹的認識。以後任是罪惡怎樣來誘惑他，他絕不會再上當了。我們對於懺悔的人，十分尊敬。我們覺得懺悔的文字，十分沉痛、嚴肅，有光華，有

〔註 14〕《現代青年活動的方向》，《李大釗全集》第三卷，河北教育出版社，1999 年版，第 194 頁。

〔註 15〕《懺悔的人》，《李大釗全集》第三卷，河北教育出版社，1999 年版，第 443頁。

聲響，實在是一種神聖的人生福音。」在《低級勞動者》〔註16〕一文中李大釗指出，「凡是勞作的人，都是高尚的，都是神聖的，都比你們這些吃人血不作人事的紳士、賢人、政客們強得多。」在《光明與黑暗》〔註17〕一文中李大釗指出，「聽說北京有位美術家，每日早晨，登城眺望，到了晌午以後，就閉戶不出了。人問他什麼緣故，他說早晨看見的，不是擔菜進城的勞動者，便是攜書入校的小學生。就是那推糞的工人，也有一種清白的趣味，可以掩住那糞溺的污穢。因為他們的活動，都是人的活動。他們的生活，都是人的生活。他們大概都是生產者，都能靠著工作發揮人生之美。到了午間，那些不生產只消費的惡魔們，強盜們，一個個都出現了。你駕著嗚嗚的汽車，他帶著凶趚趚的侍衛，就把人世界變成鬼世界了。這也是光明與黑暗兩界的區分。」

在《現代青年活動的方向》〔註18〕一文中李大釗指明了現代青年的活動的方向：「新世紀的曙光現了！新世紀的晨鐘響了！我們有熱情的青年呵！快快起來！努力去做人的活動！……人生求樂的方法，最好莫過於尊重勞動。一切樂境，都可由勞動得來，一切苦境，都可由勞動解脫口勞動的人，自然沒有苦境跟著他。……勞動為一切物質的富源，一切物品，都是勞動的結果。……至於精神的方面，一切苦惱，也可以拿勞動去排除他，解脫他。……青年呵！你們要曉得勞動的人，實在不知道苦是什麼東西。……社會上的人，若都本著這尊勞主義去達他們人生的目的，世間不就靡有什麼苦痛了嗎？……只要你的光明永不滅絕，世間的黑暗，終有滅絕的一天。」在此階段李大釗從對於勞動的推崇最終發展為對勞動階級的推崇。

李大釗從主張以青年為粹到主張以農民為粹，體現了其民粹主義思想發展的脈絡。李大釗所指的農民是指作為整體的理想化的農民。他們是道德的來源，因為其身上體現了勞動的特性，勞動是道德的來源。在此時李大釗已經體現出了比較明顯的民粹主義的特徵。雖然此期李大釗的民粹主義還主要並不是作為政治思想而存在，但已經具有了豐富的政治內涵。瞿秋白對於李

〔註16〕《低級勞動者》，《李大釗全集》第三卷，河北教育出版社，1999年版，第451頁。

〔註17〕《光明與黑暗》，《李大釗全集》第三卷，河北教育出版社，1999年版，第295頁。

〔註18〕《現代青年活動的方向》，《李大釗全集》第三卷，河北教育出版社，1999年版，第194頁。

大釗的民粹主義思想進行了繼承和發展，中國近現代的民粹主義最終形成了比較完整的思想體系。

3.2.2 瞿秋白的民粹主義思想

民粹主義對於中國近代的思想產生了極其廣泛而深遠的影響。許多黨的早期領導人也不同程度地受到民粹主義的影響。在五四時期民粹主義的代表人物為李大釗和瞿秋白。李大釗的思想比較全面地體現了民粹主義的特徵。學術界對於李大釗的民粹主義思想基本達成共識，並產生了相當規模的研究成果，而瞿秋白的民粹主義思想尚未得到學術界的充分重視。在中國近代尤其是五四時期，瞿秋白同樣表現出了十分典型的民粹主義思想。瞿秋白的民粹主義思想直接影響到知識分子在革命進程中的定位，並對於中國革命早期的左傾機會主義錯誤產生了直接的影響。

民粹主義與反智主義

中國與俄國的民粹社會主義在特徵上具有極大的相似性，反智主義是其重要的共同特徵之一。所謂反智主義又可稱為反智識主義或反智論。余英時先生認為「反智論並非是一種學說、一套理論、而是一種態度。這種態度在文化的各方面都有痕迹可循，並不局限於政治領域。」「『反智論』可以分為兩個互相關涉的部分：一是對於『智性』本身的憎恨和懷疑，認為『智性』及由『智性』而來的知識學問對人生皆有害而無益。抱著這種態度的人我們可以叫他做『反智』性論者。」「反智論的另一方面則是對代表『智性』的知識分子表現一種輕鄙以至敵視。凡是採取這種態度的人，我們稱他們作『反知識分子』。必須指出，『反知識分子』和『反智性論者』之間的區別主要只存在於概念上，而在實踐中這兩者則有時難以分辨。我們之所以提出這一區別，是因為社會上一般『反知識分子』常常以知識分子為攻擊的對象，而不必然要直接觸及『智性』的本身，雖然對知識分子的攻擊多少也蘊著對『智性』的否定。」余先生認為反智主義可以兼指反智性論者和反智識分子。〔註19〕

俄國的民粹主義思想之中具有明顯的反智主義特徵。俄國的民粹主義的最重要特點在信仰人民、崇尚人民，而人民多數場合是指農民和社會上的勞動階級。他們認為，「人民的生活本身總是合理的」，「人民的生活本身就能

〔註19〕 參見余英時《中國思想傳統的現代詮釋》，江蘇人民出版社，1995 年第 1 版，第 63～64 頁。

根據它的本性、它的天然力量和天賦，以及根據外部的自然地理條件，定出自我提高和自我發展所需要的方式和原則」。他們認為，「在人民中保存著真正生活的秘密」，「在人民中潛藏著社會真理」，「人民是真理的支柱」。〔註20〕別爾嘉耶夫認為，「民粹主義的世界觀具有大地的特徵，它依附於土地」，因此，「民粹派知識分子反對脫離土地，想回到土地的懷抱。」〔註21〕民粹派知識分子在人民面前總有一種懺悔意識和「罪孽感」，在民粹主義者看來，知識分子所獲得的全部文化都是人民通過勞動創造的，而掌握文化的少數人則是靠著人民的血汗被養活並獲得文化的，這樣，掌握這種文化的人就被壓上了沉重的罪孽感。俄國的民粹主義者認為他們這些「文明的少數人」，其知識、智慧和進步，「是以多數人受奴役為代價換來的」，因為「多數人被剝奪了」受教育的機會。〔註22〕正是出於這種「罪孽感」，他們感到一種不可推卸的社會責任：要為社會進步服務，償還多數人以血淚和苦難為他們付出的文化的代價。社會上真正沒有罪孽感、不靠人血汗養活的是真正勞動的人，是來自人民的人。由於文化本身是靠著人民的血汗和苦難，靠著對人民的剝削而獲得的，這樣，掌握文化就同剝削、同罪孽聯繫到了一塊兒。所以在民粹派看來，彷彿文化本身也沾連上了剝削和罪孽的味道。因此，民粹主義思想經常對文化報以輕蔑甚至敵視態度，「在任何條件下都會起來反對文化崇拜」。〔註23〕

瞿秋白的反智主義思想

　　與俄國的民粹主義思想家一樣，瞿秋白的民粹主義思想表現出明顯的反智主義的特點。在 1919 年 11 月 11 日發表的政論小說《中國知識階級的家庭》的第一部分中，瞿秋白以小說的形式描繪了一個中國近代舊上層知識分子家庭的寄生生活。通過對這箇舊知識分子家庭的分析，在文章的第二部分中瞿秋白提出「中國的知識階級是什麼？中國的知識階級就是向來自命為勞心者治人的一班人。」「人家說世界眼光，中國人連太陽光都不願意看。這許多不可名狀現象，究竟怎麼樣會發生的呢？我敢說多是知識階級造出來的罪惡。」

〔註20〕《俄國民粹派文選》，人民出版社，1983 年版，第 31～32 頁，第 58 頁。
〔註21〕尼・別爾嘉耶夫《俄羅斯思想》，三聯書店，1995 年版，第 102 頁。
〔註22〕《俄國民粹派文選》，人民出版社，1983 年版，第 31～32 頁，第 58 頁。
〔註23〕尼・別爾嘉耶夫《俄羅斯思想的宗教闡釋》，第 58 頁，轉引自馬龍閃《俄國民粹主義產生的歷史條件和它的主要特徵》，《俄羅斯研究》，2002 年第 2 期。

「於是知識階級裏的人⋯⋯等到差不多到那地位的時候就可以百事不做，養活一班無恥的同類，愚蠢的鄉民就算盡了天大的責任了。⋯⋯這樣的萬惡之源不塞，社會改革是永久無望的了。」〔註 24〕在瞿秋白眼中，知識階級尤其是舊的知識階級成了舊道德舊制度的代名詞，所以要反知識階級。但同時瞿秋白對於新的知識階級是充滿希望的「我很希望中國少出幾個名士英雄，多出幾個純粹的學者，可以切實確定我們納新道德、新信仰，第一步先救救現在這樣的知識階級裏的人。」〔註 25〕

在 1919 年 12 月 21 日發表的《知識是贓物》這篇文章中，瞿秋白以普魯東的「所有權就是盜竊」的理論爲前提進行立論，提出了自己的知識觀，同時也進一步深化了對於勞動觀的認識。普魯東的理論是瞿秋白立論的理論基礎，這表明民粹主義與無政府主義的淵源關係。在文章中瞿秋白提出：「我們既不應當把財產當作所有物，更不應當把知識當作所有物。財產不過是一種工具，用來維持生命改善生活的工具，應當由使用工具的人來管理，所以凡是要維持生命改善生活的人都有使用這工具的權利。知識也不過是一種工具，用來維持精神的生命，改善精神的生活的工具。所以凡是要維持精神的生命，改善精神的生活的人也都有使用這工具的權利。生命和生活的權利是應當平等的，精神的生命和生活的權利當然也是應當平等的，因爲這兩件事只是一件。那麼，如若把知識當作一種所有物，就是盜賊明強暗奪的行爲，侵犯人家的權利的行爲。我們可以暫且設一個假定：知識是贓物」〔註 26〕通過這篇文章可以明顯地看出，瞿秋白的民粹主義思想是以其勞動觀作爲理論前提的，他受到普魯東的直接影響並將其作爲理論來源。同時瞿秋白也受到托爾斯泰的直接影響，其反智主義的特徵與無政府主義的勞動觀有直接的關係。在文中瞿秋白引用了托爾斯泰的論述：「托爾斯泰曾經說過，你們用現在這樣的宗教哲學科學文學去講分工，去做勞動家的勞動的代價，是欺詐的行爲。你們說：『勞動家呵！你們勞動著，我們就可以有空閒的工夫，來研究宗教哲學科學文學，做你們精神上的慰藉品，我們將要這樣報酬你們，你們快

〔註 24〕 《瞿秋白文集》政治理論編第一卷，人民出版社，1987 年 9 月第一版，第一卷，第 14～15 頁。

〔註 25〕 《瞿秋白文集》政治理論編第一卷，人民出版社，1987 年 9 月第一版，第一卷，第 18 頁。

〔註 26〕 《瞿秋白文集》政治理論編第一卷，人民出版社，1987 年 9 月第一版，第一卷，第 41 頁。

快替代我們去勞動。』但是勞動家向你們要慰藉品的時候，你們究竟給了他們多少？他們永久不會相信你們的。」〔註 27〕將勞動者稱爲勞動家體現了瞿秋白對於勞動的崇敬之情。在文章的末尾瞿秋白得出這樣的結論：「更因爲有了這種階級，知識少的人就因此更少，知識多的人就因此更多；知識少的人因爲知識多的人要增加他私有的知識而專去求知識所以不得不加倍勞動，拋棄他的精神生活，以致失去他求知識的能力；知識多的人就用奪人家時間——像托爾斯泰所說——的辦法去求得知識。」〔註 28〕「我們因此簡直可以說：知識就是贓物，財產私有制下所生出來的罪惡。廢止知識私有制，就是廢止財產私有制的第一步。」〔註 29〕

在這樣的知識觀的基礎上，在 1920 年 4 月 21 日發表的《伯伯爾之泛勞動主義觀》一文中通過對比託爾斯泰和倍倍爾的兩種勞動觀，瞿秋白將托爾斯泰的理論歸納爲泛勞動主義，而將貝貝爾的理論歸納爲藝術化的勞動並同時給予肯定。瞿秋白認爲：「托爾斯泰和伯伯爾兩人對於勞動的意見似乎很不相合，立於反對的地位；然而實在是相反相成的。他們有一個共同觀念；勞動力和勞動底出產品不是可以拿來買賣的貨物，而是供給人生需要的東西，大家享用的東西；不應當有資產階級來掠奪勞動者底勞動力和勞動底出產品。……托爾斯泰式的生活是我們安心的生活，伯伯爾式的方法是我們達到目的的方法。……我們難道不承認他們的話是對的麼？」〔註 30〕在 1920 年 4 月 21 日發表的《勞動底福音》一文中，瞿秋白表達了自己對於勞動的禮贊：「最有幸福的，只是勤苦的勞動之後。勞動能給人以完全的幸福，幸福——勞動。救我們的只有勞動！血呢？赤色化呢？勞動！你是人類的福音。勞動底福音」。〔註 31〕

瞿秋白的民粹主義與俄國的民粹主義有著驚人的相似性。瞿秋白的反智

〔註 27〕《瞿秋白文集》政治理論編第一卷，人民出版社，1987 年 9 月第一版，第一卷，第 43 頁。

〔註 28〕《瞿秋白文集》政治理論編第一卷，人民出版社，1987 年 9 月第一版，第一卷，第 45 頁。

〔註 29〕《瞿秋白文集》政治理論編第一卷，人民出版社，1987 年 9 月第一版，第一卷，第 46 頁。

〔註 30〕《瞿秋白文集》政治理論編第一卷，人民出版社，1987 年 9 月第一版，第一卷，第 80 頁。

〔註 31〕《瞿秋白文集》政治理論編第一卷，人民出版社，1987 年 9 月第一版，第一卷，第 83 頁。

主義思想具有余英時先生所講的反智性和反知識分子的雙重內涵，是一種典型的反智主義。瞿秋白民粹主義思想實際上是重複了俄國民粹主義的思想軌迹，也經歷了從反智主義到勞動崇拜的過程。反智主義是民粹主義的重要前提，從某種意義上講，反智主義是破舊，破除舊的鄙視勞動人民的政治文化傳統。在中國的傳統社會，勞動人民處於社會的最底層，而封建知識分子與官僚相結合，共同對於勞動人民進行壓迫和剝削。實際上反智主義就是在使廣大的勞動人民獲得解放。這是人民獲得解放的重要的前提，也是將勞動推上聖壇的基本而必要的前提。將勞動推上聖壇實際上也就是使勞動人民獲得了走上聖壇的通行證。

在對知識分子和智性進行了批判之後，瞿秋白讚美了勞動。他認為勞動是人類的福音，是救世的希望，是最大的幸福。勞動應該供給人生需要，應成為公眾共同享用的產品，而不應成為資產階級掠奪的獵物。而勞動與知識是密切相關的。瞿秋白認為知識少的人因為知識多的人要增加他私有的知識而專去求知識，所以不得不加倍勞動，拋棄他的精神生活，以致失去他求知識的能力；知識多的人就用奪占人家時間的辦法去求得知識。知識同所有權一樣來源於對勞動人民的掠奪，知識分子的知識是欠勞動人民的一筆債。而這表達了與俄國的民粹派知識分子幾乎完全相同的勞動觀與知識觀。李大釗的民粹主義思想中有較多的傳統文化成分；而瞿秋白的民粹主義思想可以看出俄國的民粹主義的直接影響。既然文化與惡聯繫在一起，不言而喻的是勞動與善緊緊地聯繫在一起。而人民同其本性——勞動緊緊地聯繫在一起，於是人民成為了善的道德的來源。對勞動的崇拜與反智主義在民粹主義的思維中順理成章地結合在一起。對勞動的崇拜與反智主義的結合實際上體現了對於廣大工農勞動人民的崇拜。對勞動的崇拜實際上從深層次體現出了對於人民的崇敬之情。對勞動的崇拜已經明顯地體現出了民粹主義的核心內涵：信仰和崇尚「人民」，以「平民化崇拜」反對文化崇拜。反智主義和勞動崇拜體現了瞿秋白民粹主義思想的特徵。

瞿秋白的民粹主義思想是對於近代中國民粹主義的繼承和發展。中國近代民粹主義思想邏輯的發展是從勞動主義到反智主義，而瞿秋白在五四時期繼承了其反智主義成分併借鑒了俄國民粹主義的思想將其發展為勞動崇拜，繼而通過階級分析的觀點方法將其發展為工農階級崇拜。瞿秋白的民粹主義思想對中國近代思想的發展產生了正反兩方面的影響。一方面對工農階級的重視在相當

程度上推動了革命思想在人民群眾中的傳播，促進了革命的進程；但其反智主義的思想傾向直接影響到知識分子在革命進程中的定位，為中國革命早期的左傾機會主義錯誤埋下了伏筆，對中國革命的產生了負面的影響。

3.3 中國早期民粹主義的初步實踐

近代中俄民粹主義的性質同為民粹社會主義，以傳統性質的社會組織為基礎對於資本主義社會形態和生產方式的超越是民粹主義的經典特徵之一。在俄國的民粹主義思想家們認為俄國社會生活中廣泛存在的村舍中具有濃厚的社會主義內涵，可以以村舍為基礎實現對於資本主義的超越。而在中國近代並不存在著俄國式的村舍，但中國傳統的大同理想中存在著一個理想的村舍式模型，即從桃花源式的烏托邦直到近代人們所構想的新村。中國近代新村主義中對於新村的設計具有與俄國的村舍相近的屬性。新村是中國式的村舍，它承擔了與俄國的村舍相同的職能。中國近代的民粹主義思想家試圖以新村為基礎對資本主義進行超越。以往學術界對新村主義進行研究時，主要集中於其空想社會主義的一面，而對其民粹主義的特性有所忽略。

俄國超越資本主義重建理想社會的基本細胞——村舍

在俄國的民粹主義思想中村舍是一個關鍵性的概念，它是民粹主義的物質基礎。俄國的民粹主義思想家把農村公社理想化，企圖通過保存農村公社實現對於資本主義的超越，從而避免資本主義制度所帶來的種種苦難。民粹主義之所以稱為民粹主義，其關鍵的特徵體現為對於人民的崇拜。民粹派關於農村公社（村舍）的這種思想觀念，是以其對「人民」的信念為基礎的。俄國的民粹主義思想家認為，「米爾（即公社—引者）精神接近人民的本性，滲透到人民的整個日常生活中」；農村公社「為人民所喜歡」，它「是俄國人民夢寐以求的民族原則的內部天然合法的民權保護者」，因此俄國需要農村公社，需要它的「社會主義」的清新而又生氣勃勃的協商和主動精神。〔註32〕民粹派之所以把充滿宗法家長制傳統的農村公社這樣理想化，因為在他們看來無論農村公社還是城市公社都滲透著「社會主義精神」，它是可以避免彎路而通向未來人間天堂的橋梁。民粹主義主張「村社所有制」，認為它「能在村社內部工人之間合理地分配土地」，在這種所有制下，能合理地「充分經營」，

〔註32〕《俄國民粹派文選》，人民出版社，1983年版，第33～39頁。

這裡有著「勞動組合生活的萌芽」，「土地能獲得最好的收成」；它「對西歐的群眾很富於誘惑力」，能「使知識有用武之地」，「更能大大提高勞動效率」。因此農民及其公社所有制是「俄國大多數居民的前途賴以發展的特殊基礎」。〔註33〕俄國的民粹主義具有濃厚的空想社會主義的性質。

俄國的民粹主義者將農村公社理想化，從古老公社的傳統中展望社會主義的前景，把它視爲俄國通向社會主義的基礎和出發點。在俄國民粹主義思想中，村舍對於超越資本主義，直接過渡到社會主義起著關鍵的作用。民粹主義是來自後進農民國度的、主要反映農民思想觀念的思想體系。面對19世紀中後期資本主義發展帶來的罪惡，俄國的民粹主義思想家們認爲，只有避免西歐的資本主義道路，直接過渡到社會主義，才能使俄國人民幸免於難。民粹主義思想家指出：「我們是遲到的民族，而正是這一點使我們得救了。我們應該感謝命運，我們不曾有過歐洲的生活。歐洲的不幸，歐洲的絕境對我們是個教訓。」還說：「我們研究了歐洲的經濟和政治制度；我們看到他們的情況並不妙，我們明白，我們完全可以避免當代歐洲的可憐命運。」〔註34〕別爾嘉耶夫指出，民粹派「所有的人都指望俄羅斯避免資本主義的非正義和罪惡，繞過經濟發展的資本主義時期，變爲更好的社會制度。甚至所有的人都想，俄羅斯的落後狀態恰恰是它的優勢。」〔註35〕對民粹主義而言，在企圖避免資本主義，直接過渡到社會主義的問題上，同他們對「人民」的崇尚和信仰一樣，有著最具本質、最爲突出的共性。普列漢諾夫尚是民粹主義者的時候曾說：我們看不出有何根據俄國不能避免資本主義。他認爲，俄國同西歐社會主義的要求之不同僅在於，西歐資本主義通過工廠已實現了「集體勞動」，剩下就是實現「集體佔有制」，而俄國則相反，俄國已有了居於優勢地位的村社集體土地佔有制，這構成了俄國農民「對待土地問題的最本質的特徵」，因此在俄國實現社會主義，只要實行「集體勞動」就可以了。〔註36〕村舍是俄國民粹主義的物質基礎。〔註37〕

〔註33〕《俄國民粹派文選》，人民出版社，1983年版，第156、159、167～171、289～290頁。

〔註34〕《俄國民粹派文選》，人民出版社，1983年版，第9頁。

〔註35〕尼·別爾嘉耶夫《俄羅斯思想》，三聯書店，1995年版，第10頁。

〔註36〕《俄國民粹派文選》第494～497頁。

〔註37〕關於俄國村舍的問題可參照馬龍閃《關於俄國民粹主義的幾個問題》，《史林》2002年第2期。

近代中國新村主義理論與實踐

面對資本主義社會的罪惡和資本主義在中國發展所造成的苦難，與俄國的民粹主義一樣，中國的青年對於新的生活方式進行了構想並進行了實踐。青年們眞誠地相信，以新村作爲新社會的細胞就可以建成一個理想的新社會，從而避免資本主義的種種苦難。新村主義原是日本武者小路實篤在20世紀初期所倡導的一種空想社會主義學說。其基本思想是認爲現存的資本主義制度不合人道，企圖另建「新村」，創立一種無壓迫、無剝削、人人平等、互助、友愛、幸福的理想社會。1918年12月，武者小路又在日本的九州的日向，購置了40多畝地，蓋了3所房屋，組織了20多個人，建立起來第一個新村，掀起了一個所謂的新村運動。中國近代對於新村的構想是無政府主義者提出的，但在其實踐的過程中被塗上了民粹主義的色彩。新文化運動時期，新村主義思想得到了廣泛的傳播，並成爲一股影響廣泛的思潮。

近代中國最早介紹新村主義的是江亢虎。1919年8月，周作人在《新青年》雜誌上發表了《日本的新村》的文章，宣傳新村主義並產生了廣泛的影響。新村主義對當時中國社會主義運動的興起，特別是對一些進步青年思想的影響是較大的。就期刊而言，除了上述的《新青年》及《新潮》、《晨報》等刊物登載了周作人關於新村主義的介紹和宣傳文章以外，《少年中國》、《批評》、《新人》等雜誌也都刊載過有關新村主義的一些文章；如《批評》雜誌曾於1920年底連續三期刊出「新村號」專欄。

在新村主義在中國的傳播過程中，王光祈起到了重要的作用。他不僅積極鼓吹新村主義，而且還把它加以發展，變成了菜園新村主義和工讀互助主義，並且全力以赴地付諸實踐。1918年6月30日，王光祈和李大釗等議定共同發起成立少年中國學會，王被推爲籌備部主任。不久，王光祈在其會刊《少華中國》雜誌上發表文章，鼓吹「少年中國」要「創造一種新生活的組織」和在鄉間搞「菜園」新村生活的設想。他所勾畫的這幅烏托邦的藍圖是，「我們先在鄉間租個菜園，這個菜園距離城市不要太遠，亦不要太近，大約四五里路爲最宜。這菜園不要太大，亦不要太小，只要夠我們十幾人種植罷了。菜園中間建築十餘間房子，用中國式的建築法，分樓上樓下兩層。樓上作我們的書房、閱覽室、辦公室、會客室、藏書室、遊戲室等等。樓下作我們的臥室、飯廳等等。園子西南角上建築一個廚房。東北角建築一個廁所。房子後身砌上一個球場。園子周圍挖下一條小溪。溪邊遍植柳樹，柳樹旁邊就是

竹籬，竹籬裏頭就是我們的荣園了。茲將每日課程列表如下：（一）種荣兩鐘，
（二）讀書三鐘，（三）譯書三鐘，其餘鐘點，均作遊戲閱報時間。我們園中
要附設一個平民學校，附近農家子弟，均可以到學校讀書，不納學費。……
我們有家眷的，可以同住，我們穿的衣服、鞋子，都歸他們辦理。廚中事情，
由我們自己擔任，是不雇傭僕役的。」〔註 38〕理想是美好的，但青年們一無
土地二無技能，所謂新村自然只能是紙上談兵。新村主義在當時不具有實踐
的可能性，王光祈又將荣園新村主義改頭換面後移植到城市中來，把它發展
為工讀互助主義式的空想社會主義，並在北京城裏首先成立起工讀互助團，
進行工讀互助主義的新生活試驗。

新村主義對於當時激進的中國青年一代產生了深遠的影響。1918 年春，
毛澤東、蔡和森和張昆弟、羅學瓚等寄居於嶽麓山半學齋時，就產生過新村
主義的設想。次年春，毛澤東由北京返湘後，又再度把這種設想草擬成「新
村」計劃書，刊登在《湖南教育》雜誌上。〔註 39〕惲代英在《論社會主義》
一文中還對新村主義予以肯定和讚賞。他說：「新村運動是應該的，因為這樣
可以製造出共存互助社會的雛形。」〔註 40〕在「五四」時期，還有不少進步
青年在理論上撰寫宣傳新村主義的文章，並進行了新村主義的實踐。連中國
共產主義運動的先驅李大釗於 1919 年也撰寫過稱讚新村的文章。但這些先進
青年都還稱不上是新村主義式的空想社會主義者。他們原來都是激進的民主
主義者，在「五四」前和「五四」時期，他們受到外來的各種新思潮的影響，
因而政治思想的成分是複雜的，但其在新村主義的理論和實踐中體現出了豐
富的民粹主義內涵。

新村——中國式的民粹主義村舍

從理論和實踐上看，中國近代的新村主義具有豐富的民粹主義內涵。近
代中國的新村主義與俄國的民粹主義類似，同樣是以對人民的崇拜為基礎
的。在李大釗等人的文章中，表達了對勞動和勞動人民的崇敬之情。在李大
釗等人的筆下，勞動人民主要是指終年辛苦勞作的農民。李大釗還明確地提

〔註 38〕 高放，黃達強《社會主義思想史》，中國人民大學出版社，1987 年版，第 928
頁。

〔註 39〕 高放，黃達強《社會主義思想史》，中國人民大學出版社，1987 年版，第 925
頁。

〔註 40〕 高放，黃達強《社會主義思想史》，中國人民大學出版社，1987 年版，第 926
頁。

出了到鄉村去的號召。對此問題學術界已有專文論述，此不贅言。中國近代的新村主義的產生受到了這種思潮的強烈影響，新村主義思想是構築在這種勞動階級崇拜的價值觀之上的。新村主義之中被賦予了勞動主義和勞動崇拜的內涵，體現了勞動階級崇拜的特性。

近代中國的現代化最初是以西方發達資本主義國家為藍本的，在相當長的時間內，力圖救國的仁人志士也以模仿西方的資本主義制度為救國救民的唯一手段。但中華民國成立之後，新的制度所帶來的卻並非是思想家們所曾經許諾的美好社會，而是使中國陷入了新的苦難之中。在這些苦難中，除去原有的災難外，資本主義發展所帶來的種種弊端又成為思想家們關注的新焦點。思想家們既試圖得到西方社會先進的生產力水平和生活水平，又試圖避免它所帶來的不足。這實際上是近代中俄思想家在現代化過程中所關注的共同問題。在俄國產生了民粹社會主義思潮，他們認為俄國的村舍中具有濃厚的社會主義內涵可以作為新的社會細胞，並以此實現對資本主義的超越。但中國近代並不存在著像俄國村舍一樣的社會組織，中國到底該怎樣實現對於資本主義的超越呢？中國近代的思想家們開始探索一條有中國特色的發展道路。

中國傳統文化中大同烏托邦思想一直十分發達，已經成為中國人思維方式的有機組成部分。它同樣深深地影響著近代中國的思想家們。中國的思想家面對著社會的種種不盡如人意之處，以大同思想作為對現實批判的武器，構思出理想的新村。近代中國的新村主義是傳統文化中大同烏托邦思想的繼續。傳統小農社會中對於這種大同新村的經典表達是陶淵明的桃花源，通過簡短的白描，陶淵明為世人展現了一個理想化的新村。這也成為以後歷代文人所做的大同夢的最初藍本。中國傳統文化中的大同烏托邦傳統已經成為了對於現實社會批判和美好未來設計的有力武器。鴉片戰爭之後，自給自足的自然經濟雖然已經逐漸解體，但中國社會仍然是小農經濟的汪洋大海。思想家對於未來美好社會的構想是以新村的形式體現出來的是情理之中的事情。但同時必須看到，近代中國思想家所進行的新村設計與傳統社會中的桃花源有著本質的不同。近代中國的新村設計體現出了濃厚的時代內涵。就其思想來源來講，近代新村是現代化過程中的產物；而傳統桃花源是自給自足的小農社會的產物，是一種對於封建社會理想形態的構想。傳統的桃花源式的新村並非是要超越封建主義，而是要實現封建主義的精髓。近代中國的新村主義則不然。它在主流上是基於對於資本主義的批判之上的，其目的是要超越

資本主義的。它體現了中國近代商品小農的政治和社會要求，具有鮮明的時代氣息。

　　新村主義思想主張以中國式的村舍——新村作為超越資本主義的未來社會的細胞。在中國的民粹主義中，這種新村就相當於俄國的村舍。在實踐層面上民粹主義是在有意識地探索一條有中國特色的發展道路。在意識到西方資本主義制度的弊端，同時對於中國小農社會的特點有所重視後，思想家們將目光投向了中國的農村，試圖結合中國特點探求一條不同於西方的發展道路。這種嘗試是民粹主義留給後人的寶貴財富。所不同的是俄國的村舍是現實存在的，而新村主義中的新村是需要在現實社會中重建的。從這個角度上講，中國近代的新村主義所體現出的空想性與俄國相比更強，更加脫離實際。所以新村主義在實踐失敗後很快即被遺忘，並沒有像俄國的民粹主義那樣產生廣泛而深刻的社會影響。

　　綜上所述，在中國近代的民粹主義思想中新村主義具有十分重要的地位。近代的新村是中國式的民粹主義村舍。近代中國的新村不僅具有與俄國民粹主義村舍相近的性質，而且承擔著與其相近的職能。他們既是超越資本主義的基礎，又是未來社會的基本細胞。俄國的村舍和中國的新村體現了民粹主義在不同的文化傳統和國情之下的差異。而新村與村舍的相近之處也同樣是由於中俄兩國社會性質相近所決定的。中國兩國在近代都處於專制制度的統治之下。中國在清末是封建專制，在民國初年是封建軍閥專制；而俄國處於沙皇的專制統治之下。而在近代雖然兩國的資本主義具有初步的發展，但封建主義的生產方式仍然占相當大的成分，都有小農經濟的汪洋大海。以村社和新村作為新社會的細胞的社會實踐都失敗了，中國的新村主義步了俄國民粹主義的後塵。民粹主義不是一種科學的理論，它對於未來社會的構想具有濃厚的空想性成分。它逃脫不了失敗的必然命運。而村舍和新村作為民粹主義的一種社會構想，無論怎樣美好，也僅僅是一個可望不可即的烏托邦而已。他們承載了人們對於美好未來的憧憬，但卻根本無力將這種構想變為事實。新村主義實踐失敗後，中國進步的知識分子認清了其虛幻的本質，紛紛走上了革命的道路，開啟了新的時代。

工讀主義實踐及其民粹主義內涵

　　新村主義在當時不具有實踐的可能性，王光祈又將榮園新村主義改頭換面後移植到城市中來，把它發展為工讀互助主義式的空想社會主義。並在北

京城裏首先成立起工讀互助團，進行工讀互助主義的新生活試驗。

　　王光祈提倡工讀互助主義及成立工讀互助團最早是在 1919 年 12 月開始的。他在《晨報》上發表了《城市中的新生活》的文章，說過去他「注重鄉間的新生活，今天我所提倡的是城市中的新生活」。要試行這種「新生活」，必須成立「工讀互助團」，這種組織比新村「容易辦到。因爲『新村』須要土地，而且我們現在生活的根據，又在城市。所以這種主張比較切實可行。更爲需要」〔註41〕。此後，王光祈積極宣傳並很快地得到了李大釗、陳獨秀、蔡元培、胡適、周作人等人的支持，同時也得到青年們的積極響應。他們不僅很快地募集到上千元的活動經費。在年底便成立起工讀互助團，並開始經營，過起了半工半讀的「城市中的新生活」。1919 年底到 1920 年初，北京先後組織了工讀互助團四個組，其中有一個是女子組。北京工讀互助團的建立，引起了很大的反響，各地競相傚仿，天津、上海、南京、武漢、廣州等城市也先後成立了工讀互助團或類似組織。王光祈將「工讀互助」稱爲「和平的經濟革命」。他說：「工讀互助團是新社會的胎兒，是我們理想的第一步。……若是工讀互助團果然成功，逐漸推廣，我們各盡所能、各取所需的理想漸漸實現，那麼，這次工讀互助協團的運動，便叫做和平的經濟革命。」據此，工讀互助團在其《簡章》中制定了「各盡所能、各取所需」的原則和行動計劃：第一、工作所得歸團員所有，實行共產。「團員是團體的一部分，團體的盈虛利害，便是團員的盈虛利害。」「社會的一切罪惡都由私產制度發生，要免除這種罪惡，惟有打破私產制度，實行共產。」第二、規定工作時間內，各人盡其所能。工作時間開始規定爲 4 小時，後又延長。工作時「以時間爲標準，不以工作結果爲標準。」「強者幫助弱者，智者幫助愚者」，「團員本著互助精神以盡其所能。」第三、團員生活必需之衣食，由團體供給，各取所需，團員的教育費、醫藥費、書籍費由團體提供。王光祈指出，貫徹這些原則，「用工讀互助團去改造社會，改造社會的結果」，就會出現人人讀書、人人工作、各盡所能，各取所需的工讀主義的新社會，就可以過著「日出而作，日入而息、鑿井而飲，耕田而食」的新生活。〔註42〕

〔註41〕高放，黃達強《社會主義思想史》，中國人民大學出版社，1987 年版，第 928頁。

〔註42〕符泰光《從工讀互助團的失敗看改良主義在中國行不通》，《西南民族學院學報》2002 年 8 月。

　　與俄國的民粹主義者相似，作爲工讀運動的一部分，中國近代的知識分子同樣經歷了一次簡短而倉促的「到農村去」的運動。五四運動前後，平民教育演講團、工讀互助團等組織在北京各大學相繼建立起來。但這些實踐活動因其強烈的烏托邦色彩很快便宣告失敗。下面一則平民教育演講團的報告：「今天是星期天，長辛店方面，工廠的工人休息，都往北京遊逛去了；市面上的善男信女都到福音堂作禮拜去了，剩下可以聽講的就可想而知……雖然抓著旗幟開著留聲機，加勁的演講起來，也不過招到幾個小孩和婦人罷了。講不到兩分鐘，他們覺得沒有味道，也就漸漸退去。這樣一來，我們就不能不『偃旗息鼓』，『宣告閉幕』啦……到長辛店，一點多鐘，到不了五、六人，還是小孩，……土牆的底邊，露出幾個半身婦人，臉上堆著雪白的粉，兩腮和嘴唇又塗著鮮紅的胭脂，穿上紅綠的古色衣服，把鮮紅的嘴張開著，彷彿很驚訝似的，但總不敢前來。」〔註43〕

　　新村主義自產生之日起就是對於資本主義弊端的一種批判。新村主義的實踐者嘗試以村社作爲理想社會的細胞，超越資本主義制度。將這種自給自足的社團作爲未來社會的細胞並實現對資本主義的超越，這正是民粹社會主義的典型特徵之一。在這個意義上，新村就是中國特色的俄國村舍。新村主義和工讀主義與近代中國的民粹主義在內涵上有著高度的一致。王光祈不僅對新村十分嚮往而且還企圖通過它來實現改造中國。他興致勃勃地說：「我們提倡新生活的動機，就是主張……不受『農食住』三位先生的牽制，豈不是一個最美最樂的自由世界嗎？」又說「我們在鄉間，半工半讀，身體是強壯的，腦筋清楚的，是不受農食住三位先生牽制的，天眞爛漫的農夫，是與我們極表親愛的，我們純潔青年，與純潔農夫打成一氣……」〔註44〕這已經賦予了青年和農民某種道德上的內涵，體現出以青年和農民爲粹的思想。這種口吻與李大釗何其相似！這種思想與李大釗的民粹主義思想是一致的，即具有以農爲粹的內涵。不久，王光祈在擬定《少年中國學會之精神及進行計劃》時，便毫不掩飾地宣揚：「改造中國問題，最有希望的就是勞動家起來解決，中國是農業國，勞動家中以農民爲最多，故我們學會提倡『新農村運動』……」〔註45〕將農民稱爲勞動家既

〔註43〕　《五四時期的社團》（二），三聯書店（北京），1979 年版，第 167～168 頁。

〔註44〕　高放，黃達強《社會主義思想史》，中國人民大學出版社，1987 年版，第 931 頁。

〔註45〕　高放，黃達強《社會主義思想史》，中國人民大學出版社，1987 年版，第 930 頁。

是勞動主義的體現又是以農爲粹思想的體現。新村設計本身具有落後性，它並沒有以先進的生產方式對未來社會進行設計。這種設計的出發點就是萬事不求人的小農生產方式的體現，從這個角度上講新村的設計本身具有反現代化的特徵。

正如民粹主義的鼻祖盧梭所講的，「再見吧，巴黎，我們離開你越遠越好；城市是坑陷人類的深淵。經過幾代人之後，人種就要消滅或退化；必須使人類得到更新，而能夠更新人類的，往往是鄉村。」〔註46〕民粹主義反都市的傾向是共同的。中國近代的民粹主義中有著濃厚的反都市的傾向，這一點在新村主義之中表現得尤其明顯。中國近代的鄉村主義和反都市情結也標誌著從文明的撤退，同時也表明著向道德的回歸。而新村和工讀主義之中也體現出了這種民粹主義中的鄉村情結。就新村主義和工讀主義而言，它表現出了比較明確的反都市的情結。這種反都市的情結體現出小生產者對於現代化的一種本能的牴觸。

工讀和新村主義中還存在著明顯的反智主義的傾向。在近代中國的民粹主義思想中，勞動被賦予了善的含義，而理想化的鄉村作爲勞動的承載者也被賦予了道德的含義。中國近代的民粹主義在批判知識特權的同時強調了知識分子的原罪，而救贖的渠道就是通過勞動進行改造。它雖然針對的是現實的不平等，但提倡的卻是一種顛倒的平等觀，從而將勞動階級推上了道德的聖壇。新村工讀主義的民粹主義特性還體現於對勞動階級的崇拜。這種勞動主義間接地體現出以勞動爲善的來源，繼而勞動人民是善的來源的思想。工讀主義是強調體力勞動的，工讀主義的實踐主要是一種手工勞動的實踐，而沒有體現出更多的「讀」的內容。同時這種對於體力勞動的推崇也有反智主義的成分在其中。工讀主義可以理解爲一種鄉村主義在都市之中的權宜之計。它所體現出來的到鄉村去改造鄉村的思想與民粹主義思想中的鄉村主義是一致的。

通過對上述材料的分析，我們可以歸納出新村和工讀主義的民粹主義特徵。第一、以新村或工讀社團作爲未來社會的細胞，這是以中國傳統社會中的大同社會作爲借鑒的。這種新村或工讀社團相當於俄國的村舍和盧梭筆下的會社。中國社會中並非像盧梭和俄國的民粹主義者一樣，有現成的組織模式可以繼承，而是對於理想社會進行嘗試性建構的一種實踐。第二、新村或

〔註46〕朱學勤《道德理想國的覆滅》上海三聯，2004年第一版，第四章。

工讀社團中的生活是公開透明的。是接受全體成員監督的，成員之間並無隱私，也沒有私有財產，因而也是道德的。在民粹主義思想家筆下，城市是墮落生活的象徵，是惡的。而新村和工讀社團則體現了善的特性，是一種道德的生活。第三、新村或工讀社團中的生產以小生產為主，在相當程度上自給自足，成員也是一專多能並未體現出社會分工。這也充分體現出小生產者思維慣性。至於異化的問題，中國近代的民粹主義者並未從理論上加以認識。第四、近代中國的民粹主義思想家充滿著對於鄉村生活的嚮往和對於農民的崇敬。其新村和工讀社團就是以理想化的鄉村生活為藍本的。鄉村的生活和農民的職業在民粹主義者看來是一種道德的高尚的職業。第五、在民粹主義的社團中沒有法理科層制的位置。在民粹主義社團中，道德的力量是解決一切為題的原動力。總之，中國近代民粹主義的社會觀可以用一句話來概括，理想化的鄉村生活是都市罪惡的解毒劑，而理想化的勞動階級，尤其農民是美德的承載者。

中國近代民粹主義社團的出現有著深層次的社會原因。中國傳統儒學面對西方文明蒼白無力，傳統的知識分子所信奉的「道」湮沒於歷史的殘垣之中。民粹主義在這個角度上講是為去聖繼絕學的尋道者，而民粹主義者所尋到的就是勞動階級的善，去實現這種善就是道。他們繼承了傳統士大夫的傳統。傳統的聖人雖已被打倒，而道德尚在，至善論尚在，仍需構建一個新的道德法庭對世間的一切進行裁判。民粹主義將關注的焦點從國家轉移到了人，尤其是下層的民眾，同時從對於整體的關注轉移為道德的關注。道德和民眾成為民粹主義的關鍵詞。

不僅在性善論的思維方式上，工讀社團和新村的設計上還體現出某些復古主義的特徵。工讀和新村主義所設計的理想社會的細胞——新村或工讀社團雖然具有濃厚的大同理想的特徵，具有某些復古主義的痕跡，從本質上講，它體現了對於現實的一種大膽的顛覆。正如朱學勤先生所講：「有兩種復古主義者。第一種復古主義者批判了此岸，也就放棄了此岸。他們對此岸現實的批判，導致對此岸現實的絕望和拒絕，不構成對此岸現實的顛覆，如釋迦，如耶穌，如穆罕穆德；第二種復古主義者以前者的終點為起點，變消極拒絕為積極改造。他們只向前多走了一小步，這一步卻引起了石破天驚的後果。他們對此岸已然的批判，是對此岸應然重建的開始。他們之復古，意在託古改制，意在確立一個邏輯起點，這一邏輯起點有時稱作自然狀態，有時稱作

第一原理，總之，是以先驗應然之邏輯將此岸經驗之已然抽象淨盡，以便在一張空白的圖紙上彩繪一幅新的圖畫。他們的所有復古命題都應該顛倒過來，才能破譯其真正含義——歷史學上的悲觀立場，顛倒過來就是人類學上的樂觀立場；文化學上的保守取向，顛倒過來就是政治學上的進取傾向；倫理學上的戀古情結，顛倒過來就是社會學上的大膽顛覆。」〔註47〕這種工讀社團或新村就是新社會的邏輯起點，就是青年們所設計的自然狀態。近代中國的民粹主義的復古傾向顯然屬於後一種。這種復古看似悲觀保守戀古，實則樂觀進取顛覆。民粹主義的所謂復古實際上體現出來的是所謂的託故改制。近代中國的民粹主義者同樣可以看作是現存和過去一切制度的顛覆者。

恩格斯針對 19 世紀初期的空想社會主義說一句名言：「在經濟學上是錯誤的東西，在世界歷史上卻可以是正確的。〔註48〕列寧在提醒人們注意恩格斯的這句名言時指出：「民粹派的民主主義在經濟學的形式上是錯誤的，而在歷史上卻是正確的；這種民主主義作為社會主義烏托邦是錯誤的，但是作為農民群眾的特殊的、有歷史局限性的民主主義鬥爭的表現，卻是正確的，」〔註49〕正如朱學勤先生在《道德理想國的覆滅》一書中對民粹主義的先知——盧梭所作的評價，「先進的時代預言往往是與滯後的落後姿態疊合在一起，超前的哲學理論往往是與落後的經濟學立場疊合在一起。思想史的複雜錯綜，使得任何機械的、僵硬的兩分法在這裡都顯得捉襟見肘，不免尷尬。」〔註50〕民粹主義者是近代中國的先知，他們是探索有中國特色發展道路的拓荒者。

民粹主義體現了中國人對於現代化理解的層次。中國人對於現代化的理解經過器物層次、制度層次、文化層次最終達到了一個新的境界——道德層次。民粹主義是對現代化在道德層次上的批判。中國近代的民粹主義者雖然已經成為了現代意義上的知識分子，但他們仍然有著傳統士大夫的道德責任感和一顆跳動不息的救世之心。近代中國的資產階級革命結束了一箇舊的時代，而近代中國的民粹主義則開啟了一個新的時代。這種對於現代化的批判已經站在了新時代的大門，工讀主義和新村主義正是青年們所邁出的嘗試性的第一步，隨之而來的就是十月革命的狂飆徹底卷開新時代的大門。

〔註47〕朱學勤《道德理想國的覆滅》上海三聯，2004 年第一版，第四章。
〔註48〕《馬克思恩格斯全集》第 21 卷，人民出版社，第 521 頁。
〔註49〕《列寧全集》第 18 卷，人民出版社，第 352 頁。
〔註50〕《瞿秋白文集・政治理論編》第 4 卷，人民出版社，1993 年版，第 684 頁。

3.4 近代中國民粹主義政治思潮的衰微與轉型

3.4.1 瞿秋白對民粹主義的總結與批判

1927 年瞿秋白發表了長文《俄國資產階級革命與農民問題》，這是近代中國民粹主義思想發展的一座里程碑。在這篇文章中，瞿秋白探討了 19 世紀俄國民粹主義運動的起源、理論、發展和實踐，通過對俄國民粹主義產生的歷史背景的分析和對民粹派內部的派別及組織的主張和行動的梳理，他認爲民粹主義是一種俄國式的社會主義；他認爲民粹派革命黨的理想雖然是社會主義，但其實踐卻是資本主義革命。

在這篇文章之中瞿秋白首先探討了 19 世紀俄國民粹主義產生的歷史背景，並對俄國民粹主義思想的代表人物赫爾岑和車爾尼雪夫斯基的思想進行了介紹，通過分析瞿秋白得出了俄國的民粹主義是一種俄國式的社會主義的結論，從而對俄國民粹主義的性質做出了正確的判斷。通過對俄國歷史的研究，瞿秋白認爲俄國民粹主義產生於農奴制改革後形成的社會革命總趨勢之中。解放農奴爲資本主義的發展創造了條件。但是小資產階級農民和無產階級卻受著很大的剝削，必然要起來反抗。民粹主義正是產生於這種革命總趨勢中的一種空想社會主義思潮。

瞿秋白認爲民粹主義是小資產階級反對資本主義的復古運動，並分析了俄國民粹主義產生和發展的深層次的思想根源。在反抗俄皇政府的營壘裏包含著許多階級：工業資產階級、城市小資產階級、鄉村小資產階級、無產階級。因此，革命思想之中也便包含著民權主義、無政府主義、小資產階級的社會主義、無產階級的共產主義等不同的理論思潮。因爲當時小資產階級的革命知識界占著領袖的地位，所以籠統的民粹派的社會主義便成了表面上的招牌。瞿秋白認爲民粹主義完全是小資產階級唯心論的學說，他們所要的社會主義，不是工業資本發達的結果，而是回到工業資本以前去的復古運動。他們對於俄國經濟政治的觀察完全不合事實。因此，這種理論僅只是革命黨人頭腦裏的空想。等到他們實際行動的時候，自然而然是言行不相符的。〔註51〕瞿秋白對民粹派內部的派別及組織的主張和行動進行了梳理。俄國的民粹派在不斷發展的過程中，其內部因在革命策略上的理論和主義不同，便形成了不同的派別，主要有巴枯寧派、拉甫羅夫派，以及後來在這兩派的基礎上發展而成的特卡喬夫的「雅各

〔註51〕《瞿秋白文集・政治理論編》第 4 卷，人民出版社，1993 年版，第 692 頁。

賓派」和聶察葉夫的所謂「民仇社」或「斧頭社」派。各派別的政治主張也各不相同，通過對其政治綱領和主張的分析，瞿秋白認爲民粹派革命黨的政治理想雖是社會主義，但其政治實踐的性質是資本主義革命。

通過對俄國民粹主義的分析和研究，瞿秋白認爲民粹主義的政治實踐注定是要失敗的。因爲俄國的民粹派看不見俄國無產階級在日益興起，民權革命的需要在日益迫近。其「往民間去」的運動，在理論上是受民粹主義式的無政府主義的驅策，在組織上只有新文化運動式的小團體。瞿秋白對於俄國的民粹主義進行了辯證的分析，在對其理論和實踐的缺陷進行剖析的同時也充分肯定了民粹主義者的革命精神。他認爲，民粹派始終是一個無形之中的偉大的革命派別，他們中有許多刻苦犧牲的革命家，雖然其效果甚微，卻仍不失爲俄國革命運動史上很光榮的一頁〔註 52〕瞿秋白的文章是對俄國民粹社會主義的一次系統總結，從而使中國思想界對於民粹主義的認識從感性上昇爲理性。從而爲正確認識這段對世界資產階級革命影響很大的歷史運動提供了正確視角。

3.4.2 無政府主義思潮的衰微與民粹主義思潮的轉化

在新文化運動期間，無政府主義曾盛極一時，相當多的進步知識分子或多或少地受到無政府主義的影響。但隨著社會形勢的發展，無政府主義的理論破綻百出，退出歷史舞臺僅僅是時間的問題了。十月革命後，隨著馬克思主義在中國的傳播，許多進步的革命青年擺脫了無政府主義的影響，步入了馬克思主義陣營。中國的無政府主義者爲了挽救其失敗的命運進行了所謂的自救運動，但這些都無法挽救其失敗的必然命運。從 1924 年開始，中國無政府主義便無可挽回地走向了失敗的必然。此時的無政府主義者有些已經賣身投入了帝國主義和反動派的陣營，充當帝國主義、封建主義忠實代理人。1927 年在上海出版了宣傳無政府主義的刊物《革命周報》，它既是「安國合作」（安那其、國民黨合作即無政府主義與國民黨的合作），即無政府主義者與國民黨反動派合流的產物之一，又是中國無政府主義作爲一個政治派別破產的標誌。在此期間，無政府主義的宣傳刊物書籍與社團已明顯減少。除《民鐘》雜誌繼續出版外，1924年在上海創刊的還有《七日評論》、《自由人》、《平平旬刊》、《勞動旬刊》；在長沙有《破壞》、《鳴不平》，在廣州有《驚蟄》，在北平有《紅黨統治天下之工

〔註52〕《瞿秋白文集・政治理論編》第 4 卷，人民出版社，1993 年版，第 709 頁。

人革命》。1925 年在上海創刊了《民眾》，又成立了「出版合作社」，出版《師覆文存》、《吳稚輝學術論著》、《克魯泡特金自傳》等宣傳無政府主義的著作。1932 年成立「綠光書店」，出版《綠光》月刊，又出版《晦鳴周報》。至此無政府主義的社團組織活動便告一段落。〔註53〕從這個角度看，在中國曾盛極一時的無政府主義思潮已走向破產。在中國近代民粹主義政治思潮的主流是附著於無政府主義思潮之上的，而隨著馬克思主義的傳播，無政府主義逐漸退出了歷史的舞臺。皮之不存毛之焉覆？隨著無政府主義思潮退出歷史舞臺，民粹主義也逐漸地由一種政治和社會思潮蛻變爲一種社會心理和文化思潮。

3.4.3 民粹主義從政治思潮向文化思潮的轉型

新文化運動期間，在工讀新村主義的實踐失敗後，民粹主義思潮作爲一種政治社會思想逐漸退出了政治舞臺，而民粹主義作爲一種文化思潮尤其是作爲一種文學思潮繁榮了起來。大革命失敗後，近代中國的民粹主義作爲一支政治思想產生了分化，其中一支作爲民粹主義政治心理產生著潛移默化的隱性影響，成爲一支思想的暗流。另一支則是由政治思想嬗變而來的文學思潮，它在相當長的時期體現了民粹主義思想的精華，成爲了中國民粹主義的代言人。新文化運動時期的文學作品中原本就有大量的民粹主義成分，近代文學之中的民粹主義成分是中國近代的平民主義文學潮流與民粹主義思潮共同作用的結果。從平民文學到勞工文學再到左翼文學，這其中的民粹主義特色越來越明顯。左聯期間的文學作品繼承了五四文學的民粹主義特色，並有所發揮，最終形成了中國有民粹主義特色的文學潮流。民粹主義思想的主流從新文化運動時期的喧鬧的十字街頭，退回了文學的象牙塔中。將民粹主義這本應作爲社會批評的工具用作社會建構是歷史的錯位，經過新文化期間實踐的挫折，民粹主義思想終於找到了其最終的歸宿。

新文化運動期間民粹主義從政治社會思想向文學思潮的轉化

新文化運動之後，中國近代民粹主義思想產生和發展的社會環境發生了根本的變化。這主要體現在如下幾個方面：帶有濃厚民粹主義色彩的新村和工讀主義實踐失敗；馬克思主義廣泛傳播中國共產黨成立；作爲民粹主義思想重要載體的無政府主義思潮逐漸退出了歷史的舞臺。在工讀新村失敗之後

〔註53〕李怡《近代中國無政府主義思潮與中國傳統文化》，華中師大出版社，2001年第一版，第 72 頁。

尤其是赴法勤工儉學運動之後，曾經信仰民粹社會主義的青年很多走上了革命的道路。同時在革命的過程中，中國共產黨從瞿秋白到毛澤東鑒於俄國革命的教訓對民粹社會主義進行了批判。他們的批判使民粹社會主義作為一種非科學的社會主義思想，在革命陣營之中難以立足。中國是一個傳統的小農國家，小資產階級的力量極其龐大，他們在現代化的過程中日益趨向破產的邊緣。雖然工讀運動失敗之後，青年們從幻想中走了出來，走上了現實的革命的道路。但因為民粹主義產生的土壤和階級基礎還存在，所以民粹主義的情緒還需要以適當的方式宣泄出來，而文學則成為了這種宣泄的最好的形式。文學以其特有的形式和與社會實踐相對脫節的特點滿足了人們的這種空想的要求。所以民粹主義作為一種社會政治心理，一種情緒的宣泄，在文學作品之中表現出來。

五四高潮過後，隨著民粹主義政治思潮實踐的失敗，民粹主義成為了思想的暗流。而民粹主義文化思潮則作為民粹主義思想和情緒的宣泄日漸興盛。對於作為一種文化思潮的民粹主義而言，民粹思想的核心問題是知識分子與大眾的關係。作為民粹主義，其最為關鍵的一點就在於知識分子的立場和出發點是以民眾為本位，把民眾當作真理的支柱而無極限地仰視崇拜。五四新文化運動在標誌著現代知識分子話語的輝煌勝利的同時，也為政治民粹主義向文化民粹主義的轉化和發展留下了廣闊空間。

綜上所述，近代中國的民粹主義經歷了一次從政治思想向文學思潮的嬗變。新村工讀主義的實踐失敗使廣大的青年認識到民粹主義在改變現實方面的無力。同時民粹主義在中國近代並非是一種獨立的思潮，它具有明顯的寄生性的特徵，在中國近代它主要是寄生於無政府主義之上的。而在1927年之後無政府主義逐漸退出了歷史的舞臺，民粹主義從一種十字街頭救國救民的政治設計蛻變為象牙塔中文學的情緒宣泄。民粹主義雖然暫時失去了宿主，但中國近代仍然是小農經濟的汪洋大海，在現代化的過程中廣大的小資產階級的不滿和苦難同樣要表達出來。既然存在著民粹主義的經濟社會基礎，那麼民粹主義就不可能徹底退出歷史舞臺。文學是一種情緒的宣泄，它不需要社會實踐，在這一方面，文學的特徵滿足了民粹主義空想性的特質。於是在民粹主義從政治舞臺上黯然退出的時候，它又從另一邊悄悄溜上了文學的舞臺。在新文化運動的後期，民粹主義文學形成了一股強勁的潮流並對於左翼的文學產生了重要的影響。

4. 中國早期民粹主義政治思想與中國傳統文化

　　中國早期的民粹主義政治思想與中國傳統文化有著十分密切的關係。中國傳統文化中的諸多要素是近代中國民粹主義思想的重要來源。可以毫不誇張地講，中國博大精深的傳統文化是中國近代民粹主義的思想和文化土壤，這使中國的民粹主義具有十分明顯的中國特徵。中國早期的民粹主義思想與中國傳統文化的關係主要體現在以下幾個方面。

4.1 大同理想與近代中國的民粹主義政治思潮

　　中國的大同思想源遠流長，對於中國思想文化的發展產生了至關重要的影響。同時中國的大同思想也是一個開放的思想體系，中國近代的大同理想復興就是對於傳統大同理想修正補充和昇華的過程。中國近代的民粹主義政治思想與大同思想有著密切的關係。大同思想對於民粹主義的影響主要集中於對未來社會的構建方面。民粹主義思想家因為其社會經歷和其小資產階級的出身很容易與傳統大同思想產生共鳴。在實踐方面，大同理想對於新村主義、工讀主義等青年社會運動也產生了較大的影響。近代中國民粹主義和大同理想的結合是通過無政府主義為中介的。近代中國的民粹主義政治思想在反對西方現代化的弊端，對未來社會的美好藍圖進行設計時，借鑒了中國傳統大同理想中的某些內容。

中國傳統的大同思想與近代大同思想的復興

大同思想表達了中國人對於美好社會的嚮往。大同的概念正式出現於《禮記·禮運篇》。原文對於大同理想作了以下的描述：「大道之行也，天下爲公，選賢與能，講信修睦，故人不獨親其親，不獨子其子，使老有所終，壯有所用，幼有所長，鰥寡孤獨廢疾者皆有所養。男有分，女有歸。貨惡其棄於地也，不必藏於己；力惡其不出於身也，不必爲己。是故謀閉而不興，盜竊亂賊而不作，故外戶不閉，是謂大同。」中國傳統的大同理想具有諸多特徵。大同社會的最根本之處是天下爲公。天下爲公，經濟基礎方面實行財產公有，貨惡其棄於地也，不必藏於己。泛勞動主義也是大同理想的重要特徵：力惡其不出於身也，不必爲己。人人勞動，各盡其力，勞動已成爲人們生活的必需，而不是謀生的手段。在大同社會中所實行的是一種賢人政治。選賢與能是其中重要的政治制度。大同社會同時又是充滿平等博愛精神的社會。這個社會的成員純潔善良道德高尚。以平等博愛爲基礎，以人人勞動爲前提。大同社會的每個人都有得到同等的社會關懷：「老有所終」「幼有所長」「鰥寡孤獨廢疾者皆有所養」。

在中國歷史上大同理想總是與危機如影隨形。對現實社會越不滿對美好社會也就越憧憬，而大同就是中國傳統社會中的理想社會。鴉片戰爭之後，中國開始淪爲半殖民地半封建社會，各種矛盾危機更加尖銳，大同理想得以復興。在這一時期最能充分體現大同理想的當屬洪秀全。他的大同理想帶有明顯的農業社會主義的特徵。他在《原道醒世訓》中從「大同」觀念出發對社會現實作了批判。〔註1〕太平天國實行「聖庫」制，頒佈《天朝田畝制度》，建立「有地同耕，有飯同吃，有衣同穿，有錢同使」的社會關係，正是「大同」精神的實踐體現。正如美國學者伯爾納所說，太平天國「明顯地把大同時代從過去轉爲未來」〔註2〕

康有爲對近代中國大同思想的復興起到了重要的作用。戊戌變法失敗後，康有爲流亡日本，遊歷歐美，接觸了進化論學說和空想社會主義。康有爲認爲種種「界」是造成了人類的無限苦難的根源，只有破除這些「界」建立「公世」，人們才可免除一切痛苦，進入極樂之鄉。他的《大同書》對「世

〔註1〕參見《中國哲學史資料選輯》（近代之部），中華書局，1983年版，第56～57頁。
〔註2〕〔美〕伯爾納《一九○七年以前中國的社會主義思潮》，福建人民出版社，1985年版，第6頁。

界大同」作了極爲詳盡的描繪。雖然康有爲未能採取實際行動實踐其大同思想，但他的思想對近現代中國思想產生了重要的影響。19 世紀末 20 世紀初，大批有志青年走出國門探求救國救民的眞理。然而，在深入接觸西方社會之後，他們對「貧富懸隔」的社會現實深感不安。他們提出中國不但要進行政治革命，還要完成社會革命，以避免西方的社會悲劇在中國重演。大同思想在資產階級革命的道路上得到回歸。這種試圖修正現代化弊端的意圖是大同思想回歸的思想背景，大同思想的軀殼內被注入了新的靈魂，傳統的大同思想得以脫胎換骨。在 19 世紀末 20 世紀初，孫中山等等人已經非常擔憂資本主義在未來中國的「孳生崛興」造成「貧富懸隔」。正是出於這樣的擔心，他們未雨綢繆，提出民生主義，進行社會革命。孫中山明確指出：「我們要解決中國的社會問題，……就是要全國人民都可以得安樂，都不致受財產分配不均的痛苦。要不受這種痛苦的意思，就是要共產。所以我們不能說共產主義與民生主義不同。我們三民主義的意思，就是民有、民治、民享。這個民有、民治、民享的意思，就是國家是人民所共有，政治是人民所共管，利益是人民所共享。照這樣的說法，人民對於國家不只是共產，一切事權都是要共的。這才是眞正的民生主義，就是孔子所希望之大同世界。」〔註3〕可見孫中山的大同思想已經是在傳統大同思想的軀殼內注入了新的靈魂，試圖以傳統大同的軀殼來容納一個克服了資本主義弊端的新社會。

二十世紀初期，「言必稱大同」，成爲思想界的一大特色。吳玉章曾回憶說：「社會主義書籍中所描繪的人人平等，消滅貧富的遠大理想大大地鼓舞了我，使我聯想起孫中山先生倡導的三民主義和中國古代世界大同的學說。所有這些東西，在我腦子裏交織成一幅未來社會的美麗遠景。」〔註4〕近代中國的思想家將傳統的大同思想以社會主義的內涵加以改造，極大地推動了大同思想在近代中國的復興。

大同理想與中國早期民粹主義思想

大同理想體現了中國特色的空想社會主義特徵。中國古代「大同」爲最高理想，「均分」則是實現「大同」的途徑。中國傳統的大同思想是以傳統的小農經濟爲基礎的，在中國近代雖然中國傳統的自然經濟逐漸解體，但自給

〔註3〕《孫中山選集》，人民出版社，1981 年版，第 843～844 頁。
〔註4〕〔美〕伯爾納《一九〇七年以前中國的社會主義思潮》，福建人民出版社，1985 年版，第 10 頁。

自足的小農經濟仍然占主要的地位。這種共同的經濟基礎使民粹主義與大同理想具有了極其密切的相關性，他們都是小農和小生產者的呼聲，都是小農經濟在政治上的反應。近代中國的思想家賦予了大同思想以空想社會主義的內涵；而民粹主義所體現的是對現代化的不滿和反動。在對現代化的弊端不滿並試圖對其進行修正這一點上，大同理想與民粹主義產生了共鳴。不僅如此，大同思想還成爲了民粹主義的傳統文化來源。大同社會的這些特徵與現代化過程中所帶來的種種弊端恰恰是相對的。它的公有制與資本主義的私有制是相對的；它的平等博愛與資本主義爾虞我詐是相對的；其選賢任能與資本主義的政客專權是相對的；而泛勞動主義與資本主義的不勞而獲是相對的。同以資本主義爲代表的現代化相比，傳統的大同社會中除了生產力水平相對低下外，似乎就是一個完美無缺的天堂。而資本主義除了先進的生產力水平外簡直就是人間地獄。所以面對現代化的種種弊端，大同理想自然成爲備選的替代性方案。

近代中國的民粹主義與大同理想有著密切的關係。近代中國的無政府主義在中國化的過程中與傳統的大同理想結合了起來。而近代中國的民粹社會主義思想主要是依附於無政府主義思潮而存在的，無政府主義是連接民粹主義與大同理想的橋梁。近代中國的民粹主義思想與大同理想關係密切。雖然李大釗並沒有明確地提到大同思想，但李大釗的民粹主義思想之中仍然體現出了大同理想的特徵，這主要體現在其泛勞動的主張、對新村的憧憬、以及對少年中國的構想中。李大釗對於理想化的鄉村的憧憬也體現了他思想中某些大同思想的烙印。他對於青年新村的實踐的支持也表明了它對於大同理想的態度。李大釗心中的美好社會是一個鄉村的道德理想國，這是一個道德化的新村。在這個新村中，道德是高尚的，人人平等地勞動，廣大青年蓬勃向上。在這個理想的鄉村中沒有激烈的競爭，沒有商場上的爾虞我詐，這正是大同思想在中國近代的一種反映。這種道德化的新村應該成爲新的社會的細胞並以此爲基礎對資本主義進行超越。在《少年中國的少年運動》一文中李大釗指出：「我們少年運動的第一步，就是要作兩種的文化運動：一個是精神改造的運動，一個是物質改造的運動。精神改造的運動，就是本著人道主義的精神，宣傳互助、博愛的道理，改造現代墮落的人心，使人人都把人的面目拿出來對他的同胞；把那佔據的衝動，變爲創造的衝動；把那殘殺的生活，變爲友愛的生活；把那侵奪的習慣，變爲同勞的習慣；把那私營的心理，變爲公善的心理。……物質改造的運動，

就是本著勤工主義的精神，創造一種「勞工神聖」的組織，改造現代遊惰本位、掠奪主義的經濟制度，把那勞工的生活，從這種制度下解放出來，使人人都須作工，作工的人都能吃飯。」〔註5〕在《現代青年活動的方向》一文中李大釗指明了現代青年的活動的方向。「人生求樂的方法，最好莫過於尊重勞動。……勞動為一切物質的富源，一切物品，都是勞動的結果。……免苦的好法子，就是勞動。這叫做尊勞主義。」〔註6〕李大釗的民粹主義思想與大同思想一樣充滿了道德主義的色彩。李大釗思想中的大同思想已經同無政府主義人道主義和泛勞動主義有機地結合在一起。

傳統派的民粹主義思想中大同特色更加濃厚，傳統派民粹主義用來修正現代化弊端的思想更多地來源於傳統，傳統派的民粹主義中更多地體現為以傳統的大同思想來表達對於現代化的不滿。劉師培的民粹主義體現在其均力說的思想之中。通過對體力勞動的強調，劉師培表達了對於勞動人民的讚美，同時也使其思想具有明顯的反智主義的傾向，而這些都是民粹主義思潮的一些典型特徵。劉師培引用了戰國農家許行的「君民並耕說」，認為傳統文化中的並耕「即人人勞動之謂也」。並將這一思想與克魯泡特金腦體勞動結合的思想相融會，提出別具一格的「均力說」。劉師培認為所謂均力說「即以一人而兼眾藝之謂也」。〔註7〕劉師培宣稱「所謂勞心者，外託狂傲之名·而陰以遂其懈情之性。役使眾民，仰其供給，世界安能容此惰民耶？」〔註8〕從而產生了輕視腦力勞動的偏見。劉師培從泛勞動的均力說出發，繼而導出和接受了蒲魯東以體力勞動為自豪的思想，最後發展成為勞動崇拜，將體力勞動推上了至高無上的聖壇。

民粹主義實踐中，新村主義乃至工讀主義之中都存在著明顯的大同思想的痕迹。毛澤東、蔡和森、張昆弟等人曾設想一種新式社會——新村。毛澤東認為這種「新社會之種類不可盡舉，舉其著者：公共育兒院，公共蒙養院，公共學校，公共圖書館，公共銀行，公共農場，公共工作廠，公共消費社，公共劇院，公共病院，公園，博物館，自治會。」〔註9〕在城市中的新村——

〔註5〕《李大釗文集》下卷，人民出版社，1984年版，第42頁。
〔註6〕《李大釗文集》上卷，人民出版社，1984年版，第663頁。
〔註7〕《無政府主義思想資料選》上冊，北京大學出版社，1984年，第67頁。
〔註8〕《無政府主義思想資料選》上冊，北京大學出版社，1984年，第77頁。
〔註9〕薄一波《若干重大決策與事件的回顧》，中共中央黨校出版社，1993年版，第773頁。

工讀主義社團的建立也同樣有著大同理想的影響。工讀社團的組織原則充分體現了大同的理想。工讀互助主義主張勞心與勞力、工與讀相結合，教育與職業合一，學問與生計大聯合。王光祈將「工讀互助」稱爲「和平的經濟革命」。他說：「工讀互助團是新社會的胎兒，是我們理想的第一步。……若是工讀互助團果然成功，逐漸推廣，我們各盡所能、各取所需的理想漸漸實現，那麼，這次工讀互助協團的運動，便叫做和平的經濟革命。」〔註10〕據此，工讀互助團在其《簡章》中制定了「各盡所能、各取所需」的原則和行動計劃：第一、工作所得歸團員所有，實行共產。「團員是團體的一部分，團體的盈虛利害，便是團員的盈虛利害。」「社會的一切罪惡都由私產制度發生，要免除這種罪惡，惟有打破私產制度，實行共產。」〔註11〕第二、規定工作時間內，各人盡其所能。工作時間開始規定爲 4 小時，後又延長。工作時「以時間爲標準，不以工作結果爲標準。」「強者幫助弱者，智者幫助愚者」，「團員本著互助精神以盡其所能。」〔註12〕第三、團員生活必需之衣食，由團體供給，各取所需，團員的教育費、醫藥費、書籍費由團體提供。王光祈指出，貫徹這些原則，「用工讀互助團去改造社會，改造社會的結果」，就會出現人人讀書、人人工作、各盡所能，各取所需的工讀主義的新社會，就可以過著「日出而作，日入而息、鑿井而飲，耕田而食」的新生活。〔註13〕這些觀念都是以小農經濟條件下的思維方式來暢想工業社會條件下的理想生活，帶有濃厚的大同思想的空想色彩。

中國傳統的大同思想是小生產的一種反應，它在生產方式上體現爲傳統社會中自給自足的自然經濟。大同思想雖然是美好的，但不是把解決生產力問題放在改造社會的首位，其本質是絕對平均主義。「不患寡，而患不均」是其基本精神。在這個角度而言，傳統大同思想在本質上具有反現代的落後性。大同思想將心目中的理想社會與現實的社會相比較，所得出的超越資本主義的結論必然是一種脫離實際的空想。而以大同爲藍本所進行的社會設計也是一場不可能實現的夢幻而已。在大同社會的理想中沒有民主和生產力的內容，這正是其落後性的反應，即使它能夠部分地克服資本主義的弊端，那也

〔註10〕王光祈《工讀互助團》，《中國少年》（一卷）（七期）。
〔註11〕王光祈《工讀互助團》，《中國少年》（一卷）（七期）。
〔註12〕王光祈《工讀互助團》，《中國少年》（一卷）（七期）。
〔註13〕王光祈《工讀互助團》，《中國少年》（一卷）（七期）。

只能是拉歷史的倒車。田園牧歌的傳統社會固然是美好的，但資本主義相對於封建社會而言畢竟是歷史發展的必然。而資本主義發展過程中產生的問題必須以推動歷史發展的方法去解決。洪秀全大同理想表明大同理想在中國近代的復興；而康有為和孫中山的大同理想是對於傳統大同理想的發展，他們突破了傳統大同理想平均的核心，以公有代替了絕對的平均。康有為孫中山二人將傳統的大同理想注入了生產力的因素，使近代大同理想的生產力和生產關係並舉，實現了大同理想的民主化和現代化。

面對現代化所帶來的種種弊端，中國近代的民粹主義思潮試圖在享受現代化甜蜜果實的同時避免現代化過程中所帶來的痛苦。民粹主義思潮是小生產者思想的反應，小生產者的生產方式決定了小生產者對於未來社會的設想。民粹主義作為小生產者的象徵表現和先聲，在中國傳統文化的影響下不可避免地會借鑒大同理想中的某些成分，並因此構建未來的理想社會。但這種借鑒並非是對傳統大同思想的照搬，而是在新的歷史條件下對於大同理想的重新改造。同時民粹主義所具備的並非是大同理想的全部特徵，而是根據自身的需要借鑒了其中的某些內容。民粹主義對於大同理想的借鑒使其具有了濃厚的中國特色，但同時也使民粹主義帶有了某些小生產的弊端，例如平均主義，反智主義等等。中國傳統的大同理想是小生產的反應，其本身是反現代的。而民粹主義也是在現代化的過程中所產生的反現代化或者修正現代化的一種思潮。這使民粹主義與大同思想有了共鳴之處，共奏了一曲富有中國特色的獨特樂章。

4.2 反智主義與中國早期民粹主義政治思想

近代中國民粹主義思想與傳統文化中的重農反智的民粹主義心態有著密切的關係。近代中國民粹主義思想之中的反智主義的成分主要有兩方面的來源，一個是中國傳統文化之中重農反智的民粹主義心態，另一個是來源於俄國的反智主義思想。中國傳統文化之中的重農反智的民粹主義心態構成了中國近代反智主義思想的傳統文化源頭，並成為了近代中國民粹主義的有機組成部分。同時傳統文化中重農反智的民粹主義心態又構成了中國近代思想家接受外來思想的文化背景，成為了中外思想對接融合的媒介。

所謂反智主義又可稱為反智識主義或反智論。余英時先生認為「反智論

並非是一種學說、一套理論、而是一種態度。這種態度在文化的各方面都有痕迹可循，並不局限於政治領域。」「反智論可以分爲兩個互相關涉的部分：一是對於『智性』本身的憎恨和懷疑，認爲『智性』及由『智性』而來的知識學問對人生皆有害而無益。抱著這種態度的人我們可以叫他做『反智』性論者。」「反智論的另一方面則是對代表『智性』的知識分子表現一種輕鄙以至敵視。凡是採取這種態度的人，我們稱他們作「反知識分子」。必須指出，『反知識分子』和『反智性論者』之間的區別主要只存在於概念上，而在實踐中這兩者則有時難以分辨。我們之所以提出這一區別，是因爲社會上一般「反知識分子」常常以知識分子爲攻擊的對象，而不必然要直接觸及『智性』的本身，雖則對知識分子的攻擊多少也蘊著對『智性』的否定。」〔註14〕余先生認爲反智主義可以兼指反智性論者和反智識分子。

中國傳統文化中重農反智的民粹主義心態

在中國傳統文化之中存在著十分明顯的民粹主義成分，而這種民粹主義相當程度上通過重農反智的民粹主義心態體現出來。民粹主義心態源自小農特有的經濟地位而產生的思維方式、行爲方式和價值觀。從這個意義上說，只要有小農經濟形態的存在，也便有民粹主義心態的產生及流行。不同時代的小農經濟，產生出不同特質的心態。中國的知識分子在古代被稱爲士，士是中國傳統知識分子的身份標誌。自從士這個階層分化出來成爲一個獨立的職業，也就成爲了反智主義的目標。中國傳統文化中的反智主義心態是通過對於士的態度體現出來的。

在中國反智主義心態發展的過程中，韓非是一個里程碑式的人物。作爲先秦法家思想集大成者，他的思想已從重農發展到了貶士抑商。韓非子在《五蠹》篇中，以「儒以文亂法，俠以武犯禁」、「商工之民」以「聚弗靡之財，蓄積待時，而侔農夫之利」，皆爲「邦之蠹也」；唯「富國以農，距敵恃卒」。這裡的民粹主義心態，顯然是對「士農工商」「四民」中「農民」這一「民」的排他性強調。他所言的五蠹從排序看就是學者爲首，商工之民在最後，已經具有了某些知識罪惡論的內涵。秦代以後，這種反智主義心態繼續發展並在明清時期達到了頂峰。這裡的民粹主義心態，是指對「士農工商」「四民」中「農民」這一「民」的排他性強調。在元，明，清三代兩次異族入主中原

〔註14〕參見余英時《中國思想傳統的現代詮釋》，江蘇人民出版社，1995 年版，第63～64 頁。

的過程中。士人因宋明理學空談誤國的惡名更被社會所不屑。對於傳統文化中從墨子到顏元思想中的反智主義成分，李澤厚先生在《中國思想史論》一書中作了精闢的論述。顏元之後，鄭板橋、龔自珍等人繼承了傳統文化中的反智因素，這種傳承爲近代中國民粹主義思想中的反智主義成分提供了豐富的思想資源。

在清朝中期，鄭板橋對於重農輕智的反智主義心態作了經典的表達。鄭板橋對傳統士人的譴責是以其獨特的坦誠與眞摯表現出來的。他在《范縣署中寄舍弟墨第四書》中稱「天地間第一等人，只有農夫，而士爲四民之末。」農夫種地「皆苦其身，勤其力，耕種收穫，以養天下之人。使天下無農夫，舉世皆餓死矣」而我輩讀書人「則不然，一捧書本，便想中舉，中進士，作官，如何攫取金錢，造大房屋，置多田產……其不能發達者，鄉里作惡，小頭銳面，更不可當。夫束脩自好者，豈無其人；經濟自期，抗懷千古者，亦所在多有。而好人爲壞人所累，遂令我輩開不得口……工人製器利用，賈人搬有運無，皆有便民之處。而士獨於民大不便，無怪乎居四民之末也！且求居四民之末而亦不可得也！」他還強烈地自責「古人以文章經世，吾輩所爲，風月花酒而已。逐光景、慕顏色、嗟困窮、傷老大，雖剔形去皮，搜精抉髓，不過一騷壇詞客爾，何與於社稷生民之計，三百篇之旨哉？」在他看來：「凡所謂錦繡才子者，皆天下之廢物也。」〔註15〕這裡有一個深層的特殊心結，就是知識罪惡感。鄭板橋的這種心態頗具典型意義。中國士人將自己從民本主義模糊的民的概念中非常自覺的剝離出來，這也就爲民粹主義心態創造了基本的前提。

在清朝中後期，隨著士人的道德品行、人格操守愈益爲世人詬病，他們的知識罪惡感就越沉重，反智主義的思想繼續發展。龔自珍認爲「士不知恥，國之大恥。但近代之士，自其敷奏之日，始進之年，而恥己存者寡矣。官益久則氣愈媮，望愈崇則諂愈固，地益近則媚亦工。」而且由士人的無恥所引起的惡性循環是極其可怕的。因爲「由庶人貴而爲士，由士貴而爲小官爲大官，則由始辱其身家以延及於辱社稷也。」〔註16〕清末民初，中國社會處於重大的轉折和危機之中，中國現代化的進程舉步維艱。中國社會是小農經濟的汪洋大海，在新的歷史條件下，傳統重民反智的民粹主義心態終於發展成爲民粹主義思想之中的反智主義。

〔註15〕《鄭板橋集》，中華書局，1962年版，第14頁。
〔註16〕《龔定庵全集類編——明良論二》，中國書店，1991年版。

中國早期民粹主義政治思想中的反智主義

中國近代的民粹主義思想家繼承了傳統文化中的重民反智的民粹主義主義成分，並在中國近代的思想文化環境下進行了發揮。近代中國的民粹主義思想從劉師培到李大釗、瞿秋白顯現出了反智主義成分從傳統向近代逐漸過渡的軌迹。在劉師培的思想中存在著較多的傳統的成分，而在瞿秋白的思想中則可以發現俄國式的民粹主義的反智主義成分，而李大釗的思想則起到了承前啓後的作用。民粹主義之中的反智主義由強調推崇勞動人民而開始，以貶抑知識分子而告終，從一個極端走到了另一個極端。

劉師培的反智主義思想是中國近代民粹主義之中反智主義的早期形態，它更多地繼承了傳統文化之中的反智主義成分，體現了與傳統的聯繫。劉師培引用戰國農家許行「君民並耕說」，指出並耕「即人人勞動之謂也」，並在此基礎上提出「均力說」，「即以一人而兼眾藝之謂也。」〔註17〕他主張人人從事勞動，並根據這些認識設計出在中國實現農業與工業聯合發展的藍圖。劉師培對體力勞動的推崇產生了輕視腦力勞動的偏見，他宣稱，「所謂勞心者，外託狂傲之名，而陰以遂其懈惰之性。役使眾民，仰其供給，世界安能容此惰民耶？」〔註18〕

李大釗民粹主義思想中的反智主義成分上承劉師培下啓瞿秋白，是中國近代民粹主義之中的過渡類型。李大釗的思想主要體現爲重民，這裡所指的民是指作爲整體的理想化的農民。他賦予了農民以道德內涵，因爲其身上體現了勞動的特性。在《低級勞動者》一文中，李大釗寫道，「有一種自命爲紳士的人說『智識階級的運動，不可學低級勞動者的行爲。』這話很是奇怪。我請問低級高級從那裡分別？凡是勞作的人，都是高尚的，都是神聖的，都比你們這些吃人血不做人事的紳士、賢人、政客們強得多。」〔註19〕李大釗認爲勞動是道德的來源。在《光明與黑暗》一文中李大釗寫道，「聽說北京有位美術家，每日早晨，登城眺望，到了晌午以後，就閉戶不出了。人問他什麼緣故，他說早晨看見的，不是擔柴進城的勞動者，便是攜書入校的小學生。就是那推糞的工人，也有一種清白的趣味，可以掩住那糞溺的污穢。因爲他

〔註17〕《無政府主義思想資料選》上冊，北京大學出版社，1984 年版，第 274 頁。

〔註18〕《無政府主義思想資料選》上冊，北京大學出版社，1984 年版，第 71、67 頁。

〔註19〕《李大釗全集》第三卷，河北教育出版社，1999 年版，第 451 頁。

們的活動，都是人的活動。他們的生活，都是人的生活。他們大概都是生產者，都能靠著工作發揮人生之美。到了午間，那些不生產只消費的惡魔們，強盜們，一個個都出現了。你駕著嗚嗚的汽車，他帶著凶赳赳的侍衛，就把人世界變成鬼世界了。這也是光明與黑暗兩界的區分。」〔註 20〕李大釗的思想受到了傳統文化中的重民反智和托爾斯泰泛勞動主義的雙重影響。他並沒有明顯的反智言論，但他極端化地重視農民、崇拜勞動的思想已經蘊含著反智主義的某些傾向。

瞿秋白的反智主義思想之中更多地呈現出了俄國式民粹主義的反智主義特色，是中國近代反智主義思想的經典表達。在 1919 年 11 月 11 日發表的政論小說《中國知識階級的家庭》的第一部分中，瞿秋白以小說的形式描繪了一個中國近代舊上層知識分子家庭的寄生生活。通過對這箇舊知識分子家庭的分析，在文章的第二部分中瞿秋白提出「中國的知識階級是什麼？中國的知識階級就是向來自命為勞心者治人的一班人。」「人家說世界眼光，中國人連太陽光都不願意看。這許多不可名狀現象，究竟怎麼樣會發生的呢？我敢說多是知識階級造出來的罪惡。」「於是知識階級裏的人……等到差不多到那地位的時候就可以百事不做，養活一班無恥的同類，愚蠢的鄉民就算盡了天大的責任了。……這樣的萬惡之源不塞，社會改革是永久無望的了。」〔註 21〕在瞿秋白眼中，知識階級尤其是舊的知識階級成了舊道德舊制度的代名詞，所以要反知識階級。但同時瞿秋白對於新的知識階級是充滿希望的「我很希望中國少出幾個名士英雄，多出幾個純粹的學者，可以切實確定我們納新道德、新信仰，第一步先救救現在這樣的知識階級裏的人。」〔註 22〕

在 1919 年 12 月 21 日發表的《知識是贓物》這篇文章中，瞿秋白以普魯東的「所有權就是盜竊」的理論為前提進行立論，提出了自己的知識觀，同時也進一步深化了對於勞動觀的認識。普魯東的理論是瞿秋白立論的理論基礎。在文章中瞿秋白提出：「我們既不應當把財產當作所有物，更不應當把知識當作所有物。財產不過是一種工具，用來維持生命改善生活的工具，應當由使用工具的人來管理，所以凡是要維持生命改善生活的人都有使用這工具

〔註 20〕 《李大釗全集》第三卷，河北教育出版社，1999 年版，第 186 頁。

〔註 21〕 《瞿秋白文集》政治理論編，第一卷，人民出版社，1987 年 9 月第一版，第一卷，第 14～15 頁。

〔註 22〕 《瞿秋白文集》政治理論編，第一卷，人民出版社，1987 年 9 月第一版，第一卷，第 18 頁。

的權利。知識也不過是一種工具，用來維持精神的生命、改善精神的生活的工具，所以凡是要維持精神的生命、改善精神的生活的人也都有使用這工具的權利。生命和生活的權利是應當平等的，精神的生命和生活的權利當然也是應當平等的，因為這兩件事只是一件。那麼，如若把知識當作一種所有物，就是盜賊明搶暗奪的行為，侵犯人家的權利的行為。我們可以暫且設一個假定：知識是贓物」〔註 23〕通過這篇文章可以明顯地看出，瞿秋白的民粹主義思想直接來源是無政府主義，其民粹主義思想是以其勞動觀作為理論前提的，他受到普魯東的直接影響並將其作為的理論來源。同時瞿秋白也受到托爾斯泰的直接影響，其反智主義的特徵與泛勞動主義思想有直接的關係。在文中瞿秋白引用了托爾斯泰的論述：「托爾斯泰曾經說過，你們用現在這樣的宗教哲學科學文學去講分工，去做勞動家的勞動的代價，是欺詐的行為。你們說：『勞動家呵你們勞動著，我們就可以有空閒的工夫，來研究宗教哲學科學文學，做你們精神上的慰藉品，我們將要這樣報酬你們，你們快快替代我們去勞動。』但是勞動家向你們要慰藉品的時候，你們究竟給了他們多少？他們永久不會相信你們的。」〔註 24〕將勞動者稱為勞動家體現了瞿秋白對於勞動的崇敬之情。在文章的末尾瞿秋白得出這樣的結論：「更因為有了這種階級，知識少的人就因此更少，知識多的人就因此更多；知識少的人因為知識多的人要增加他私有的知識而專去求知識所以不得不加倍勞動，拋棄他的精神生活，以致失去他求知識的能力；知識多的人就用擬奪人家時間——像托爾斯泰所說——的辦法去求得知識。」〔註 25〕「我們因此簡直可以說：知識就是贓物，財產私有制下所生出來的罪惡。廢止知識私有制，就是廢止財產私有制的第一步。」〔註 26〕中國傳統文化中重農反智的思想在新的歷史條件下經過思想家的改造重煥生機。劉師培、李大釗、瞿秋白的反智主義思想體現了中國近代反智主義思想由傳統向近代的過渡，並成為中國近代民粹主義思想不可分割的有機組成部分。

〔註 23〕 《瞿秋白文集》政治理論編，第一卷，人民出版社，1987 年 9 月第一版，第一卷，第 41 頁。

〔註 24〕 《瞿秋白文集》政治理論編，第一卷，人民出版社，1987 年 9 月第一版，第一卷，第 43 頁。

〔註 25〕 《瞿秋白文集》政治理論編，第一卷，人民出版社，1987 年 9 月第一版，第一卷，第 45 頁。

〔註 26〕 《瞿秋白文集》政治理論編，第一卷，人民出版社，1987 年 9 月第一版，第一卷，第 46 頁。

綜上所述，中國傳統文化之中的反智主義成分對近代中國民粹主義思想的形成和發展產生了重要的影響，它不僅構成了中國民粹主義的傳統文化來源，還成爲了溝通中西民粹主義的橋梁和媒介。中國近代民粹主義對傳統反智心態的繼承和借鑒使其具有了濃厚的中國特色。但同時必須看到，傳統文化中的反智主義成分是以傳統的小生產方式爲經濟基礎並與之相適應的。雖然中國近代隨著西方資本主義的衝擊和本土資本主義的發展，小農經濟逐漸解體，但從數量上講，中國近代的小農經濟仍然占統治地位。毛澤東同志曾對這一特徵作了經典的分析。〔註 27〕反智主義是與傳統的小農社會相適應的。作爲汪洋大海的小農經濟是中國近代和傳統社會反智思想的肥沃土壤。在中國近代現代化的過程中反智主義具有嚴重的社會危害，它對中國現代化的進程乃至中國革命起了有形和無形的阻滯作用，嚴重影響了中國現代化過程中知識分子作用的發揮，乃至爲左傾機會主義埋下了禍根。

4.3 性善論與中國早期民粹主義政治思想

性善論是中國傳統政治哲學的理論基礎，兩千多年以來它對於中國傳統政治哲學產生了極其深遠的影響。人性是中國歷代思想家無法迴避的一個重要問題，中國近代的思想家們也不例外。中國近代，隨著民族危機的加深，啓蒙思想興起，自然主義和功利主義的人性觀逐漸替代了性善論的地位。但隨著無政府主義思想在中國近代的廣泛傳播，互助論代替了競爭進化論爲中國的先進分子廣泛接受。隨著互助論的傳播，性善論在新的歷史條件下獲得了新生。無政府主義思想的理論基礎互助論具有明顯的性善論傾向，中國近代的無政府主義者將互助論與傳統的性善論結合了起來，使性善論以科學的形象獲得了新生。互助性善論有力地推動了民粹主義從無政府主義的蛻變，促進了中國近代民粹主義的形成。

4.3.1 中國傳統文化中的性善論

性善論是中國傳統政治哲學的理論基礎。儒家的性善論爲中國傳統政治提供了理論根據。儒家的性善論以孟子最爲典型。孟子認爲，人都有善良之心，君王有善良之知，便會有善良之政，如此，天下就可治理有道。性善論

〔註27〕《毛澤東思想概論》，高教出版社，2003 年第一版，第 37 頁。

的代表儒家，希望通過完善人格來達到社會和諧和天下太平。性善論充分論證人性善人皆可以成聖，主張施仁政王道，反對暴政霸道。性善論與德治人治是三位一體的。人性善在政治上的表現是德治，而其具體的政治實踐必然表現為人治。「人皆可以為堯舜」的信念支持人們努力修養心性，完善人性。在中國傳統政治文化中，從性善論出發，其政治統治手段主要不是像西方那樣依據法治，而是採取了德主刑輔的德治手段。對於中國傳統文化中的性善論學術界成果甚多，卓有建樹，此不贅言。

隨著中國近代的西學東漸和民族危機的加深，自然主義，功利主義的人性觀逐漸代替中國傳統的性善論成為了理論的主流。從政治理論而言，自然人性論與性善論是相對的，在政治思想尤其是政治制度的架構上會產生不同的結果。但中國傳統文化博大精深，自然主義功利主義的人性觀是在中國近代民族危機的大背景下得以產生和傳播的，其本身就具有某種功利的性質。所以在思想家的思想深處，自然主義和功利主義的人性觀是不徹底的，而很多思想家在不同程度上都帶有性善論的特色。在中國近代性善論的重大轉機是互助論的傳播。隨著互助論的傳播，中國傳統性善論的某些觀點以科學的名義得以復興。

4.3.2 性善論與近代中國互助思想的傳播

互助論是無政府主義思想的理論基礎，它同樣帶有明顯的性善論的特點。蒲魯東、巴枯寧、克魯泡特金等無政府主義經典作家認為，人類有天生的合群能力。蒲魯東宣稱自己對人的本能本質做出了不同於各派哲學家的解釋，人類有自覺地合群協作能力。可見，蒲魯東認為服從人類的互助本能就是正義，因而就是道德的，是善的。而合群協作就是正義，就是善。這種合群協作的互助論本能實際上就相當於孟子所講的善之端也，與中國傳統的性善論的邏輯是吻合的。

克魯泡特金的互助論有明顯的性善論的特色。他認為互助是人之本能。首先，克魯泡特金認為社會達爾文主義者的觀點作為一種自然法則是偏頗的。他認為不論是在動物界還是在人類中，競爭都不是規律。克魯泡特金認為：互助是生物，包括人類的本能，互助才是生物進化的真正因素。「互助」是「深深樹立在人類的理智和良心中的人類團結的情感，因為它是由我們過去的整個進化過程所培養起來的」。克魯泡特金不僅企圖從蒙昧人、野蠻人和

中世紀人及現代人之間找出天生的、不變的、同一的人性，而且還把動物和人放在一起，要從中抽出共同的屬性即所謂「互助本能」。〔註28〕這種本能如果以中國傳統性善論的邏輯理解就是人之為人的良知良能，人生下來就是具有互助這種良知良能的，可以認為是善之端也。這樣作為思想舶來品的互助論在中國傳統的性善論之間產生了邏輯上的互通。中國傳統的性善論可以用互助論的所謂科學名義加以解釋，而互助論的內容又可以納入中國傳統的性善論的理論框架之內。

　　無政府主義經典作家認為，互助是善，是人的本性。而實現這種善，實踐這種本能的途徑是勞動。無政府主義經典作家雖未進行明確的論證，但在思想邏輯中已經建立起互助論與勞動主義的關係。近代無政府主義經典作家的勞動觀各有特色。施蒂納提出：「每個人均需要的東西，在其籌措和生產過程中，每個人也應參與其間」〔註29〕。巴枯寧則只承認那些依靠自己的勞動生活的人享有政治權利，認為：「自由——這首先是人依靠科學和合理勞動的幫助從外部自然世界的壓迫下解放出來的能力」，並提倡協作和分工的勞動。他說：「只有協作勞動能夠支持巨大的和稍微文明一點的社會的存在。」並要實行勞動分工，「即對這種實行了分工的勞動實行聯合或協作」〔註30〕。古典無政府主義者蒲魯東對勞動觀見解的獨特之處是：推崇體力勞動，充分表達體力勞動的自豪感。他常喜自稱為「貝瑞松農人」因為他的 14 代祖先，都是耕種土地進行誠實的勞動。此外，蒲魯東還認為完美無缺的制度是，在這種制度下，每一個力量只要履行同樣的義務（勞動等），就享有同樣的權力，在這種制度下每一個力量都能夠用勞務來換取相應的勞務。互相效勞，互換產品〔註31〕。將勞動看作人的義務，特別將體力勞動看作人正當謀生的途徑。克魯泡特金認為勞動是人的生理需求，並提出腦力勞動與體力勞動合一的思想〔註32〕。又說：「我們為著廢除主人與奴隸的差別而勞動」〔註33〕，人人都是生產者，人人都受著研求科學與藝術的教育，而且有閒暇來做這樣的事。

〔註28〕克魯泡特金《互助論》，商務印書館，1963 年版。

〔註29〕施蒂納《唯一者及其所有物》，商務印書館，1989 年版，第 302 頁。

〔註30〕《巴枯寧言論》，三聯書店，1978 第 84 頁。

〔註31〕蒲魯東《什麼是所有權》，商務印書館，1982 版，第 297 頁。

〔註32〕《無政府主義在中國》，《現代政治思想史資料（第一輯）》，湖南人民出版社，1984 版，335 頁。

〔註33〕克魯泡特金《麵包與自由》，商務印書館，1982 版，第 139 頁。

這個社會裏所有的兒童都學習用自己的腦和手勞動，從 20 歲或 22 歲起，一個人每日勞動 4、5 小時，一直到 45 歲或 50 歲，他便能夠很容易地生產出保證社會的安樂的一切必需品了。「當一個人可以隨時變更職業，特別時常互相替換地做著手工作與腦工作的時候」，勞動就是愉快的了。〔註34〕互助論的性善論傾向以及其對於人的社會性的強調與中國傳統性善論的思維方式是一致的。這極大地推動了互助論思想在近代中國的傳播，並有力地推動了近代中國民粹主義思想的產生。中國近代的民粹主義思想家將互助論與性善論結合起來，或者說是用互助論對傳統的性善論進行了改造，形成了中國近代獨具特色的勞動主義互助人性論，從而構成了民粹主義的人性論基礎。

在民粹主義思想家的思想中，很少強調人的自然性，而是將人的社會性作為人的本質特性，將互助的特性作為人性的前提。互助是人之成為人的一種本性，也是人作為一種生物的普遍特性。互助是道德的，因而是善的；人的本性是互助，因而也是善的。這種善的本性的最終實現形式是實現一個道德的互助的社會，而其手段是勞動。而勞動人民充分體現了勞動的這一特性因而是道德的，所以提倡以勞動人民為粹的思想。民粹主義這種反啓蒙的特徵同樣體現於其反智主義的特徵上。知識分子是啓蒙的主力，而廣大勞動人民是啓蒙的對象，反智主義顛倒了這種關係，從而使中國本已十分脆弱的啓蒙思潮增加了一個勁敵。促使五四運動的啓蒙思潮過早終止的原因是多方面的。其主要的原因已經為學者廣泛接受，即李澤厚所講的救亡壓倒啓蒙，是民族主義壓倒了啓蒙思潮。但民粹主義的反啓蒙傾向對於啓蒙思潮反動的歷史作用也不可小視。

孟子認為良心本心是人的良知良能，是人心所固有的；而無政府主義的性善論認為互助是人的良知良能，是人所固有的特徵。與中國傳統的性善論不同，無政府主義是以科學的名義將性善論以互助論的形式體現出來。這既符合中國人的傳統思維模式，又在中國近代科學崇拜的情況下使中國傳統的性善論得以借屍還魂。這種互助性善論與民粹主義的政治倫理有著直接的關係。民粹主義思想家將互助性善論與勞動結合起來，他們認為社會存在和發展的基礎是互助，而互助的手段是勞動。這在無政府主義思想家對於互助和勞動尤其是體力勞動的重視中有明確地體現。

從邏輯上講中國近代民粹主義的人性觀與互助論有直接的關係。民粹主

〔註34〕克魯泡特金《麵包與自由》，商務印書館，1982 版，第 128 頁。

義所主張的實際上也是一種揚善的政治。孟子認爲不慮而知爲良知，不學而能爲良能。按著這個邏輯，互助與勞動同樣是良知良能，是善之兩端。這樣就將民粹主義與性善論和勞動結合了起來。中國傳統的性善論有兩個發展的路向：其一爲個人修養的道德倫理，其二爲政治理論基礎的政治倫理。互助性善論對於中國近代社會發展的影響主要在於政治倫理方面。而作爲政治倫理的互助性善論對於中國近代的民粹主義政治倫理的發展起了至關重要的作用。

4.3.3 性善論與中國早期民粹主義政治思想

　　西方無政府主義經典作家雖然闡述了互助論的性善傾向並對於勞動做出了足夠的強調，但並未將互助性善論，以及勞動主義有機地結合起來。所謂勞動主義，也就是李大釗所講的尊勞主義，是指中國近代對勞動高度強調推崇的一系列思想。在中國近代無政府主義、平民主義、民粹主義之中都有明顯的勞動主義特徵。這一過程產生於中國近代的民粹主義從無政府主義思潮中蛻變出來的過程之中。中國近代的無政府主義在吸取借鑒西方無政府主義理論的時候，對互助論的性善論的傾向以中國傳統的性善論的邏輯進行了發揮，並將其與勞動主義結合了起來，並繼而將勞動與道德聯繫了起來，從而爲中國近代民粹主義的產生創造了條件。

　　中國無政府主義者對工農勞動高度注重，是他們在中國率先提出「勞動者，神聖也」的口號，將勞動者及向來被鄙視的體力勞動推上了神聖的歷史舞臺。中國無政府主義者對於勞動的推崇包含有下列幾方面內容：1、勞動爲人之天性，人人應勞動，尊重勞動者。他們認爲：「人之有手，即表示其天賦工作之良能。」這是典型的性善論的思維方式，這種良能如果按著孟子的邏輯可以理解爲是善之端也。勞動爲人之天性，而互助亦爲人之天性。「人之有力而不能不用，猶人之有口而不欲不言也。」「工作爲人生之應當」，「人人皆當從事於勞動。」〔註35〕2、不勞而食，不道德、不平等。「農產或工業品所得之利，皆勞力之所致，即應爲勞動家所享受。今其利乃盡歸於資本家，而勞動家則爲其牛馬。故謂之（資本家）掠奪他人勞力所獲之結果。」「故資本家之道德，最爲腐敗，進網市利，退擁良疇，不耕而食，坐收其稅。」「不想

〔註35〕　《無政府主義在中國》，《現代政治思想史資料（第一輯）》，湖南人人民出版社，1984年版，第245、215、273頁。

把自己勞動的結果，盡爲資本家的私囊，乃至平等至公道的舉動」。3、合理勞動構想。「人人執一有益於人之業，以成互相扶助之社會。」〔註36〕「無男無女，人人各視其力之所能，從事於勞動，勞動所得之結果（衣食房屋及一切生產），勞動者自由取用之，而無所限制。」「人人各執一業，合之而成協助之社會，凡所工作，皆以供全社會之生活，人與我同在其中，而非徒供少數人之犧牲，愈勤勞則生產愈豐，而社會之幸福愈大，亦即一己之幸福愈大。」「主張勞動的原則，就是各盡所能」，「主張的分配原則，就是各取所需」。「因勞力勞心之分，生治人治於人之差別，則於人類平等之旨，大相背馳」，「人人作工，固屬平等，然同一作工，而有難易苦樂之不同」，提倡「均力主義」，「即以一人而兼眾藝之謂也」。「人人爲工，人人爲農。人人爲士，權力相等，義務相均」〔註37〕。這一段話中明確地表明了互助論與勞動主義之間的關係，表明勞動主義是實現互助的無政府主義的手段和途徑。

劉師培引用戰國農家許行「君民並耕說」，指出並耕「即人人勞動之謂也」。提出「均力說」，「即以一人而兼眾藝之謂也」〔註38〕，主張人人從事勞動。新世紀派無政府主義者對於勞動者也深表同情，「彼不勞心不勞力者，逸居無事，然其享受常出自千萬人以上。勞力者與勞心者，終日工作，而困苦不堪」，造成社會之黑暗。因此，新世紀派也提倡既勞心亦勞力，認爲「勞心即所以安力，勞力即所以安心」，兩者結合最有利於人的健康。〔註39〕隨著無政府主義思潮的擴展，平民革命、工團主義的提倡，中國的無政府主義者對勞動者的重視程度也日益加強。1911 年《中國社會黨宣告》提出：「振興直接生利之事業，獎勵勞動家，勞動者，神聖也。農工各業，生命攸關。」〔註40〕宣告表明他們將體力勞動推上了至高無上的聖壇。他們對體力勞動的單獨推崇產生了輕視腦力勞動的偏見。劉師培宣稱，「所謂勞心者，外託狂傲之名，而陰以遂其懈惰之性。役使眾民，仰其供給，世界安能容此惰民耶？」〔註41〕

〔註36〕 《無政府主義在中國》，《現代政治思想史資料（第一輯）》，湖南人民出版社，1984 年版，第 226、121、334、227 頁。

〔註37〕 《無政府主義思想資料選》上冊，北京大學出版社，1984 年版，第 305、274、66～68 頁。

〔註38〕 《無政府主義思想資料選》上冊，北京大學出版社，1984 年版，第 71、67 頁。

〔註39〕 《無政府主義思想資料選》上冊，北京大學出版社，1984 年版，第 191 頁。

〔註40〕 《無政府主義思想資料選》上冊，北京大學出版社，1984 年版，第 176 頁。

〔註41〕 《無政府主義思想資料選》上冊，北京大學出版社，1984 年版，第 77 頁。

1918 年《勞動者言》一文表示，「從事於農以生物，從事於工以成物，其物乃確爲人類生活所必要……今吾人終月從事於編輯撰述排版印刷裝訂之勞，恐以『勞動生產產物資生』之精義繩之，終成其爲無益之勞動。」〔註42〕

綜上所述，中國近代無政府主義的廣泛傳播使其理論基礎互助論在思想界產生了廣泛的影響。互助論側重於人的社會性在某種程度上是對於中國近代所流行的自然主義功利主義人性觀的一種反動。但其集體主義的價值觀和性善論傾向與中國傳統的思維方式有某種相契合之處。從思想邏輯上講，互助是人類乃至整個生物界的本性，是人的一種本能，這種互助具有明顯的善的特性。而勞動是實現這種善的手段，因而也具有了道德的含義。因爲勞動具有了道德的屬性，廣大勞動人民具有勞動的特性，因而是道德的；而所謂的社會精英和知識分子是脫離勞動的，所以是非道德的和墮落的。從勞動主義發展出勞動崇拜最終形成了勞動階級崇拜，以勞動人民爲粹的思想在這種邏輯背景下得以產生。而這種邏輯正是民粹主義的思想邏輯。互助論使中國傳統的性善論以科學的名義獲得了再生，在中國近代泛道德主義的大旗重新升起。這種泛道德主義的思維方式有力地推動了民粹主義從無政府主義之中的蛻變。

4.4 傳統泛道德主義與中國早期民粹主義政治思潮

泛道德主義的思維方式和價值觀是中國的傳統文化中重要內容，這種思維方式在某種程度上講已經形成了一種思維定勢，並在中國近代保持了強大的思維慣性。這種思維和認知方式對於中國近代的民粹主義產生了深遠的影響。泛道德主義的思維方式既促進了民粹主義思想的形成和發展，也在某種程度上規定了民粹主義的某些特徵。在繼承傳統文化泛道德主義思維方式的同時，民粹主義還實現了對於傳統的超越。這種超越使其具有了現代的氣息，同時也對於近現代中國思想的發展起到了重要的影響。

4.4.1 中國傳統泛道德主義思維方式

傳統文化的思維方式對於中國近代思想同樣產生了不可小視的影響。泛道德主義是我國傳統文化的基本特徵之一。所謂泛道德主義，就是道德意識

〔註42〕《無政府主義思想資料選》上冊，北京大學出版社，1984 年版，第 362 頁。

在社會價值系統中佔據主導地位，並泛化到其它領域。中國傳統政治文化，方方面面都散發著道德的氣息。中國傳統政治文化的主體是被意識形態化的具有明顯的泛道德主義特徵的儒家思想。它所強調的是作為價值根本來源的「道」的獨斷性，「道之大原出於天，天不變，道亦不變」，而這種「道」又是「不可須臾離者也」。因為這種道是價值的根本來源，所以符合道是善，而背離道自然就是惡。這種非此即彼的價值觀與思維模式，極容易產生價值觀上的獨斷論。張岱年、成中英先生在《中國思維偏向》一書中對此問題作了精闢的論述，此不贅言。

中國傳統泛道德主義的重要特徵就是善惡兩分的思維方式。其具體表現為以道德上的善惡對於現實的政治進行價值判斷。中國早期民粹主義中這種鬥爭的傾向雖然並不明顯，但已經露出這方面的端倪，例如賦予勞動和勞動階級以道德的含義並被視為光明的象徵的。而作為勞動階級對立面的精英階級自然就成為邪惡的象徵。

4.4.2 中國早期民粹主義善惡兩分的泛道德主義特徵

任何一種思想的發展都是連續的，再強大的衝擊也不能將思想與傳統的紐帶完全斬斷。在中國傳統的儒家思想中從修身齊家到治國平天下是一個有機的體系。可是近代中國卻面臨著治國與修身的價值分裂。正如王國維所說：自三代至於近世，道出於一而已。泰西通商以後，西學西政之書輸入中國，於是修身、齊家、治國、平天下之道，乃出於二。〔註43〕政治的價值觀在中國近代發生了根本的變化，但西學並未提供足夠的思維方式資源。當人們進行社會和自我改造時，大多還是回到傳統中尋找思想資源。在思維方式上中國近代的民粹主義並未徹底擺脫傳統的思維方式。中國近代民粹主義善惡兩分的思維方式與中國近代互助論的傳播有直接的關係。泛道德主義的軀殼內已經被注入了新的內容，這在內涵上已經完成了對於傳統的超越。

在民粹主義思想家的思想中，很少強調人的自然性，而是將人的社會性作為人的本質特性，將互助的特性作為人性的前提。互助是人之成為人的一種本性，也是人作為一種生物的普遍特性。互助是道德的，因而是善的，人的本性是互助的，因而也是善的。這種善的本性的最終實現形式是一個道德

〔註43〕轉引自王汎森著《中國近代思想與學術的系譜》，河北教育出版社，2001年，第一版，第132頁。

的互助的社會，而其手段是勞動主義的。而勞動人民充分體現了勞動的這一特性，因而是道德的，這就充分體現了以勞動人民為粹的思想。近代中國的民粹主義蛻變於中國近代的無政府主義。中國無政府主義者是中國近代歷史上的先行者。他們賦予了勞動以道德的內涵。中國近代的無政府主義在吸取借鑒西方無政府主義理論的時候，對互助論的性善論的傾向以中國傳統的性善論的邏輯進行了發揮，並將其與勞動主義結合了起來，並繼而將勞動與道德聯繫了起來，從而為中國近代民粹主義的產生創造了條件。

善惡兩分的思維在李大釗等人的思想中也有不同程度地體現。例如李大釗認為鄉村生活是人的生活，而城市的生活是一種罪惡的生活。李大釗是以光明和黑暗二元對抗來形象地體現善惡的二元對抗。在一九一九年三月二日《光明與黑暗》〔註44〕一文中作者寫道「聽說北京有位美術家，每日早晨，登城眺望，到了晌午以後，就閉戶不出了。人問他什麼緣故，他說早晨看見的，不是擔菜進城的勞動者，便是攜書入校的小學生。就是那推糞的工人，也有一種清白的趣味，可以掩住那糞溺的污穢。因為他們的活動，都是人的活動。他們的生活，都是人的生活。他們大概都是生產者，都能靠著工作發揮人生之美。到了午間，那些不生產只消費的惡魔們、強盜們，一個個都出現了。你駕著嗚嗚的汽車，他帶著凶赳赳的侍衛，就把人世界變成鬼世界了。這也是光明與黑暗兩界的區分。」很顯然在這裡李大釗將勞動者讀書的青年視為光明，具有善的屬性；而不勞而獲的所謂上等人則是道德墮落的黑暗的象徵，是惡的體現。這篇文章比較典型地體現了泛道德主義善惡兩分的思維方式。

在《現代青年活動的方向》一文中，李大釗認為黑暗中是蘊含著光明的，光明與黑暗是可以相互轉化。光明是快樂的而黑暗是痛苦的，而勞動是去苦求樂的途徑。李大釗認為勞動是善的觀點與在他之前的無政府主義者是一致的，這也是中國近代民粹主義的共同特徵。「人生求樂的方法，最好莫過於尊重勞動。一切樂境，都可由勞動得來，一切苦境，都可由勞動解脫。勞動的人，自然沒有苦境跟著他。這個道理，可以由精神的物質的兩方面說。勞動為一切物質的富源，一切物品，都是勞動的結果。我們憑的幾，坐的椅，寫字用的紙筆墨硯，乃至吃的米，飲的水，穿的衣，靡有一樣不是從勞動中得來。這是很容易曉得的。至於精神的方面，一切苦惱，也可以拿勞動去排

〔註44〕《李大釗全集》，河北教育出版社，1999 年版，第 186 頁。

除他，解脫他。這一點一般人卻是多不注意。」「免苦的好法子，就是勞動。這叫做尊勞主義。」〔註45〕同時李大釗主張青年們不僅自己應通過尊勞主義去向善嚮往光明，而且還應該通過實際行動將黑暗轉換爲光明。「現代的青年，也應在黑暗的方面活動，不要專在光明的方面活動。人生的努力，總向光明的方面走，這是人類向上的自然動機，但是世間果然到了光明的機運，無一處不是光明？我們在這光明中享盡人生之樂，豈不是一大幸事？無如世間的黑暗仍舊遍在，許多的同胞都陷溺到黑暗中間，我們爲能獨自享受光明呢？同胞都在黑暗裏面，我們不去援救他們，卻自找一點不沾泥土的地方，偷去安樂，偷去清潔，那種光明，究竟能算得光明麼？那種幸福，究竟能算得幸福麼？」〔註46〕。最後李大釗提出號召，「青年呵！只要把你的心放在坦白清明的境界，儘管拿你的光明去照澈大千的黑暗，就是有時困於魔境，或竟作了犧牲，也必有良好的效果發生出來。只要你的光明永不滅絕，世間的黑暗，終有滅絕的一天。努力呵！猛進呵！我們親愛的青年！」〔註47〕在李大釗的著作中，這種光明與黑暗，善與惡，道德與墮落的二元兩分的觀點比比皆是。

　　總之，中國近代的民粹主義繼承和發展了泛道德主義的諸多要素。其中最明顯的就是中國近代民粹主義善惡兩分二元對抗論的思維方式和價值觀。民粹主義文化觀本身的思維方式就是道德主義的，它把一些定義爲善，而將另一些定義爲惡。這是一種典型的極致性文化的思維方式，充分體現出中國近代的民粹主義對於傳統泛道德主義思維方式的繼承。

4.4.3 中國早期民粹主義對傳統泛道德主義的超越

　　泛道德主義而言，它所體現的是一種揚善的政治。但在中國傳統的政治文化中，這種內聖外王的泛道德主義與中國傳統的王權主義專制緊緊地聯繫在一起，從而成爲封建專制統治的思想武器。由於傳統思維方式和價值觀的慣性，中國早期的民粹主義帶有明顯的泛道德主義的思維方式。這種思維方式體現在以道德價值爲核心，以揚善爲最終目的以及善惡兩分的二元化思維方式。在對於傳統的泛道德主義繼承的同時，民粹主義還對於傳統的泛道德

〔註45〕　《李大釗全集》，河北教育出版社，1999年版，第196頁。
〔註46〕　《李大釗全集》，河北教育出版社，1999年版，第197頁。
〔註47〕　《李大釗全集》，河北教育出版社，1999年版，第199頁。

主義進行了超越，使善的價值觀與勞動和勞動階級聯繫在一起。在中國傳統的泛道德主義中善的內涵主要體現爲三綱五常等封建主義的價值觀。而在民粹主義的價值觀之中，善的內涵與勞動和勞動階級緊緊地連接在一起，從而實現了對於傳統的超越。這種超越使傳統的泛道德主義與民粹主義的泛道德主義形似而神不似，相似的表象下有著不同的靈魂。從而也使民粹主義成爲了中國思想從傳統向現代進化的橋梁，對於中國近現代思想的發展產生了重要的影響。但在對於傳統超越的同時，作爲泛道德主義其自身所具有的缺陷是顯而易見的。這種缺陷主要體現爲善惡兩分極致性的思維方式和由此而產生的鬥爭哲學。這種思維必然會產生「非白即黑」、「非正即邪」的二元分類。於是在實踐中鬥爭哲學的傾向不可避免。這種思維方式爲中國近現代形形色色的左傾機會主義埋下了禍根。

5. 中國早期民粹主義政治思想的歷史地位和作用

5.1 民粹主義是探索有中國特色發展道路的最初嘗試

近代中國思想家對中國發展道路所關注的焦點經歷了從都市向鄉村的過渡。在勾畫近代中國現代化的藍圖的時候，戊戌辛亥時期的絕大多數思想家都將目光集中於城市，工商立國是他們共同的特點。孫中山等資產階級革命家所提出的社會改造方案在相當程度上忽略了中國農村社會的改造。在其三民主義思想中，針對農村的只有平均地權的主張。但平均地權並不能使農民獲得徹底解放。在中國近代現代化受到全面挫折的民國初年，代表廣大中下層小農和小資產階級民粹主義思想家們向目光投向了農村。近代中國民粹主義思想家最早注意到了近代的中國社會是以小農社會爲主體，並從這一特徵出發去探索一條有中國特色的發展之路。從這個角度上講，民粹主義思想家是近代中國思想的先行者，他們是中國特色發展道路的拓荒者。

與任何思想的拓荒者一樣，中國近代的民粹主義思想家的思想中同樣存在著大量空想的成分。近代中國民粹主義思想家對中國農村的設計和改造最初是與新村主義緊密地聯繫在一起的。帶有濃厚空想社會主義特色的新村主義是民粹主義改造中國農村社會的共同方案。以中國式的村舍——新村作爲超越資本主義的未來社會的細胞。在中國的民粹主義中這種新村相當於俄國的村舍。在新村主義思想之中寄託了思想家們對於美好的農村社會的憧憬。

5.1.1 傳統派民粹主義的農村社會改造方案

以章太炎、劉師培的方案是以傳統的鄉村社會爲模本，以回歸傳統的思路來改造農村。章太炎的民粹主義思想體現了處於重重危機之中的小生產者的利益，他對於中國鄉村社會的危機給予了高度的關注並提出了解決方案。章太炎主張，「田不自耕者不得有，有牧不自驅策者不得有，山林場圃不自數藝者不得有，鹽田池井不自煮暴者不得有。」〔註1〕章太炎的主張是向傳統小生產的倒退，他雖然找對了問題，但卻未能給出正確的答案。

劉師培的思想與章太炎相比更加系統，他不僅看到了改造和建設農村的重要性，而且充分肯定了農民本身的力量。這相對於同時代的思想家而言是歷史性的進步。劉師培認爲小生產者是社會的精粹，是推動歷史變革的力量。在鼓吹建立「勞民協會」的同時，劉師培還特別強調了「農民革命」的意義。他十分重視反映農民疾苦，同情農民受壓迫受剝削的處境·1907 年，他擬訂了《農民疾苦調查會章程》受他影響的《天義報》和《衡報》先後刊登反映各地農民受壓迫、受剝削情況的稿件不下數十篇。他還公開號召農民革命，劉師培說，中國人以農民占多數，農民革命即全國大多數之革命也，充分肯定了農民具有的團結精神和反抗暴力的能力。〔註2〕劉師培的民粹主義思想並不是先進生產力的代表，不代表著歷史的發展方向，他所設想的所謂美好制度存在著嚴重的弊端。劉師培傾盡心力所規劃的烏托邦是建立在落後的生產力之上的。劉師培預計當時的生產水平時說：「每人所獲之穀，約計足供四、五人之食。」〔註3〕這正是一個養活 5 口之家的普通農民的生產水平。這個社會只能維持簡單的再生產，以滿足人們最低限度的生活需求。劉師培認爲人類仍面臨著人口的自然增長與社會生產水平的矛盾。他用以解決這一問題的辦法，不是採用先進的生產，而是實行古代的「區田法」。他認爲採用這種方法，「其所收穫，較之普通田畝，或增加數十倍」〔註4〕劉師培的理想社會仍

〔註 1〕《代議然否論》《民報》24 期轉引自《中國政治思想史》，高教出版社，1999 年第一版，第 383 頁。

〔註 2〕蔣俊、李興芝《中國近代的無政府主義思潮》山東人民出版社，1991 年第一版，第 52 頁。(3)(4)《無政府主義思想資料選》上冊，北京大學出版社，1984 年，第 67 和 71 頁。

〔註 3〕王汎森《中國近代思想與學術的系譜》，河北教育出版社，2001 年第一版，第 48 頁。

〔註 4〕蔣俊、李興芝《中國近代的無政府主義思潮》山東人民出版社，1991 年第一版，第 49 頁(3)(4)《無政府主義思想資料選》上冊，北京大學出版社，1984

是以傳統農業爲基礎的社會。劉師培的民粹主義思想在中國近代特定的歷史條件下有其進步意義。劉師培的主要貢獻在於充分肯定了廣大農民的歷史作用，這是其超越同時代思想的重大理論貢獻。

5.1.2 平民派民粹主義的農村社會改造方案

以李大釗爲代表的平民派民粹主義則是寄希望與朝氣蓬勃的青年，希望青年們以青春之朝氣，將農村改造成爲朝氣蓬勃的新農村。李大釗爲青年爲指出了改造社會的根本途徑，到鄉村去。李大釗類似的言論很多，現僅選取有代表性的兩段文獻爲例。

在《少年中國的少年運動》〔註 5〕一文中李大釗指出：「少年中國的少年好友呵！我們要作這兩種文化運動，不該常常漂泊在這都市上，在工作社會以外作一種文化的游民，應該投身到山林裏村落裏去，在那綠野煙雨中，一鋤一犁的做那些辛苦勞農的伴侶。吸煙休息的時間，田間籬下的場所，都有我們開發他們，慰安他們的機會。……只要山林裏村落裏有了我們的足迹，那精神改造的種子，因爲得了潔美的自然，深厚的土壤，自然可以發育起來。那些天天和自然界相接的農民，自然都成了人道主義的信徒。不但在共同勞作的生活裏可以感義化傳播於無形，就是在都市上產生的文化利器，一一出版物類一一也必隨著少年的足迹，盡量輸入到山林裏村落裏去。我們應該學那閒暇的時候就來都市裏著書，農忙的時候就在田間工作的陶士泰先生，文化的空氣才能與山林裏村落裏的樹影炊煙聯成一氣，那些靜沉沉的老村落才能變成活潑潑的新村落。新村落的大聯合，就是我們的少年中國……總結幾句話，就是：我所希望的少年中國的少年運動，是物心兩面改造的運動，是靈肉一致改造的運動，是打破知識階級的運動，是加入勞工團體的運動，是以村落爲基礎建立小組織的運動，是以世界爲家庭擴充大聯合的運動。少年中國的少年呵！少年中國的運動，就是世界改造的運動，少年中國的少年，都應該是世界的少年。」在此文中李大釗認爲，建設少年中國的關鍵是進步青年深入鄉村，將文明在鄉村廣泛傳播，從而建成一個「活潑潑」的新村落。而一個個「活潑潑」村落的聯合體自然也就組成了少年中國。李大釗充分肯定了進步青年在鄉村改造中的重要作用。

年，第 77 頁。

〔註 5〕《李大釗文集》下卷，人民出版社，1999 年版，第 42 頁。

　　而在《青年與農村》〔註6〕中，李大釗則明確指出中國的青年要以俄國的民粹主義者爲師，深入農村，改造農村。「要想把現代的新文明，從根底輸入到社會裏面，非把知識階級與勞工階級打成一氣不可。我甚望我們中國的青年，認清這個道理。俄國今日的情形，縱然紛亂到什麼地步，他們這回革命，總算是一個徹底的改革，總算是爲新世紀開一新紀元。我們要曉得，這種新機的醞釀，不是一時半刻的功夫，也不是一手一足的力量。他們有許多文人志士，把自己家庭的幸福全拋棄了，不憚跋涉艱難的辛苦，都跑到鄉下的農村裏去，宣傳人道主義、社會主義的道理。有時乘著他們休息的時間和他們談話，有時和他們在一處工作，一滴血一滴汗的作他們同情的伴侶。有時在農村裏聚集老幼婦藉，和他們燈前話語，說出他們的苦痛，增進他們的知識。一經政府偵知他們，或者逃走天涯，或者陷入羅網。在那陰霾障天的俄羅斯，居然有他們青年志士活動的新天地，那是什麼？就是俄羅斯的農村。我們中國今日的情況，雖然與當年的俄羅斯大不相同，可是我們青年應該到農村裏去，拿出當年俄羅斯青年在俄羅斯農村宣傳運動的精神，來做些開發農村的事，是萬不容緩的。……青年呵！速向農村去吧！日出而作，日入而息，耕田而食，鑿井而飲。那些終年在田野工作的父老，都是你們的同心伴侶，那炊煙鋤影、雞犬相聞的境界，才是你們安身立命的地方呵！」李大釗的主要理論貢獻在於提出了傚仿俄國的民粹主義思想家走向鄉村，改造鄉村。從而拉開了近代中國轟轟烈烈的鄉村改造運動的序幕。

　　中國是一個傳統的農業社會，具有濃厚大同色彩的田園牧歌的烏托邦是思想家們頭腦中現成的藍本。傳統大同社會在近代的翻版就是思想家們無比熱衷的新村。中國近代虛構的新村就是俄國的村舍，在新村的基礎上實現對資本主義制度的超越也使中國的新村主義具有了民粹主義的某些經典特徵。雖然同作爲關注農村的民粹主義思想，但傳統派和平民派民粹主義對於中國農村社會的改造提出了截然不同的方案。以劉師培爲代表的傳統派民粹主義以向後看的姿態來改造鄉村，與歷史的發展趨勢背道而馳，具有相當大的反動性，不可能解決近代中國的社會問題。而以李大釗爲代表的平民派民粹主義思潮順應歷史的發展潮流，雖然他並未像劉師培那樣制定出詳細的農村改造方案，但他所提出的關注鄉村、改造鄉村的號召對廣大進步青年產生了廣泛而深遠的影響。

〔註6〕《李大釗文集》上卷，人民出版社，1999年版，第648頁。

綜上所述，中國近代的民粹主義思想家至少在三個方面超越了同時代的思想家。首先，是民粹主義思想家們對於中國的農村給予了高度的關注，並將中國農村的改造視為中國社會改造的關鍵。其次，是明確地提出了到鄉村去，改造鄉村的號召。再次，民粹主義思想家們還充分肯定了農民的歷史作用。中國近代的民粹主義思想家們開啓了近代中國思想從都市向鄉村戰略轉移的序幕，它上承中國的傳統文化，下啓新民主主義農村包圍城市的革命道路，具有承前啓後的重要歷史意義。近代中國的思想家們面對西方社會和民國初年社會的種種弊端，試圖尋找到一條有中國特色的發展道路以避免資本主義的種種苦難，以實現對於資本主義制度的超越。但同時必須看到，近代中國民粹主義思想家所提出的社會改造方案還存在著嚴重的缺陷。民粹主義並未從根本上觸動封建土地關係，所以並不可能徹底解除農民身上的枷鎖，不能從根本上改造中國的農村社會。同時中國近代的民粹主義改良特色十分明顯，並未認識到通過革命的方式是使中國獲得解放的唯一途徑。他們僅僅是部分地診斷對了病症，而並沒有開對藥方。民粹主義近代中國有意識地探索一條有中國特色的發展道路的最初嘗試。在意識到西方資本主義制度的弊端，並充分認識中國小農社會的特點後，近代中國的民粹主義思想家們將目光投向了中國的農村，試圖結合中國特點探索一條不同於西方的發展道路。從這個角度上講，他們是探索有中國特色發展道路的先行者，他們的思想和實踐對後人產生了革命性的影響。

5.2 民粹主義對近代中國政治發展的推動

民粹主義對中國近代政治發展的推動主要體現在以下兩個方面：「以民為粹」是民粹主義的本質特徵之一，民粹主義中「民」的內涵的流變對現代意義上人民觀的形成起到了重要的推動作用，民粹主義中的勞動階級崇拜也促進了對於無產階級革命的認同；同時民粹主義對於馬克思主義在中國的早期傳播起到了重要的推動作用。

5.2.1 民粹主義與現代意義上人民觀的形成

近代中國民粹主義思潮對左翼政治思潮轉型的推動首先體現在對勞動階級的情感認同上。中國近代思想界對勞動人民價值的肯定經歷了從感性到理性的過程，而民粹主義正是處於感性的階段。中國革命運動就政治路線來說

與民粹主義不同，但其思想觀念無疑受到民粹主義的強烈影響。在近代左翼政治思潮轉化的過程中，民粹主義起到的作用在於使廣大知識分子的感情和政治心理與廣大的勞動階級融合，並自覺地向勞動階級靠攏。在這種轉變中值得注意之處是知識分子的自我定位。辛亥時期高高在上的精英終於在勞動人民面前低下了高貴的頭顱，面對著道德聖壇上的勞動階級頂禮膜拜。在民粹主義之中，平民尤其是勞動階級，農民，被賦予了道德上的含義。勞動人民被從社會的最底層推上了道德的聖壇。民粹主義在情感上已經同勞動人民融爲了一體，從而形成了與勞動人民的高度認同。這主要是體現爲知識分子與勞動階級的情感認同和自我改造。這種認同與馬克思主義傳播後知識分子對於人民的認同有高度的一致之處，從而有力地推動了左翼政治思潮從激進的民主主義向無產階級領導的新民主主義革命的轉化。

　　近代中國作爲政治重要主題的「民」經歷了從臣民到人民的流變。在這個過程中，民粹主義起到了重要的歷史推動作用。傳統社會中所謂民就是指臣民子民，它包括了士農工商各個階級。例如，民爲貴，社稷次之，君爲輕；君者，舟也；庶人者，水也；水則載舟，水則覆舟。鴉片戰爭之後，隨著民族危機加深，現代國家的觀念代替了傳統的王朝和天下的觀念，而與之對應的就是國民觀念的形成。在諸多對「國民」的界定中，雖然各不相同，但大都涉及到參政權、愛國心、獨立、自由、責任、義務等內容，概括起來即「國民」是國家的一分子，既享獨立、自由等權利，也承擔有義務。這種「國民」與中國古典意義上的「國民」已經完全不同。至此「國民」一詞完成了「民」從傳統意義向近代意義的轉化。〔註7〕新文化運動是一場思想解放，關注的重點從民權已經轉移爲人權。這種解放正是民粹主義產生的前提，它使知識分子將目光轉向社會底層的勞苦大眾。在新文化運動的催生下，近代的民的內涵經歷了從國民到平民的嬗變。

　　中國民粹主義思想在辛亥時期就已經產生。辛亥革命是效法西方民主政治的革命，一些知識分子對中國資本主義的發展道路持懷疑和批判態度，他們企圖尋找另一條現代化道路，即在傳統文化和民間社會中尋找反西方現代性的力量。章太炎拒斥資本主義民主政治，認爲其「並非政治極軌」（《太炎

〔註 7〕關於國民內涵的流變參見：郭雙林龍國存，《「國民」與「奴隸」──對清末社會變遷過程中一組中堅概念的歷史考察》，《中國文化研究》，2002 年春之卷。

先生自定年譜》），代議制是「封建制度之變相」，「民權不籍代議以伸，而反因之掃地」（《代議然否論》），因此中國不適宜實行代議制民主。同時，章太炎又批判資本主義經濟制度，認爲會導致少數「富人」壓迫多數窮人，「中人」以下破產或「入工場被棰楚」，甚至「轉徙爲乞丐」，因此主張「抑富強，振貧弱」，並提出「限襲產之數」（《代議然否論》），「使富厚不傳子孫」（《五無論》）〔註8〕。他還鄙棄知識分子精英意識，認爲農民等勞動人民道德水準最高尚，社會地位應最尊貴，而商人、官吏、翻譯等道德水準低下，社會地位應居末流。章太炎的民粹主義思想中，其民眾觀已經發生了顛覆性的變化。

新文化運動期間，對民眾的價值判斷繼續發展著巨大的變化。五四時期的李大釗鮮明地號召向俄國民粹主義學習，到農村去：「我們的青年應該到農村去，拿出當年俄羅斯青年在俄羅斯農村宣傳運動的精神，來做出開發農村的事，是萬不容緩的。……在都市裏漂泊的青年朋友們啊！你們要曉得：都市上有許多罪惡，鄉村裏有許多幸福，都市的生活，黑暗一方面多，鄉村的生活，光明一方面多；都市上的生活，幾乎是鬼的生活，鄉村中的活動，全是人的活動；都市的空氣污濁，鄉村的空氣清潔。你們爲何不收拾行裝，清還旅債，還歸你們的鄉土？」〔註9〕李大釗等思想家賦予了農民以道德的內涵，並將勞動崇拜發展爲勞動階級崇拜。以民粹主義爲橋梁，思想家們終於走向了勞動人民、工農大眾，終於找到了改造中國社會的力量源泉。民粹主義對廣大勞動人民階級情感的認同體現於對於近代意義上人民觀形成的推動上。

民粹主義是對於現代化的反思和批判。二十世紀初，思想家們看到了資本主義的種種弊端，開始關注資本主義制度下社會下層群眾的命運。所關注的焦點從國開始轉移到民。在這之前雖然也強調國民，但所關注的中心是國而非是民。在民粹主義的邏輯中，勞動是道德來源，從而形成了勞動崇拜最終形成了勞動階級崇拜。而在民粹主義思維中，存在著濃厚的鄉村情結。在民粹主義發展的後期，勞動階級崇拜幾乎等同於農民崇拜。民粹主義「民」的內涵已經基本包括了工人農民和小資產階級中的勞動者。

綜上所述，在近代中國左翼政治思潮轉型的過程中民粹主義起到了重要

〔註8〕章太炎上述言論轉引自楊春時《從平民主義到民粹主義》，《海南師範學院學報（人文社會科學版）》，2002年，第5期。

〔註9〕《青年與農村》，《李大釗文集》上卷，人民出版社，1984年版，第648頁。

的推動作用。民粹主義內涵的流變對現代意義上人民觀的形成起到了重要的推動作用；民粹主義思潮中所形成的勞動階級崇拜也推動了對與無產階級革命的階級認同。民粹主義架起了近代中國左翼政治思潮轉化的橋梁，促使左翼政治思潮從舊民主主義革命思潮向新民主主義革命思潮的轉化。民粹主義使以舊民主主義爲代表的左翼政治思潮增加了新的內涵，而正是這些新的內涵使俄國的革命思想被迅速接受，成爲了新時代的契機。

5.2.2 中國早期民粹主義政治思想與馬克思主義的早期傳播

　　民粹主義是近代世界範圍內影響廣泛的一股思潮，它對於中俄兩國思想界從資產階級民主主義到馬克思主義的轉換產生了重要的影響。從民粹主義到列寧主義，俄國先進知識分子經歷了一個心靈的艱難跋涉過程。俄國知識分子的心路歷程體現了民粹主義與馬克思主義之間的關聯。列寧一向把赫爾岑等革命民主主義者——民粹主義的思想家看成無產階級革命運動的先驅，承認民粹主義同社會民主主義、布爾什維主義之間存在著歷史聯繫，並且相信：「從 19 世紀 80 年代老的馬克思主義著作中，可以看到爲取得這種寶貴的民主主義內核一貫所作的努力。總有一天，歷史學家會系統地研究這種努力，並且考察出這種努力同 20 世紀頭 10 年內被稱爲『布爾什維主義』的那種思潮的聯繫。」〔註 10〕列寧在領導革命過程中，也極其重視民粹派「眞誠的、堅決的、戰鬥的民主主義的健全而寶貴的內核」〔註 11〕同俄國一樣，中國近代的民粹主義與馬克思主義之間也有著十分密切的關係。民粹主義思潮不僅催生了俄國社會主義運動，而且影響了中國的先進知識分子；它不僅促成了民粹主義性質的實踐，而且教會了中國知識分子如何認識中國這個農民國家，從而促進了馬克思主義的早期中國化。近代中國民粹主義與馬克思主義早期傳播的關係主要體現在民粹主義的反資本主義傾向、民粹主義核心觀念的流變、民粹主義的實踐與馬克思主義的關係，以及民粹主義與馬克思主義初步中國化等方面。

中國早期民粹主義的反資本主義傾向與社會主義思潮的早期傳播

　　民粹主義是近代中國現代化過程中的產物。鴉片戰爭以後，隨著民族和社會危機的日益加深，中國開始了學習西方的現代化進程。但隨著對西方社

〔註10〕《列寧選集》，中文第 3 版，第 2 卷，第 301 頁。
〔註11〕《列寧選集》，第 2 卷，人民出版社，1995 年版，第 433 頁。

會瞭解的加深和近代中國現代化進程屢受挫折，中國近代的進步思想家們發現，歐美模式不僅有可行性的困難，而且在道義上難以接受。尋求一條新的發展道路以避免西方的社會悲劇在中國重演，成爲中國一些知識分子苦苦探索的課題。這個課題的核心內涵在於走中國特色的發展道路，而其現實基礎和可行性則必須在中國社會內部尋找，從中國的特殊性中尋找。中國近代的民粹主義開始從中國特殊的國情出發來思考問題，這也正是民粹主義對中國近代思想影響最爲深遠之處，也是近代中國民粹主義與馬克思主義中國化的契合點。馬克思和恩格斯肯定了俄國民粹主義者推動共產主義運動的重要意義，這些評價同樣適用於這些中國的思想先驅們。馬克思、恩格斯在《共產黨宣言》俄文版序言中寫道：「假如俄國革命將成爲西方無產階級革命的信號而雙方互相補充的話，那麼現今的俄國土地公共所有制便能成爲共產主義發展的起點。」〔註12〕

　　民粹主義與馬克思主義思潮的關係是由平等主義而結緣的。第一次世界大戰之後，中國思想界占主流的是對於平等的追求，平等的內涵從政治權利的平等發展爲經濟社會的平等。這也就使思想界對於形形色色的社會主義思潮表現出了濃厚的興趣。無政府主義的傳播對於馬克思主義的傳播起到了促進作用，而民粹主義通過無政府主義對於馬克思主義的早期傳播起了作用。民粹主義反資本主義和對於平等的關注，促進了形形色色的社會主義思潮得以傳播，當然這也爲馬克思主義的傳播創造了思想條件。

　　中國民粹主義思想的主流就其類型而言屬於民粹社會主義。馬克思主義經典作家認爲，在特定的歷史條件下民粹主義具有進步意義，並肯定了民粹主義與社會主義之間的內在關聯。民粹社會主義源起於反資本主義的民族危機意識，對資本主義的恐懼和憎惡是民粹主義的重要特徵。當然，民粹主義本身所固有的空想性使其對於資本主義的批判是有局限的，它對於馬克思主義在近代中國的傳播的推動作用也是有限的。同樣是對資本主義社會的批判，無政府主義、空想社會主義和民粹主義與科學社會主義之間有著原則的區別，前者的出發點是基於社會不公正現象的道德義憤，後者則是基於生產關係等方面的具體分析和說明。中國近代的民粹主義和早期的馬克思主義者在譴責傳統的社會經濟和政治制度不合理時，主要是訴諸「勞動神聖」的道德公正以及對於勞苦大眾的人道主義同情。這同樣從另一個側面體現了民粹

〔註12〕　《馬克思恩格斯選集》，人民出版社，1972年版，第231頁。

主義對於馬克思主義在中國早期傳播的影響。

　　民粹主義思潮反資本主義的特徵促進了馬克思主義在中國的早期傳播，但同時必須看到民粹主義的固有缺陷在馬克思主義中國化的過程中也產生了不利的影響。民粹主義是近代中國平等主義思潮的極端發展，它由極端的平等已經發展到了一種顛倒的平等觀。它認為「民」尤其是勞動階級在道德上是高於其他階級的，從而發展出反智主義等思想，這實際上是由極端的平等而產生出來的不平等。近代中國的民粹主義思想家們依據平等主義的尺度來衡量一切，脫離生產力和社會的發展，把資本主義看成歷史條件的惡化，而對於農村社會表現出一種浪漫主義的天真。在資本主義世界體系已經形成的條件下，落後國家不可能在一個「村社聯邦」的世外桃源中趕超先進國家。民粹主義無疑是一種烏托邦。

中國早期民粹主義政治思想與馬克思主義的早期傳播

　　近代中國民粹主義對於資本主義的批判促進了對於社會主義思潮價值的認同，而其核心內涵的演變對於馬克思主義早期的傳播同樣起到了正面的作用。近代中國「民」的內涵經歷了從國民到平民到勞工的流變，這種流變為馬克思主義被人們所接受創造了條件。民粹主義的產生標誌著思想界在關注國的同時開始關注民，尤其是下層的勞動人民。這是一個重大的轉折並在相當程度上影響了近代思想的發展。中國民粹主義的誕生過程一開始就是在社會不平等的大背景下進行的。在此時期，思想界提出了眾多的具有民粹主義內涵的社會改革方案，而「平民政治」、「經濟平等」、「平民教育」、「平民文學」、「平民工廠」、「平民銀行」成為了最時髦的字眼。「至關重要的不是農夫與工人之間的差別，而是那些為其衣食而勞作的『人民』與不勞而獲的既得利益者的差別」〔註13〕

　　「民粹主義」的核心理念就是對單一的、整體的「人民」的極端崇拜，當時的民粹主義是以一種以簡單的貧富對立為坐標的。而作為價值判斷尺度的，就是「勞工神聖」的道德訴求。「勞工神聖」和「與勞工為伍」成了最時髦的口號，「一般講新文化的青年，都免不掉要講幾聲。」〔註14〕民粹主義將

〔註13〕　《解決山東問題的真力量》，《民國時報》，1919 年 5 月 1920 年 2 月 1 日、17日。

〔註14〕　《討論怎樣過我們暑假的生活》，《民國時報》副刊《覺悟》，1920 年 6 月 17日。

平民理解爲勞動階級尤其是農民，並由勞動崇拜發展到勞動階級崇拜。而馬克思主義追求無產階級解放的宗旨則與此契合。民粹主義主義核心概念的流變對馬克思主義早期傳播的推動體現爲從勞動階級到無產階級的過渡。

近代中國民粹主義的實踐對於馬克思主義的早期傳播同樣起了重要的作用。隨著工讀運動的迅速發展，帶有民粹主義特點的新村和工讀運動最終演化爲勤工儉學運動。赴法勤工儉學使青年最終拋棄了民粹主義，並爲馬克思主義在中國傳播奠定了組織基礎。早期的工讀主義中具有相當程度的民粹主義成分，工讀互助團的破產證明了民粹主義式的社會改良是行不通的。這使廣大青年擺脫民粹式的改良主義而接受了馬克思主義。青年們認識到：「要拿工讀互助團爲改造社會的手段，是不可能的；要想用和平漸進的方法改造社會的一部分，也是一樣地不可能的。那麼要怎樣呢？就是：改造社會要急進的激烈的方法，鑽進社會裏去，從根本上謀全體的改造。」〔註15〕所謂「腐肉不去，新肉不生」，「翻天覆地，唯鐵是血」。「不然，新村終歸是理想的，與實際的改造無干。」〔註16〕一大批愛國青年徹底地同改良主義劃清了界限，這爲他們接受科學社會主義，選擇正確的革命道路，創造了有利條件。以宣傳和研究馬克思主義爲宗旨的社團，如「馬克主義研究會」、「俄羅斯問題研究會」等紛紛湧現，並逐漸發展爲共產主義小組和社會主義青年團，直接爲中國共產黨的創建做了組織上的準備。

新文化運動期間民粹主義理想的幻滅，使得中國先進的青年一度陷入迷途的境地。中國向何處去？中國應該走資本主義道路，還是走社會主義道路？在農民政治上極端保守的情況下，哪個階級能夠承擔革命的使命？這一系列問題是擺在中國先進知識分子面前的重要問題，從而也導致二十世紀初國知識分子階層再次分化。以李大釗等爲代表的一批知識分子相繼在民粹主義實踐失敗後相繼轉向馬克思主義。他們的理論活動創立了二十世紀中國思想文化界最具生命力的中國化馬克思主義流派。

帶有民粹主義特點的工讀運動的失敗促進了馬克思主義在中國的深入傳播和與中國工人運動的結合，爲中國共產黨的創建做了重要的思想和組織準備。工讀主義還推動了知識青年與工農群眾相結合，使青年先鋒和工農主力軍彙成中國革命不可抵擋的洪流。工讀主義的實踐促使一大批青年徹底實現

〔註15〕《存統覆哲民》，《民國日報‧覺悟》，1920 年 4 月 11 日。
〔註16〕《新村的討論》，《批評》第五期，「新村號」，1920 年 12 月 26 日。

了世界觀的轉變，眞正準確地認識到工人階級的地位和作用。工讀運動失敗後，青年們開始深入到工人中，創辦刊物、夜校，組織工會，啓發工人覺悟，架起馬克思主義與中國工人運動之間的橋梁。民粹主義的實踐工讀主義失敗後，先進的青年從民粹主義的迷夢中清醒過來，開始探求新的道路。而十月革命的成功則爲馬克思主義和列寧主義的傳播作了有利的注腳，爲替代資本主義提供了切實可行的模式和樣本。同時新村和工讀主義等民粹主義的實踐爲接受馬克思主義提供了組織上的保證，赴法勤工儉學的青年相當多數成爲了馬克思主義者。

中國近代民粹主義對於馬克思主義中國化的影響還體現在策略上。中國近代的民粹主義與俄國的民粹主義都是以知識分子和農民爲支柱的。民粹主義在社會力量的選擇上，應該說是有其現實的依據。在以農業爲主的近代中國，在工業化尚未進行或剛剛開始之時，在沒有一個強大的資產階級的條件下，一部分具有民主主義意識的知識分子自然要充當啓蒙和領導的角色。民粹主義重視占人口大多數的農民的作用和利益，更表現出其現實性和道義性。這也是民粹主義者留給馬克思主義者的寶貴遺產。

正如俄國的民粹主義影響了俄國革命一樣，中國近代的民粹主義同樣促進了馬克思主義的早期傳播。民粹主義促使中國的思想家開始關注中國自身的特色，試圖解決中國的問題。從這個角度上講，民粹主義開啓了馬克思主義中國化的先聲，這也是對於馬克思主義在中國傳播的巨大推動。而馬克思主義中國化過程也體現於對民粹主義的超越。民粹主義對馬克思主義傳播和中國化的負面影響體現爲形形色色的左傾機會主義，而馬克思主義的傳播和中國化的過程也體現爲與民粹主義傾向作鬥爭。中共二大最高綱領和最低綱領的制定標誌著在理論上擺脫了民粹主義。毛澤東新民主主義論之中所提出的在新民主主義社會的基礎上實現社會主義體現了對於民粹主義和全盤西化論的雙重超越。

5.3 早期民粹主義思想對近代中國政治發展的阻滯

左傾機會主義是在中國革命和建設過程中危害巨大的一股思潮。在實踐中左傾機會主義表現爲平均主義、盲動主義、反智主義等多種形態。左傾錯誤和右傾錯誤本質是相同的，都是主觀與客觀、知與行相脫離的結果。毛澤

東說：「什麼叫『左』？超過時代，超過當前的情況，在方針政策上、在行動上冒進，在鬥爭的問題上、在發生爭論的問題上亂鬥，這是『左』，這個不好。落在時代的後面，落在當前情況的後面，缺乏鬥爭性，這是右，這個也不好。」〔註17〕這些錯誤傾向之所以產生「都是以主觀和客觀相分裂，以認識和實踐相脫離爲特徵的。」〔註18〕這兩種錯誤本質的一致性，也是它們互通互變的根本原因。毛澤東說：「我們反對革命隊伍中的頑固派，他們的思想不能隨變化了的客觀情況而前進，在歷史上表現爲右傾機會主義。這些人看不出矛盾的鬥爭已將客觀過程推向前進了，而他們的認識仍然停止在舊社會。」「我們也反對『左』翼空談主義。他們的思想超過客觀過程的一定發展階段，有些把幻想看作眞理，有些則把僅在將來有實現可能性的理想，勉強地放在現時來做，離開了當前大多數人的實踐，離開了當前的現實性，在行動上表現爲冒險主義。」〔註19〕

　　近代中國民粹主義與左傾機會主義關係密切首先是由於民粹主義與左傾機會主義有著共同的經濟基礎——小農經濟；有著共同的階級基礎——小農小資產階級。近代中國雖然小農經濟趨於解體，但總體上仍然是小農經濟的汪洋大海。近代中國小農小資產階級群體龐大，而小農小資產階級是民粹主義的階級基礎。小農經濟的生產方式同樣是產生機會主義的根源。小農經濟的基本特徵是自給自足，與外界很少商品交換。即使受到較大的自然災害導致小農經濟的破產，但只要來年風調雨順就可以得到比較迅速的恢復。中國幾千年的小農經濟綿延不絕，這對於小農和小資產階級的思想方式必然會產生深刻的影響。小農經濟產生的機會主義使他們缺乏進行長期艱苦鬥爭的準備，而寄希望於一個早晨解決問題，這在革命過程中必然表現爲急躁盲動。左傾機會主義就是大革命失敗後流行黨內的一種「急躁病」。就思想傳承而言，民粹主義在先，左傾機會主義在後，民粹主義爲左傾機會主義提供了錯誤的思想方法和理論基礎。二十世紀初，民粹主義思想在中國影響廣泛。雖然馬克思主義的傳播使青年們逐漸擺脫了民粹主義的影響，但近代中國是小農經濟的汪洋大海，農民是中國革命的主力軍。經濟基礎必然會決定作爲上層建築的思想。民粹主義作爲一股思想的潛流對中國革命仍然發揮著潛移默

〔註17〕《毛澤東文集》（第6卷），人民出版社，1999年版，第403頁。
〔註18〕《毛澤東選集》（第1卷），人民出版社，1991年版，第295頁。
〔註19〕《毛澤東選集》（第1卷），人民出版社，1991年版，第295頁。

化的影響。小生產者是天然的機會主義者，而民粹主義的影響使其染上了濃厚的左傾色彩。民粹主義對左傾機會主義的影響主要體現在以下幾個方面。

5.3.1 泛道德主義善惡兩分的思維方式與左傾機會主義鬥爭哲學

近現代中國的民粹主義體現了中國人對於現代化理解的層次。鴉片戰爭以後，中國人對於現代化的理解從器物層次，到制度層次，到文化層次，並最終達到了一個新的境界——道德層次。從二十世紀初開始，中國的一部分知識分子從對於現代化的讚頌和嚮往發展到了對現代化進行道德層面上的批判。近代中國民粹主義所體現的正是這種批判。

作為道德批判思想武器的民粹主義就其思維方式而言具有顯著的泛道德主義特徵，即以泛化的道德觀念對外部世界進行價值判斷。這種思維方式的特徵是將一些事物賦予善的特徵，而將另一些賦予惡的特徵，從而形成了善惡兩分的思維特徵。在其思想體系中，善與惡是相對的，是鬥爭的，是水火不容的。近代中國的民粹主義認為勞動是善的源泉，繼而形成了勞動崇拜，並最終形成了勞動階級崇拜。中國近現代民粹主義最終形成了以勞動人民為粹的觀念：勞動人民是善的，那麼與勞動人民相對的不勞而獲者就是惡的。這種善惡兩分的思維方式就為左傾機會主義之中鬥爭哲學奠定了基礎，並賦予了鬥爭道德上的合理性，其最經典的表達就是以「人民的名義」。而民粹主義之中的這種善惡區分，不是具體的，而是籠統的；是以泛化的道德價值作為衡量標尺的，而不是以生產力等其他的方面作為衡量的。民粹主義將一切的價值皆以道德價值來換算。民粹主義的道德動員成為了一次又一次左傾機會主義政治動員的前奏。這也正體現了中國近代的左傾機會主義與民粹主義思想的內在邏輯關係。

在中國近代的思想界，性善論的思維佔有主導地位。性善論是一種先驗的政治哲學。它認為人性本善，人性可善，人性可至善。民粹主義是從至善論的終極理想關注政治和社會，在民粹主義眼中，人是半人半聖的。正如朱學勤先生所講的，「先驗政治哲學從彼岸而來，把此岸世界道德化，因而此岸世界裏的差異，都具有道德內容，凡有是非之處，必有善惡之爭。既有一方是道德的，那麼另一方則必然是非道德的、甚至是反道德的。在經驗政治學以是非之爭處理的地方，先驗政治哲學總能發現為善為惡的道德內容，必引進道德法庭嚴加審判：是者為德為美，非者為惡為罪。是者道義熱情高漲，

非者爲爭取自己的合法存在，也反激起同樣的道義熱情，回過頭來審判另一方，雙方俱以消滅對方爲己方存在的前提，爲己方的存在方式。」〔註 20〕這段論述對於近代中國民粹主義思想中的二元化道德鬥爭同樣適用。正是沿著這樣的邏輯民粹主義將政策和路線之爭上昇爲道德問題，於是民粹主義的政治理想在政治實踐中也就蛻變爲了左傾機會主義。這是善惡兩分的泛道德主義的必然結果，也是民粹主義與左傾機會主義的關聯之所在。

在民粹主義者的邏輯中，他們自認爲是善的代表，以善惡兩分的邏輯來看待世界，而且呈現出不斷激化的傾向。革命一旦來臨，必然爲這種思維提供一個大範圍社會化的機遇。這種道德理想化的民粹主義轉化爲左傾機會主義也就成了歷史的必然。民粹主義是以道德爲基石的。而一旦美德與恐怖結合在一起，一場道德的災難也就產生了，左傾機會主義就是一場道德的災難。左傾機會主義的領導者們不也是高舉著革命和人民的旗幟對異己進行的殘酷迫害嗎？

民粹主義善惡兩分的結果就是一場道德的戰爭。中國近代的民粹主義者所設計的道德理想國一旦付諸於政治實踐，其結果必然只是一堆道德理想國的殘垣斷壁。中國革命進程中的左傾機會主義實踐正爲這一論斷作了注腳。在中國革命和建設的進程中，民粹主義的危害是以形形色色的左傾機會主義的形式體現出來的，其主要的形式是反智主義和農業社會主義思潮。

5.3.2 民粹主義中的反智主義與左傾知識分子政策

近現代中國的民粹主義與左傾機會主義不僅在思想邏輯上有密切的關係，而且實踐之中也相互影響，給革命和建設造成了嚴重的損失。所謂反智主義又可稱爲反智識主義或反智論。民粹主義中的反智主義成分與左傾機會主義中的知識分子有直接的關係。民粹主義的重要特徵是以民爲粹，按照民粹主義的邏輯，「民」的內涵主要體現爲勞動階級。在民粹主義思想中「民」的範疇又是相對封閉的，不直接從事生產勞動的知識分子是被排除於人民的範疇之外的，至少要經過改造才能成爲人民。民粹主義認爲，知識分子之所以獲得知識是由於勞動人民做出了犧牲並失去了受教育的機會。所以從這個角度上講，知識的獲得是一種罪惡。而勞動本身具有善的內涵，知識分子只有向善，向勞動人民學習，經過勞動人民的改造，才能成爲人民的一員。民

〔註20〕 參見朱學勤《道德理想國的覆滅》，上海三聯，2004 年第一版，第三章第六節。

粹主義所強調首先是對於知識分子的改造，而不是對於知識分子價值的發揮。在反智主義思維之中，知識分子作爲改造的對象受到了貶抑。在這種氛圍之下，知識分子就失去了獨立思考，而增加的是對於民眾的盲從。這種盲從使知識分子捲入了民眾運動的漩渦之中。知識分子並未能通過獨立思考使這種左傾的錯誤傾向得以糾正，而是爲了順從民眾，變得比民眾更加激進。最後在民眾的推動下，部分知識分子被推到了左傾機會主義的潮頭，成爲了左傾思想的代言人。左傾機會主義在反智主義思維影響下，制定和執行了錯誤的知識分子政策，給革命造成了重大的損失。

　　小農經濟是機會主義的溫床，這種相當程度上自發的農民運動，本身就具有民粹主義的成分。在湖南農民運動中體現了農民自發的革命性，但同時又體現了民粹主義與機會主義的結合。它體現了民粹主義與機會主義實踐的合流，以貧農爲粹體現了民粹主義的內涵；而脫離了黨的領導，脫離了對於實際情況的分析和黨的政治路線，放手發動群眾自發地進行革命運動。這種盲動實際上也體現了急躁冒進的左傾機會主義的思想。〔註21〕

　　大革命失敗後，針對於知識分子的左傾機會主義有所抬頭。共產國際代表羅米納茲認爲大革命的失敗主要是中國黨的中央機關有問題。八七會議通過的《中共中央執行委員會告全黨黨員書》中在談到大革命失敗的原因時，已經有了明確的回答：「黨的指導機關裏極大多數是知識分子及小資產階級的代表。經過共產國際執行委員會緊急會議的要求之後，方才將幾個工人加入指導機關。許多工會之中，指導者的黨員也不是工人，而是學生，知識階級……我們黨和這種非無產階級的、不革命的、透徹的機會主義，必須永遠斷絕關係，永不沾染。」〔註22〕文件認爲，大革命之所以失敗，是因爲中共領導機關內的知識分子太多。也就是說，黨內的知識分子應該承擔失敗的責任。

　　1927 年 11 月，中共中央臨時政治局擴大會議在上海召開。在羅米納茲爲這次會議起草的《中國現狀與黨的任務決議案》中說：「……這種機會主義遺毒猶存的主要原因之一，便是黨的指導幹部是非無產階級的成分。本次會議命令各級黨部立刻用最堅決的方法，使指導幹部工人化，肅清其中的機會主義分子。」

〔註21〕 姚曙光《國民革命失敗的民粹主義因素分析——以湖南農民運動爲個案的探討》，《南京大學學報》，2003 年第 3 期。

〔註22〕 朱文顯《知識分子問題：從馬克思到鄧小平》，四川人民出版社，1999 年版，第 243 頁。

會議認為當時中國共產黨最重要的組織任務是以工農分子的新幹部替換非無產階級的知識分子幹部。「支部書記、區委、縣委、市委、省委的成份，各級黨部的巡視指導員的成份，尤其是農民中黨的工作員的成份，必須大多數是工人同志或貧農同志。工會機關的幹部，則須全部換成工人。這一改造工作，當然不是一下子可以做成功，但是必須愈快愈好。應當開始建立各級黨部的巡視指導制度，去切實這一改造工作。同時從最低支部起，提出工農分子，使擔負實際指導的工作。各省在第六次全黨代表大會以前，要開各省黨部代表大會，或者省委擴大會認，在這個過程中，徹底新造各級黨的指導機關。尤其重要的是：各地群眾黨部的工作，譬如組織部、農民運動委員會、軍事部，要由最靠得住最堅決的工人同志擔負；在鄉村中呢——由貧農同志擔負。工會中的指導幹部，也立刻換工人分子。」〔註23〕這一段話講得非常具體，它把指導幹部工人化的要求、措施和步驟講得清清楚楚。它要求從支部到省委的領導，以及職能部門的幹部都要工人化。總之，共產國際在中共黨內搞的「指導幹部工人化」是完全錯誤的。它排斥知識分子幹部的結果給已經缺乏幹部的中共雪上加霜，對革命工作造成了重大損失。列寧曾經指出：「在任何一個政治運動或社會運動中，在任何一個國家裏，一定階級的群眾或人民群眾同該階級或人民的少數知識分子代表之間的關係，只能是這樣的：無論什麼時候什麼地方，一個階級的領袖永遠是該階級最有知識的先進代表人物。」〔註24〕

民粹主義中的反智主義內涵不僅直接導致了左傾的知識分子政策，而且與左傾關門主義錯誤也有直接的關係。近代中國民粹主義思想的核心概念「民」，經歷了從國民、平民最後到農民的演變過程。任何民粹主義的政治話語體系中都有一個中心區域，而這個中心區域又是相對封閉的。它將屬於民的劃入中心區域之內，而將不屬於民的排除於中心區域之外。民粹主義中的民基本上就是等同於農民。在中國近代的民粹主義思想中存在著明顯的農民階級崇拜的成分，而這種傾向的繼續就是將工農階級劃為人民，而將民族資產階級、小資產階級等其他本應也劃入人民範疇的排除於人民之外，也就形成了所謂的左傾關門主義的錯誤。

〔註23〕 朱文顯《知識分子問題：從馬克思到鄧小平》，四川人民出版社，1999 年版，第 247 頁。

〔註24〕 朱文顯《知識分子問題：從馬克思到鄧小平》，四川人民出版社，1999 年版，第 248 頁。

5.3.3 民粹主義和農業社會主義

民粹主義所造成的左傾機會主義不僅體現在反智主義上，還體現於民粹主義與農業社會主義的關係上。農業社會主義具有從農業社會超越資本主義直接實現社會主義的特徵。〔註 25〕農業社會主義在某種程度上體現出了左傾機會主義的成分。民粹主義與農業社會主義的關聯之處主要表現在左傾機會主義畢其功於一役的盲動主義錯誤上。民粹主義是 19 世紀 60 年代產生於俄國的一種小資產階級社會主義思潮，是農民階級從小生產利益出發反對資本主義的思想表現。其基本內容是，否認資本主義在俄國發展的歷史必然性，主張在農民村社和個體經濟的基礎上直接過渡到社會主義。民粹主義在中國具有深厚的基礎和影響。中國「左」傾思潮同樣深深地打著民粹主義的烙印，其表現之一就是脫離工業化而追求手工個體農業基礎上的社會主義。〔註 26〕從認識論的根源上，民粹主義所主張的超越式思維的畢其功於一役在革命策略上的反映就是急躁冒進。民粹社會主義主張以落後的農業社會為基礎，直接實現社會主義以實現對於資本主義的超越。這種超越的經典表達就是畢其功於一役。在左傾機會主義的思想中體現則為一次革命論，即將民主革命和社會主義革命的任務合二為一。一次革命論實際上也是試圖對於資本主義的超越，具有某種民粹主義的特徵。

毛澤東從認識論的角度對左傾機會主義的超越論進行了批判。毛澤東指出：「我們也反對『左』翼空談主義……有些把幻想看作真理，有些則把僅在將來有現實可能性的理想勉強地放在現實來做，離開了當前大多數人的實踐，離開了當前的現實性，在行動上表現為冒險主義。唯心論和機械唯物論，機會主義和冒險主義都是以主觀和客觀相分裂，以認識相實踐相脫離為特徵的。」〔註27〕「左」傾路線的最明顯特徵就是看問題僅注重局部而忽視全局。這既有小生產者受生產方式局限的原因，民粹主義的超越思維的影響也不可忽視。民粹主義的超越思維成為了左傾機會主義的思想源頭。

民粹主義和左傾機會主義的高度關聯決非偶然。近代中國總體上資本主義發展相對較弱，基本上是以農業為主。這也是導致近代中國知識分子程度

〔註 25〕 參見徐覺哉《社會主義流派史》，上海人民出版社，1999 年第一版，第五章。

〔註 26〕 楊發民《「左」傾中國社會主義意識形態的特徵》，《人文雜誌》，2005 年第一期。

〔註 27〕 袁水松，王均偉《左傾二十年》，農村讀物出版社，1993 年版，第 36 頁。

不同地受到民粹主義影響重要原因。早期革命者盲目崇拜農民，特別發展到推崇「貧下中農」的傾向，這是「以民為粹」的民粹主義思想特徵之一。在民粹主義的邏輯中，農民是天然的社會主義者。而實際上，鄉土社會是民粹主義天然的深厚的社會土壤，農民不僅不是天生的社會主義者，而且在社會適宜的條件下，他們就是天生的民粹主義者。農民革命家著手鄉村革命活動，必然依賴農民為革命的主力，但「貧雇農打江山坐江山」卻是農民革命的基本理念。農民革命歷史的表象與中國特色的馬克思主義的科學內涵存在巨大的差異。農民階級與小生產相聯繫，既是勞動者，又是私有者。農民作為小生產者是不可能自發產生社會主義思想的，更不可能在小生產的基礎上自發地走社會主義道路。

綜上所述，民粹主義與左傾機會主義的關係集中體現在以下方面：泛道德主義善惡兩分的極致性思維與左傾機會主義鬥爭哲學；民粹主義中的反智主義與左傾機會主義的知識分子政策；民粹主義和農業社會主義等。近代中國民粹主義與左傾機會主義廣泛而深刻的關聯是由於民粹主義與左傾機會主義有著共同的經濟基礎和共同的階級基礎。在近代中國雖然小農經濟趨於解體，但總體上看，近代中國仍然是小農經濟的汪洋大海。小農經濟產生了民粹主義，這種生產方式同樣是產生左傾機會主義的根源。中國共產黨在革命和建設的過程中對民粹主義和左傾機會主義進行了堅決的鬥爭。但民粹主義在歷史中常常改頭換面，奏出不和諧的歷史音符，而與其伴舞共生的往往就是形形色色的帶有左傾特徵的錯誤實踐。只有從歷史的制高點來總結分析民粹主義與左傾機會主義的關聯，才能從源頭上防止類似歷史悲劇的重演。

6. 中國早期民粹主義政治思想中的「聖愚」崇拜

（注：本章論述過程中引用了部分前文已經引用過的文獻，前文中已經標明出處的文獻在本章中僅列出篇名，不再重複注釋出處）

　　近代中國民粹主義之中存在著「聖愚」崇拜的現象。所謂「聖愚」崇拜就是將無知愚昧民眾聖人化。聖愚崇拜這個詞起源於俄國，但中國近代民粹主義之中的「聖愚」崇拜並不源於俄國。聖愚這個詞僅僅是一種跨文化的移植或借用，有著完全不同的內涵。美國萊斯大學埃馬·湯普遜教授在《理解俄國：俄國文化中的聖愚》之中探討了俄國獨特的文化現象——聖愚崇拜。湯普森教授認為，俄國傳統中的聖愚來源於俄國遠東地區的薩滿教文化。中國社會科學院馬龍閃研究員認為，聖愚現象是解讀俄國文化的一把鑰匙。簡單說來，所謂聖愚就是俄國社會中愚癡癲狂而又具有聖人般的靈性和本領的人。這些人游蕩四方衣著怪異破爛，舉止乖張，但是具有超自然超感覺的能力。有中國學者將聖愚類比為中國古代的濟公。聖愚在俄國農村影響廣泛，甚至成為帝俄時代農村的精神領袖，其影響甚至超過了東正教的神父。聖愚崇拜作為帝俄時代的俄國的國情自然地會與民粹主義產生直接或間接的聯繫。聖愚是智慧與愚昧，純潔與污穢的統一體。湯普森教授還總結了聖愚崇拜對俄國民族性格的影響：傳統與無政府主義並存；純潔的目的性與非純潔的手段並存；對權威的崇拜和對權威的鄙視並存。這些在俄國民粹主義之中或多或少地得以體現。俄國聖愚崇拜對於民粹主義的影響是通過對知識分子人格的影響得以實現的。聖愚的兩重性人格催生了俄國知識分子人格中所謂的「馬蹄鐵現象」，也就是將道德中正義和邪惡的兩極平等地並列在一起，形成了俄國近代知識分子矛盾的人格。殺戮與涅槃重生，自虐與洗禮，謙卑與

横暴等等奇特地組合在一起，繼而形成了一種全新的道德觀。聖愚崇拜將傳統上視為邪惡愚昧的行為神聖化宗教化甚至變為個人的道德追求，這也就為一種全新的倫理奠定了前提。這也就解釋了俄國式的小資產階級狂熱性，極端化的思維、追求完美主義等等。當這種聖愚崇拜傳統思維與革命結合在一起的時候，也就構成了民粹主義的重要思想源頭。任何人也不能否認民粹主義者就其初衷而言是高尚的純潔的，但是問題恰恰在於過於敏感的良心和道德以及對自我救贖的過度執著使這些青年淪為宗教式的狂熱分子。正如聖愚一樣，他們也變為了矛盾的集合體，理想高於一切，為了理想不擇手段，為了實現文明的理想最終淪為反文明。聖愚具有豐富的宗教內涵，聖愚要實現的是人類的救贖，而民粹主義的革命者也是為了實現人類的救贖，而且自認為要實現的是人類偉大的理想。聖愚的生命過程就是受難，受難的目的是為了救贖，不僅自身的救贖而且是為了喚醒人類實現救贖。民粹主義者的革命是為了結束大眾的苦難，而結束苦難的過程也伴隨著淨化道德的洗禮，洗禮的途徑就是勞動。勞動是一切罪惡的解毒劑。

　　近代中國的聖愚崇拜與俄國民粹主義在中國的傳播有直接的關係，但也有傳統文化的根源。中國傳統文化因素對聖愚崇拜的影響體現在兩個方面：一方面是中國傳統的反智主義思想，一方面是近代墨子勞動思想的復興。反智主義是一種文化或者思想態度，它既可以體現為對智性的反對和懷疑，也可以表現為對知識分子的懷疑和鄙視。這種反智主義的態度用通俗的話可以表述為：「知識越多越反動」「臭老九」。余英時先生對中國傳統的反智主義進行了系統的研究，他認為中國傳統政治文化中的反智主義都是封建專制的統治工具。道家和法家，強調「使民無知無欲」。老子說：民多智慧，而邪事滋起。韓非子說：民智之不可用，猶嬰兒之心也。所以要絕聖棄知，民利百倍。老子甚至直接提出愚民之術：為道者非以明民也，將以愚之也。民之難治也，以其知也。故以知知（治）邦，邦之賊也；以不知知（治）邦，邦之德也。另一方面，專制者利用反智主義壓制知識分子的異己思想。反智主義是一種政治統治的工具，反智不反智要看知識分子是否順從。歷代以文亂法都成為重罪。但是歷朝歷代反智主義雖然都存在，但只要知識分子不站到統治者的對立面，興王道重禮樂尊孔重儒仍然是絕大多數歷史時期的主流。單純的反智主義並不能成為近代中國聖愚崇拜的思想文化來源。

　　近代中國聖愚崇拜思想的根源是對勞動的極度推崇，墨子的勞動思想是

這種思潮直接的傳統文化淵源。《貴義》中記載墨子與出楚國大臣談話中，自稱賤人是勞動者而不是貴族。墨子將墨家學說比作農民生產的糧食和采集到的草藥。墨子的學說中既包含當時的各種手工業技術也包含反映勞動者利益的學說。墨家是勞動者的學說，主張勞動與讀書相結合。墨子的勞動思想首先體現在對勞動的崇尚。《墨子・非樂上》寫到：「今人固與禽獸、麋鹿、飛鳥、貞蟲異者也。今之禽獸、麋鹿、飛鳥、貞蟲，因其羽毛，以爲衣裘，因其蹄爪以爲褲履，因其水草，以爲飲食。故雖使雄不耕稼樹藝，雌亦不紡績織紝，衣食之財，固已具矣。今人與此異者：賴其力者生，不賴其力者不生。」一句話，墨子認爲勞動是人類生存的基本前提條件。雖然重視勞動，但是墨子並沒有將勞動絕對化神聖化，《耕柱》中寫到：能辯者談辯，能說書者說書，能從事著從事。從事就是生產勞動，墨子主張人盡其才。從漢代獨尊儒術到清代尊崇理學，墨家日益衰微。當統治者將儒家思想確立爲官方的意識形態之後，便將與儒家衝突的墨家視爲異端學說加以詆毀，這也是兩千年間墨學不興的重要原因。雖然受到官方意識形態的打壓，但是墨家作爲底層勞動者的思想學說，作爲一種思想的潛流一直流傳，直到辛亥革命時期得以復興。

6.1 章太炎的民粹主義思想與聖愚崇拜

近代中國繼承了中國傳統的反智主義因素並有所發展的是章太炎。中國傳統中無論是墨子的思想還是民本重農的思想都是重視農民的作用，強調勞動的重要作用。而章太炎在繼承傳統反智主義以及重農因素的同時，將勞動與道德緊密地聯繫起來。宋末元初詩人鄭思肖《所南集・心史》中寫到：「韃法；一官、二吏、三僧、四道、五醫、六工、七獵、八民、九儒、十丐，各有所統轄。」其中將讀書人列爲第九等，知識分子也就成了後來的臭老九。元初將知識分子列爲九等僅強於乞丐雖然貶抑了知識分子，但是並沒有將勞動者尤其是農民提到更高的地位。這種提法甚至沒有將農民單獨列出，農民應該包含在第八等民之中，列位於工匠和獵戶之後，勉強高於儒生。而章太炎實現了對傳統勞動者地位的大膽顛覆，形成了以勞動爲標準的全新的倫理觀。

章太炎繼承和發展了中國傳統文化中從韓非子到鄭板橋龔自珍的民粹主義成分。他充分肯定了農工勞動階級的社會價值和作用，而對官紳知識分子

的社會地位和作用頗多貶抑。他在《革命之道德》一文中寫道：「今之道德，大率從於職業而變。都計其業，則有十六種人：一曰農人，二曰工人，三曰褲販，四曰坐賈，五曰學究，六曰藝士，七曰通人，八曰行伍，九曰胥徒，十曰幕客，十一曰職商，十二曰京朝官，十三曰方面官，十四曰軍官，十五曰差除官，十六曰雇譯人。其職業凡十六等，其道德之第次亦十六等」，「農人於道德爲最高」，「工人稍知詐僞，……然其強毅不屈，亦與農人無異」。而「自藝士下率在道德之域，而通人以上，則多不道德者。……要之知識愈進，權位愈申，則離於道德也愈遠。」其中「學究者」：「堅守其所誦習者，而不通於他書。貧無所賴，則陶誕突盜之事亦興，乃有教人作訟，以取溫飽，而亦輒與官吏相抗，其他猥鄙，不可歷數，然無過取給事畜。」有「迂疏之士」，「雖學術疏陋，不周世事，……然未至折腰屈膝爲他人作狗馬也。」至於世人所仰慕的「通人」，雖通多種學問，但「樸學之士多貪，理學之士多詐，文學之士多淫，至外學則並包而有之。」「今之革命黨者，與此十六職業，將何所隸屬耶？」

　　章太炎的思想比較典型地繼承了中國傳統文化中的反智主義成分，他是從中國傳統的反智心態向反智主義過渡的典型代表人物。章太炎的民粹主義思想體現了在現代化過程中處於重重危機之中的小生產者的利益。同時在其思想中又存在著明顯的勞動主義的成分，肯定了自給自足的小生產方式。章太炎主張，「田不自耕者不得有，有牧不自驅策者不得有，山林場圃不自數藝者不得有，鹽田池井不自煮暴者不得有。」對於中國人正在熱情渴求的資產階級民主政治尤其是議會政治，他還專門撰寫了《代議然否論》，對代議制的民主性表示懷疑，對廣大人民群眾民主權利的獲得與維護，表示出擔憂。章太炎在對於資本主義的批判過程中，最後乾脆主張拋開現代技術和物質文明。

　　章太炎以勞動爲標準所確立的全新的倫理觀，是爲革命尋求理論根源，同時也是爲革命尋求新的動力。章太炎的倫理觀之中，道德與勞動成正比，而與知識成反比。章太炎認爲道德越高，革命性越強。而在現實生活中勞動者往往是貧困卑賤的，越窮越革命，越窮越光榮的邏輯水到渠成。章太炎對於近代中國民粹主義的重要貢獻在於他的思想是中國傳統文化中的民粹因素與近代對接的關鍵環節。章太炎提出了全新的革命道德，這首先體現了章太炎革命道德強烈的功利性。新道德的宣傳是爲了革命，新道德是實現革命目的的手段。而在辛亥革命時期，相當多數的士大夫和社會上層階級是支持立

憲派的，甚至是保守的。而廣大的下層工農群眾因爲深受壓迫所以具有強烈
的革命性。章太炎的革命道德觀實際上是爲動員民眾提供理論支持。因爲中
國是小農經濟的汪洋大海，所以章太炎將農民排在了道德的第一位。將農民
列爲道德之首，這是將農民推上聖壇的第一步。章太炎在論證的過程中，其
理論依據主要來源於中國的傳統文化。對章太炎的《革命之道德》（1906 年
10 月 8 日）進行思想史的分析，可以略窺反智主義向聖愚崇拜轉化的思想過
程。

「近世學者，推尋禍始，以爲宋世儒者妄論《春秋》，其教嚴於三綱，共
防弛於異族，逆胡得利用其術以阻遏吾民愛國之心。然自季明以後，三綱之
名雖存，其實廢久矣。而里巷鄙人之言韃靼者，猶相率以爲鄙夷之名，是其
心亦未嘗泯絕也。或者又謂禍本之成，咎在漢學，雖日本人亦順言之。夫講
學者之疏於武事，非獨漢學爲然。今以中國民籍，量其多少，則識字知文法
者，無過百分之二；講漢學者，於此二分，又千分之一耳！且反古復始，人
心所同，裂冠毀冕之既久，而得此數公者，追論姬漢之舊章，尋繹東夏之成
事，乃適見犬羊殊族，非我親昵。彼意大利之中興，且以文學復古爲之前導，
漢學亦然，其於種族，固有益無損已。於此數者，欲尋共咎而咎卒不可得，
微芒暗昧，使人疑眩。冥心而思之，寤寐而求之，其釁始於忽微，其積堅於
磐石。嗚呼！吾於是知道德衰亡，誠亡國滅種之根極也。」

章太炎將農民推上道德的聖壇從本質上是反傳統的，所以首先要破，
破除傳統的道德觀。章太炎將道德衰亡的主要原因歸咎於宋儒，宋儒妄論
《春秋》導致三綱名存實亡，墮落爲異族統治的工具。而歷代知識分子忽
視漢學的研究同樣是道德衰亡的重要原因。將道德衰亡繼而亡國滅種的責
任推給知識分子，這帶有明顯的反智主義傾向。可見，章太炎是從反智主
義立論的。

「今與邦人諸友，同處革命之世，偕爲革命之人，而自顧道德，猶無以
愈於陳勝、吳廣，縱令弊其口、焦其唇、破碎其齒頰，日以革命號於天下，
其卒將何所濟？道德者，不必甚深言之，但使確固堅厲，重然諾，輕死生，
則可矣。雖然，吾聞古之言道德者曰：大德不逾閑，小德出入可也。今之言
道德者曰：公德不逾閑，私德出入可也。道德果有大小公私之異乎？ 於小且
私者，苟有所出入矣；於大且公者，而欲其不逾閑，此乃迫於約束，非自然
爲之也。政府既立，法律既成，其人知大且公者之逾閑，則必不免於刑戮；

其小且私者，雖出入而無所害。是故一舉一廢，應於外界而爲之耳。政府未立，法律未成，小且私者之出入，刑戮所不及也；大且公者之逾閑，亦刑戮所不及也。如此，則恣其情性，順其意欲，一切破敗而毀棄之，此必然之勢也。吾輩所處革命之世，此政府未立，法律未成之世也。方得一芥不與，一蕡不取者，而後可與任天下之重。若曰有狙詐如陳平、傾險如賈詡者，吾亦可以因而任之，此自政府建立後事，非今日事也。今世之言革命者，則非直以陳平、賈詡爲重寶，而方欲自效陳平、賈詡之所爲，若以此爲倜儻非常者。悲夫！悲夫！」

　　要將在傳統社會中地位卑賤被視爲愚人的農民推上道德的聖壇，以中國傳統的道德標準絕無可能。要達到這個目的必須樹立一個全新的道德標準，那就是革命的道德。革命者不能自顧道德，如果民眾具有全新的革命道德則革命絕對不能成功。重然諾，輕死生，這是章太炎賦予革命道德的基本內涵。恪守信用舍生忘死，這很顯然不是農耕時代一個農民所應該遵守的道德規範，而是一個革命者大無畏的革命精神。章太炎將道德區分爲公德和私德，他認爲公德爲大，而私德爲小。但是在政府未立法律未成的革命時代，很顯然公德難立，所以革命者首先必須具有一芥不與，一蕡不取的私德。

　　「方今中國之所短者，不在智謀而在貞信，不在權術而在公廉，其所需求，乃與漢時絕異。楚、漢之際，風尙淳樸，人無詐虞，革命之雄，起於吹簫編曲。漢祖所任用者，上自蕭何、曹參，其下至於王陵、周勃、樊噲、夏侯嬰之徒，大抵木強少文，不識利害。彼項王以勇悍仁強之德，與漢氏爭天下，其所用皆廉節士。兩道德相若也，則必求一不道德者而後可以獲勝，此魏無知所以斥尾生、孝己爲無用，而陳平乃見寶於漢庭矣。季漢風節，上軼商、周，魏武雖任刑法，所用將士，愨不畏死，而帷握之中，參豫機要者，鍾、陳、二荀，皆剛方皎白士也。有道德者既多，亦必求一不道德者而後可以獲勝，故賈詡亦貴於霸朝矣。其所見貴者，以其時傾險狙詐之才不可多得而貴之也。莊周云：「藥也，其實堇也，實零也，雞癰也，桔梗也，是時爲帝者也。」風教陵夷，機械日構，至於今日，求一質道如蕭、曹，清自如鍾、陳、二荀，奮屬如王陵、周勃、樊噲、夏侯嬰者，則不可得；而陳平、賈詡所在有之。盡天下而以詐相傾，甲之詐也，乙能知之；乙之詐也，甲又知之；共詐即亦歸於無用。甲與乙之詐也，丙與丁疑之；丙與丁之詐也，甲與乙又疑之。同在一族，而彼此互相猜防，則團體可以立散。是故人人皆不道德，

則惟有道德者可以獲勝，此無論政府之已立未立，法律之已成未成，而必以是爲梟矣。」

章太炎指出自古以來道德標準是貞信公廉。楚、漢之際，風尚淳樸，人無詐虞。奸詐的人得到重視是因爲社會上這種人太少，道德的人需要這種不道德的人作爲參照。章太炎以這種方式立論當然與歷史真實相悖，是站不住腳的。而這一點恰恰表明了章太炎由傳統士大夫向現代知識分子轉換的不徹底性，而他的思想則是從傳統向現代轉換的活化石。在以歷史理論的基礎上，章太炎得出結論：如果人人皆不道德，則惟有道德者可以獲勝。

「談者又曰：識世務者，存乎俊傑，所謂英雄，在指麾而定爾。世有材桀敢死之士，吾能任之，使爲己死，則大業可成，逆胡可攘。若必親蒞行陳，以身殉事，此無異於鬥雞狗者，亦天下之大愚也。嗚呼！爲是言者，若雲天下可以不戰而定，則亦已矣；若猶待戰，寧有不危而獲者。最觀上世之事，漢高與項氏戰，涉險被創，垂死數四，太公、呂后、孝惠、魯元之屬，登俎墮車，固不暇顧。廣武之矢，滎陽之圍，皆以身冒白刃，然後士卒用命，樂爲盡力。光武昆陽之役，親率將士以與虎豹相搏，幸而獲濟。魏武智計殊絕於人，然猶困於南陽，險於烏巢，危於祁連，逼於黎陽，幾敗伯山，殆死潼關，然後僞定一時，此其成事可見者。夫其政府已立，軍隊已成，驅使將校，易如轉軸，猶必躬受矢石而後獲之，又況天造草昧，壯士烏集，紀律未申，符籍未著，不以一身拊循士卒，共同安危，而欲人爲盡力，雖乳兒知其不能矣。且漢、魏諸君，志在爲己，與諸將固有臣主之分，主逸臣勞，主生臣死，猶可以名分責之。今之革命，非爲一己而爲中國，中國爲人人所共有，則戰死亦爲人人所當有，而曰甲者當爲其易，乙者當爲其難，可乎？若以人材難得，不欲使之創壽於旗幢者，不悟艱難之事，固非一人所任，爲權首者常敗，而成者必在繼起之人。且人材非天成也，固以人事感發而興起之，前者以身殉中國矣，後者慕其典型，追其躅武，則人材方益眾多，夫何匱乏之憂乎？昔華盛頓拯一溺兒，躍入湍水，蓋所謂從井救人者。若華盛頓作是念曰：溺兒生死，輕於鴻毛，吾之生死，重於泰山，空棄萬姓倚賴之軀，而爲溺兒授命，此可謂至無算者，如是，則必不入湍矣。華盛頓以分外之事而爲之死，今人以自分之事而不肯爲之死，吾於是知薄於私德者亦必憂於公德，薄於私德者亦必薄於公德，而無道德者之不能革命，較然明矣。」

章太炎認爲在古代主逸臣勞，主生臣死是想當然的道德標準。但是在革

命的時代，中國爲人人所共有，則戰死亦爲人人所當有，爲革命舍生忘死是每個人的責任。無道德者則不能革命，而私德與公德是完全一致的。在這裡章太炎完全將公德與私德混爲一談，公德與私德是辯證統一的關係。二者當然具有高度的一致性，但是也有著明確的區別。

「且道德之爲用，非特革命而已，事有易於革命者，而無道德亦不可就。一於戊戌變法黨人見之，二於庚子保皇黨人見之。戊戌變法，惟譚嗣同、楊深秀爲卓厲敢死。林旭素佻達，先逮捕一夕，知有變，哭於教士李佳白之堂。楊銳者，頗圓滑知利害，既入軍機，知其事不可久，時張之洞子爲其父祝壽京師，門生故吏皆往拜，銳舉酒不能飲，徐語人曰：今上與太后不協，變法事大，禍且不測，吾屬處樞要，死無日矣。」吾嘗問其人曰：「銳之任此，固爲富貴而已，既睹危機，復不能去，何也？其人答曰：康黨任事時，天下望之如登天，仕宦者爭欲饋遺或不可得。銳新與政事，饋獻者踵相接，今日一袍料，明日一馬褂料，今日一狐桶，明日一草上霜桶，是以戀之不能去也。嗚呼！使林旭、楊銳輩，皆赤心變法無他志，頤和之圍，或亦有人盡力。徒以縈情利祿，貪著贈饋，使人深知其隱，彼既非爲國事，則誰肯爲之效死者？戊戌之變，戊戌黨人之不道德致之也！庚子保皇之役，康有爲以其事屬唐才常，才常素不習外交，有爲之徒龍澤厚爲示道地。其後才常權日盛，凡事不使澤厚知，又日狎妓飲燕不已，澤厚憤發，爭之不可得，乃導文廷式至武昌發其事。才常死，其軍需在上海，共事者竊之以走。是故庚子之變，庚子黨人之不道德致之也！彼二事者，比於革命，其易數倍，以道德腐敗之故，猶不可久，況其難於此者。積蘆灰以塞鴻水，斷鼇足以立四極，非弘毅負重之士，孰能與於此乎？戊戌之變，戊戌黨人之不道德致之也。」

章太炎從歷史講到現實，戊戌維新是他那個時代剛剛發生的現實事件。章太炎認爲戊戌變法的失敗是由於某些領導人道德淪喪造成的。林旭和楊銳是富於道德的赤心變法的君子，而唐才常道德淪喪是導致變法失敗的原因。通過對時事的觀察章太炎得出結論：戊戌之變，戊戌黨人之不道德致之也，庚子之變，庚子黨人之不道德致之也！將政治事件的成敗歸因於某些領導人的道德品質當然是缺乏依據的主觀臆斷。

「或曰：彼二黨之無道德者，以其沒於利祿、耽於妻子也。今革命者則異是，大抵年少，不爲祿仕，又流宕無室家。人亦有言，人不婚宦，情慾失半，則道德或可以少進乎！若然，吾將大計國人之職業而第論之：孟軻云：

矢人惟恐不傷人，函人惟恐傷人。巫匠亦然，故術不可不慎。今之道德，大率從於職業而變。都計其業，則有十六種人：一曰農人，二曰工人，三曰裨販，四曰坐賈，五曰學究，六曰藝士，七曰通人，八曰行伍，九曰胥徒，十曰幕客，十一曰職商，十二曰京朝官，十三曰方面官，十四曰軍官，十五曰差除官，十六曰雇譯人。其職業凡十六等，其道德之第次亦十六等，雖非講如畫一，然可以得其概略矣。農人於道德為最高，其人勞身苦形，終歲勤動，田園場圃之所入，足以自養，故不必為盜賊，亦不知天下有營求詐幻事也。平居之遇官長，雖甚謹畏，適有貪殘之吏，頭會箕斂，誅求無度，則亦起而為變，及其就死，亦甘之如飴矣。」

　　章太炎將兩黨道德喪失的原因歸於追求功名利祿以及為家室所累，而革命者道德高尚的原因則是年輕不求仕祿以及沒有家室所累。不結婚不做官，克制情慾則可以增進道德。這就是章太炎評價道德的標準。章太炎將職業和道德聯繫起來，他將這也分為十六等並進行了道德排序。章太炎將農民列為道德之首的原因是農民辛勤勞作收穫足以自給自足，所以不必做盜賊，也不必欺詐他人謀利。農民雖然平時對官長有所敬畏，但是如果有貪婪殘暴的官員欺壓索求無度，也會激發民變，從容赴死。章太炎將農民列為道德之首的原因無非兩點：一是勞動沒有異化不存在剝削，二是富於革命性。

　　「工人稍知詐偽，綿薄之材，有時以欺市人，然其強毅不屈，亦與農人無異。」章太炎所稱的工人應該既包括早期的產業工人更包括手工業工匠。工人道德堅強勇毅的革命性與農民是一致的，但是其職業過程中有一定的欺詐成分，存在著對他人的剝削，所以工人的道德低於農民。

　　「裨販者，有二種：共有荷簣戴盆，求鬻於市者，則往往與農工相類。若夫千里求珍，牽車載牛，終日輜重不離身，其人涉歷既多，所至悉其民情謠俗，山谷陵阪之間，有戒心於暴客，則亦習拳勇、知擊刺，其高者乃往往有游俠之風，恤貧好施，金錢飛灑，然譸張為幻之事，亦稍以益多矣。」章太炎認為在市場上經營的小商販，其道德與農工相當。而對於遊走四方商販其品格高者因為閱歷豐富兼習武功有游俠之風，而其職業過程中的欺詐成分相對工農則更多一些，所以其道德品質低於工農。

　　「坐賈者，居奇貨，其樸質不逮農工，其豁達不逮裨販。以嗇為寶，以得為期，然不敢恣為奸利，懋遷有無，必濟以信，共有作偽罔利者，取濟一時，久亦無以自立，此則賈人自然之法式也。」那些有固定經營場所的店主，

其質樸趕不上農工，其豁達趕不上商販，囤積居奇坑蒙拐騙，章太炎認爲這是這些人的一貫品質。

「學究者，其文義中律令，其言語成條貫，堅守其所誦習者，而不通於他書。貧無所賴，則陶誕突盜之事亦興，乃有教人作訟，以取溫飽，而亦輒與官吏相抗，其他猥鄙，不可歷數，然無過取給事畜。迂疏之士，多能樂天，家無斗箭，鳴琴在室，雖學術疏陋，不周世事，而有沖夷自得之風。二者雖有短長，然未至折腰屈膝爲他人作狗馬也。」作爲傳統知識分子代表的學究，思想僵化抱殘守缺，對其餘知識一竅不通。貧困生活無著則充當訟棍與官府對抗，雖然諸多劣迹但是也無礙大方。那些迂腐讀書人學術淺薄，雖然家徒四壁但是能怡然自樂。這兩類讀書人雖然各有短長，但是還沒有到爲權貴甘爲犬馬的程度。在章太炎的眼中，傳統的知識分子與社會毫無益處，不去危害社會已經是最好的結果。他們所謂的知識也是毫無用處的。章太炎這種觀點是對於中國傳統反智主義的繼承。

「藝士者，醫方繪畫書法雕刻之屬，其事非一，此共以術自贍，固無異於工賈。書畫雕刻之士，多爲食客，而醫師或較量貧富，阿諛貴人。然高者往往傲岸自好，雖有藝術，值其情性乖角之際，千金不移，固亦有以自重也。」至於醫生畫家書法家雕刻家等等知識分子，以自己的藝術或醫術糊口，原本與工匠商賈類似。但是書畫雕刻家多爲食客，仰人鼻息；而醫生則嫌貧愛富，斤斤計較。即使潔身自好，這些人也往往性格怪癖，恃才傲物。因爲這類人一定程度上危害社會，敗壞社會風氣，所以同爲知識分子，章太炎將其列在學究之後。

「通人者，所通多種，若樸學、若理學、若文學、若外學，亦時有兼二者。樸學之士多貪，理學之士多詐，文學之士多淫，至外學則並包而有之。所恃既堅，足以動人，亦各因其時尚以取富貴，古之鴻文大儒，邈焉不可得矣。卑諂污漫之事，躬自履之，然猶飾僞自尊，視學術之不己若者，與資望之在其下者，如遇僕隸；高己者則生忌克；同己者則相標榜；利害之不相容，則雖同己者而亦嫉之。若夫篤信好學，志在生民者，略有三數狂狷之材，夫下之至高也。」所謂通人即是通曉一門或多門學問的學者。但是無論通曉樸學、理學還是文學，學者都於道德有所虧欠。樸學之士多貪，理學之士多詐，文學之士多淫，至外學則並包而有之。文人相輕，都是道德上的僞君子。對於這種自恃清高，在社會上有一定影響和地位的學者，章太炎進行了無情的

揭露和鞭撻。章太炎幾乎就喊出了那句日後震動華夏的名言：知識越多越反動。

「行伍者，多由家人子弟起而從軍，亦多閭里無賴，奸劫剽暴，是其素習。近世徵兵，則學究亦稍稍預之，清淳樸質之氣既亡，而驕橫恣妄之風以起。雖然，其取之也，不以詐而以力；其為患也，不以獨而以群。大抵近世軍人，與盜賊最相似，而盜賊猶非最無道德者也。」軍人與盜賊類似，但是章太炎認為盜賊並不是最不道德的。軍人大多數是鄉里無賴出身燒殺淫擄無惡不作，但是軍人憑的是力氣而不是欺詐，靠的是群體為患而不是單獨行動。因為憑藉的是自己的力氣，所以章太炎將軍人列在了胥吏之前。

「胥徒者，其取以詐不以力矣，其患在獨不在群矣。曩者胥史尚習文法知吏事，徒役雖橫，猶必假借官符而後得志，收發委員作而詐甚於門丁，地方警察興而拘逮由其自便。輿臺皁隸，尊為清流；條狼執鞭，厚自揚詡。言必曰團體，議必曰國家，有靦面目，曾不自怍？此其可憤，亦其可笑者也。」按照章太炎的道德標準，即使是做壞事自己出力的人也比使用欺詐手段的人道德高尚。衙門的污吏使用的欺詐手段而不是自己的力氣，所依靠的不是群體的力量。其種種劣迹，可憤又可笑。

「幕客者，其才望駕胥徒而上之，其持書求薦，援引當道，浮偽諛佞，則胥徒所無也；高下在心，雖有法律而不可治，則有甚於胥徒者也。大略亦分三種：其最下者，釐局之司事，州縣之收，飾小說以干縣令，徒欲得哺餟求飽暖，而無鄉里訟師強毅不屈之風；其稍高者，則閒習法律，明識款目，或曰刑名，或曰升銓，或曰錢穀，略有執守，而舞弄文法，是所擅場，其卑鄙則不如司事徵收之甚；其最高者，所謂傳食幕府，治例外之奏議條教者也，世之通人，多優為之，以簡傲為諛媚，以跅弛為裨闔，以察言觀色，固結主知，其術彌工，其操彌下，郡邑守令，仰望風采，陟罰臧否，在其一言，商鞅之所必誅，韓非之所必斃，在此曹也。」為官員做幕客的師爺們道德低於衙門小吏。師爺們才能和社會聲望比衙役高，攀權富貴阿諛逢迎更甚。章太炎的價值觀是相當傳統的，德勝才為君子，才勝德為小人。師爺們才高於德，所以是道德低下的小人。章太炎將幕府師爺們分為三類，但是無論哪一類都是包攬訴訟以文亂法，對當權者揣摩心思曲意逢迎。

「職商者，非謂援例納捐，得一虛爵，謂其建設商會，自成團體。或有開礦築路通航製器，道隸於商部者。自滿洲政府貪求無度，厚獎市儈，得其

歡心，而商人亦自以爲最貴，所至阻撓吏治，掣曳政權。己有欺罔賍私之事，長吏訶問，則直達商部以解之；里巷細民，小與己忤，則使法吏以治之。財力相君，權傾督撫，官吏之貪污妄殺者不問，而得罪商人者必黜；氓庶之作奸犯科者無罰，而有害路礦者必誅。上無代議監督之益，下奪編戶齊民之利。或名紡紗織布而鑄私錢，或託華族寓居而儲鉛彈，斯乃所謂大盜不操戈矛者。若夫淫佚丞報，所在有之，則不足論也已。」章太炎所說的職商實際上是近代中國新興的民族資產階級。甲午戰後，清王朝允許西方列強對華投資辦廠。新式機器工廠所帶來的豐厚利潤刺激了中國的官僚和地主紛紛投資機器生產，這也就產生了所謂的職商。清末新政期間，爲了獎勵實業，資本家通過各種途徑獲得頂戴提高政治地位。章太炎認爲資產階級道德敗壞的原因是官商勾結結黨營私，投機倒把違法亂紀，是不拿武器的強盜。

「京朝官者，或出學究，或出藝士，或出通人，而皆離其素樸，胥徒幕友之所爲，率盡能之。然其位置最高，得自恣肆，列卿以下，或以氣節文章自託，韓愈之博弈飲酒，歐陽修之帷薄不修，又其素所效法者，以爲無傷大節也。閣部長官，多自此出，其氣益頹，欲以金錢娛老而已。若夫新增諸部，則其人兼與職商同行，又其下劣者也。」所謂京官也就是當時的中央領導，這些人都是知識分子出身，但是久居官場素樸品格喪盡。暮氣沉沉，因循守舊，以貪財爲娛樂。還有些京官勾結商人，則更加卑劣。

「方面官者，其行又不逮京朝官。府縣諸吏，虐民罔利，其失尚小；督撫監司，則無不以苞苴符券得之，或有交通強國以自引重，投命異族，貳心舊君，而督撫則兼有軍官資格。軍官者，其殺人不必如方面官之援律例也，軍法從事而已；其取利不必如方面官之受賄賂也，無事刻餉，有事劫掠而已。督撫爲壞法亂紀之府，提鎮爲逋逃盜賊之魁。」所謂方面官是指地方官員或職能部門的官員。府縣的官吏欺壓百姓搜刮錢財，還是小事。職能部門的長官都是花錢買來的，甚至還有人勾結列強擁權自重。督撫兼有兵權更是赤裸裸的亂殺強奪。

「自此以下，則僕役爾。差除官者，其浮競污辱，又甚於京朝方面。各省之局所，皆以候補道員蒞之，其人率督撫之外嬖也，同隊共起，吮癰舐痔者，是共天職然也，俄而主人更易，新外嬖來，而舊外嬖無所容納，則往往有劾罷者。昔者天子弄臣，蓋有所謂茸技狗官，今乃偏於藩鎮，士之無行，於斯極矣。」官員的僕役就是一群奴才，阿諛奉迎吮癰舐痔之徒。

「然其次猶有雇譯者，則復爲白人之外嬖，非獨依倚督撫而已。」道德最低等的是洋人雇傭的翻譯，章太炎也泛指洋人雇傭的走狗。這些人是洋人的奴才，比僕役更加不堪。

「故以此十六職業者，第次道德，則自藝士以下，率在道德之域；而通人以上，則多不道德者。九等人表，不足別其名；九品中正，不能盡其實。要之知識愈進，權位愈申，則離於道德也愈遠。今日與藝士、通人居，必不如與學究居之樂也；與學究居，必不如與農工、裨販、坐賈居之樂也；與丁壯有職業者居，必不如與兒童無職業者居之樂也。嗚呼！山林歟？皐壤歟？使我欣欣而樂歟？樂未畢也，哀又繼之，哀樂之來，吾不能御，其去弗能止，悲夫！」

章太炎認爲：農人、工人、裨販、坐賈、學究、藝士可以歸爲道德之列，而通人、行伍、胥徒、幕客、職商、京朝官、方面官、軍官、差除官、雇譯人則可歸於不道德之列。知識越多權位越高也就離道德越遠。而且道德不僅關乎社會而且直接與個人感受有關，道德越高生活中的快樂也就越多，道德越低也就會感受到更多的痛苦。我們可以對章太炎的道德標準做一個簡要的總結。如果將章太炎的文言文轉換成爲現代的語言範式，章太炎認爲具有道德的是農民工人小資產階級中下層以及中下層士大夫，士大夫上層民族資產階級官僚以及帝國主義的僕役則不具有道德。在章太炎的道德觀之中，道德的程度與勞動成正比，而與地位和知識成反比。通過對章太炎的這篇文章的分析可以看出，章太炎在繼承傳統反智主義的基礎上，達到了近代中國民粹主義的一個高峰。而且章太炎通過這篇文章所表現出來的民粹主義並不是以大同爲特徵的民粹社會主義而是具有了民粹主義民主的某些特徵。反官僚反精英，以下層的勞動民眾爲粹。總之，章太炎將農民推上道德的首位是近代中國聖愚崇拜形成的第一步，這體現了聖愚崇拜的本土思想資源。尤其值得主義的是章太炎的道德觀具有強烈的功利性，雖然道德排序越前就越具有勞動的特徵，但是他評價道德的根本標準實際上還是革命性。最能夠在推翻清王朝的鬥爭中堅決鬥爭的人才是最道德的。

辛亥革命時期，革命黨人雖然主要利用了墨子思想中一些有利於革命的成分，但是墨子的勞動思想也再次得到了知識界的關注。這些都爲民粹主義崇尚勞動的思想創造了前提。將重視勞動發展爲崇拜勞動的是李大釗和瞿秋白。

6.2 李大釗的民粹主義思想與聖愚崇拜

　　章太炎賦予不同職業不同的道德水準，繼而將農工勞動者列爲道德前列。章太炎的思想伴隨著辛亥革命時期對墨子的推崇得到了一定範圍的傳播，但是在辛亥革命失敗之後，這種思想對於新一代青年影響甚微。

　　眞正將農民推上道德聖壇並對後世產生重要影響的是李大釗。但是李大釗與章太炎的論證方式完全不同，李大釗賦予了特定生活方式以道德的內涵。前文已經指出，李大釗民粹主義思想發展的第二個階段是鄉村主義階段。鄉村主義是指對理想化或現實中的鄉村生活的依戀或讚頌，並賦予其特定價值而形成的一種思想體系。它主要體現爲一種心理或情緒上的反應。在李大釗的鄉村主義思想中，以鄉村生活爲特徵的簡樸的生活方式是道德的，而都市生活爲特徵的奢華的生活方式則是墮落的。李大釗通過對鄉村生活的推崇，確立了一種新倫理的起點。李大釗認爲都市是罪惡的根源，而鄉村是淨土；在李大釗看來城市是奢華墮落的黑暗的象徵，而鄉村是道德的高尚的光明的象徵，鄉村的生活被賦予了道德的含義。當然這種鄉村生活僅僅是一種理想化了的設想。這種反都市的鄉村主義爲民粹主義進行了心理和情緒上的鋪墊。李大釗的鄉村主義思想體現於《都市少年與新春旅行》《少年中國的少年運動》《青年與農村》等文章之中，而在《青年與農村》一文中集中體現了李大釗的鄉村主義思想。

　　在《都市少年與新春旅行》一文中，作者視都會爲罪惡的源泉而少年爲光明的源泉，李大釗以青年爲粹的思想表達了某些民粹主義的特徵。李大釗在文中表明了對於都市生活的厭倦以及對於鄉村生活的讚賞和嚮往。「都會爲罪惡之淵，少年爲光明之泉源。故少年而居都會易生厭倦之思。都會而有少年易播罪惡之習……」作者由反都市而提倡簡易的生活，而鄉村的生活簡樸的，所以也可以將李大釗所提倡的簡樸生活視爲對鄉村生活的提倡和憧憬。「今欲有以救之捨提倡簡易之生活皆無善途。……而後道義可守，節操可保，威武不能挫其氣，利祿不能動其心，處故能安其樸素，出亦不易其清廉，俯仰天地之間全無所於愧怍也。」「此種生活，即爲簡易之生活也。苟能變今日繁華之社會奢靡之風俗而直至儉易，則社會所生之罪惡，比不弱今日之多且重，然則簡易生活者，是罪惡社會之福音也。」綜合李大釗的思想分析，他認爲理想化的農村的生活是道德的樂土，是簡易生活的示範。李大釗將鄉村生活與道義節操清廉等諸多美德聯繫起來。李大釗提倡鄉村生活的目的是爲

了改造青年，通過鄉村生活的簡易生活使青年具有美德。此時李大釗所主張的主要是重視青年，以青年爲粹。在李大釗的鄉村主義思想中，青年而不是農民是其新倫理的核心。李大釗認爲改造青年的方式是發動青年走向農村的少年運動。李大釗對這種運動做了詳細的規劃，李大釗提出以運動的方式改造青年是中國思想史上的一個創造，這種思想後來在不同的歷史條件下得以實施。運動和改造這兩個關鍵詞是李大釗爲民粹主義中聖愚崇拜注入的全新的內容。

　　章太炎提出了一種全新的道德標準，將農民列爲道德典範是爲了鼓吹革命。而李大釗的出發點與章太炎有所不同，李大釗大致在新文化運動時期寫作了這些文章，其目的是教育啓蒙改造青年。在《少年中國的少年運動》一文中，李大釗進一步提出到農村去的主張。李大釗指出，「我們少年運動的第一步，就是要作兩種的文化運動：一個是精神改造的運動，一個是物質改造的運動。……我們要作這兩種文化運動，不該常常漂泊在這都市上，在工作社會以外作一種文化的游民應該投身到山林裏村落裏去，在那綠野煙雨中，一鋤一犁的作那些辛苦勞農的伴侶。吸煙休息的時間，田間籬下的場所，都有我們開發他們，慰安他們的機會。……我們應該學那閒暇的時候就來都市裏著書，農忙的時候就在田間工作的陶士泰先生，文化的空氣才能與山林裏村落裏的樹影炊煙聯成一氣，那些靜沉沉的老村落才能變成活潑潑的新村落。新村落的大聯合，就是我們的少年中國……總結幾句話，就是：我所希望的少年中國的少年運動，是物心兩面改造的運動，是靈肉一致改造的運動，是打破知識階級的運動，是加入勞工團體的運動，是以村落爲基礎建立小組織的運動，是以世界爲家庭擴充大聯合的運動……」以運動的方式教育改造青年可以看做是李大釗的一個創造。李大釗所倡導的少年運動是一場雙向的運動，鄉村改造青年，青年也改造鄉村，新青年和新農村是目標。此時李大釗的主張更多是一種文化和社會改造運動。章太炎的思想以及到這是爲止李大釗的思想可以看作是中國知識界受俄國民粹主義影響之前的思想狀態。

　　當李大釗的思想中引入了俄國民粹主義因素的時候，也同時帶來了濃厚的功利主義色彩。改造青年的目的從教育和改造社會直接轉換爲革命，改造青年的目的就是培養推翻舊社會的革命者。革命者的使命是將現代的新文明從根本上輸入中國，李大釗所說的新文明當然是蘇俄的模式。而且李大釗直接以俄國的民粹黨人作爲榜樣，號召中國的青年們走向農村實現輸入新文明

的歷史使命。在引入俄國民粹主義思想之後，李大釗開始使用了階級的概念，提出將作爲知識階級的青年與作爲勞動階級主體的農民相結合。這樣目的轉換實現後，李大釗的思想也就與章太炎開始有了相似之處，農民和鄉村直接被賦予了道德的內涵。農村的生活是道德的，是人的生活是光明的生活。一句話，知識青年到農村去，很有必要。

在《青年與農村》中李大釗指出，「要想把現代的新文明，從根底輸入到社會裏面，非把知識階級與勞工階級打成一氣不可。……在那陰霾障天的俄羅斯，居然有他們青年志士活動的新天地，那是什麼？就是俄羅斯的農村。我們中國今日的情況，雖然與當年的俄羅斯大不相同，可是我們青年應該到農村裏去，拿出當年俄羅斯青年在俄羅斯農村宣傳運動的精神，來作些開發農村的事，是萬不容緩的……我們中國是一個農國，大多數的勞工階級就是那些農民。……農村中很有青年活動的餘地，並且有青年活動的需要，卻不見有青年的蹤影。到底是都市誤了青年，還是青年自誤？到底是青年辜負了農村，還是農村辜負了青年？……都市上有許多罪惡，鄉村裏有許多幸福；都市的生活黑暗一方面多，鄉村的生活光明一方面多；都市上的生活幾乎是鬼的生活，鄉村中的活動全是人的活動。都市的空氣污濁，鄉村的空氣清潔。你們爲何不趕緊收拾行裝，結清旅債，還歸你們的鄉土？……青年呵！速向農村去吧！日出而作，日入而息，耕田而食，鑿井而飲。那些終年在田野工作的父老，都是你們的同心伴侶，那炊煙鋤影、雞犬相聞的境界，才是你們安身立命的地方呵！」

李大釗的民粹主義思想發展的第三個階段是尊勞主義的階段。尊勞主義是李大釗所使用的一個詞彙，體現了李大釗對於勞動的肯定和尊崇。在尊勞主義之中，勞動並不僅僅是值得尊重的道德，而且成爲了改造社會的手段。勞動能夠解除人的痛苦，能夠實現人生的目的。勞動改造的思想已經漸顯雛形。在《現代青年活動的方向》一文中李大釗寫道「免苦的好法子，就是勞動。……這叫作尊勞主義。這樣講來，社會上的人，若都本著這尊勞主義去達他們人生的目的，世間不就靡有什麼苦痛了嗎？」鄉村主義更多地是一種心理一種情緒，而勞動主義已經是一種比較完整的政治社會主張，並具有更加明確的民粹主義特色。李大釗認爲勞動是美德的來源，他所主張的工讀主義同樣體現了對於勞動的尊崇。勞動體現美德，尊勞主義與鄉村主義是一脈相承的。李大釗提出以工農尤其是以農民爲粹想法的同時，提出了走向鄉間

的號召。

因爲李大釗的民粹主義思想直接受到托爾斯泰的影響，而托爾斯泰的思想中帶有濃厚的宗教色彩，這些在李大釗的思想中都得到了一定程度的體現。李大釗要引導青年改造農村繼而改造社會，這種歷史責任的承擔者是青年。李大釗在托爾斯泰的影響下將這種歷史責任道德化，他主張改造社會的前提是青年的自我改造，而自我改造的前提是青年以及知識分子的反思懺悔。爲什麼要懺悔，因爲青年以及知識分子有著罪惡的本體和墮落的生活。於是知識分子也就具有了一種原罪，這也正是民粹主義的邏輯起點。在《懺悔的人》這篇文章中，李大釗對於懺悔的人是崇敬的。但懺悔什麼，懺悔罪惡。本文沒有回答。但從其後的《低級勞動者》、《光明與黑暗》兩篇文章中可以看出，這種愧疚是對脫離勞動的愧疚。基於對於這種愧疚的反思，李大釗提出了現代青年活動的方向，爲中國現代的青年指明了光明的前途。在《懺悔的人》一文中李大釗指出，「最可敬的是懺悔的人，因爲他是從罪惡裏逃出來的，所以他對於罪惡的本體和自己墮落的生活，都有一層深嚴而且透徹的認識。以後任是罪惡怎樣來誘惑他，他絕不會再上當了。我們對於懺悔的人，十分尊敬。我們覺得懺悔的文字，十分沉痛、嚴肅，有光華，有聲響，實在是一種神聖的人生福音。」李大釗認爲承認知識分子原罪並能夠懺悔的人，是走向道德的起點。

知識分子具有原罪，是不道德的。那麼道德屬於誰呢？當然屬於勞動者。在《低級勞動者》一文中李大釗指出，「凡是勞作的人，都是高尚的，都是神聖的，都比你們這些吃人血不作人事的紳士、賢人、政客們強得多。」在《光明與黑暗》一文中李大釗指出，「聽說北京有位美術家，每日早晨，登城眺望，到了晌午以後，就閉戶不出了。人問他什麼緣故，他說早晨看見的，不是擔菜進城的勞動者，便是攜書入校的小學生。就是那推糞的工人，也有一種清白的趣味，可以掩住那糞溺的污穢。因爲他們的活動，都是人的活動。他們的生活，都是人的生活。他們大概都是生產者，都能靠著工作發揮人生之美。到了午間，那些不生產只消費的惡魔們，強盜們，一個個都出現了。你駕著嗚嗚的汽車，他帶著凶起起的侍衛，就把人世界變成鬼世界了。這也是光明與黑暗兩界的區分。」勞動者是道德的，是高尚的；而不生產只是消費的人則是惡魔是強盜。勞動成爲道德與否的唯一標準。

勞動創造了一切，是解除一切痛苦的靈丹妙藥，是實現人生價值的唯一

途徑。李大釗的這段話簡直就像是一位牧師面對虔誠青年的布道詞。對勞動的推崇成爲了一種宗教式的信仰——勞動教，而勞動教聖壇上的偶像也清晰可見。那是一位保守勞作之苦的淳樸農民。在《現代青年活動的方向》一文中李大釗指明了現代青年的活動的方向：「新世紀的曙光現了！新世紀的晨鐘響了！我們有熱情的青年呵！快快起來！努力去做人的活動！……人生求樂的方法，最好莫過於尊重勞動。一切樂境，都可由勞動得來，一切苦境，都可由勞動解脫。勞動的人，自然沒有苦境跟著他。……勞動爲一切物質的富源，一切物品，都是勞動的結果。……至於精神的方面，一切苦惱，也可以拿勞動去排除他，解脫他。……青年呵！你們要曉得勞動的人，實在不知道苦是什麼東西。……社會上的人，若都本著這尊勞主義去達他們人生的目的，世間不就靡有什麼苦痛了嗎？……只要你的光明永不滅絕，世間的黑暗，終有滅絕的一天。」在此階段李大釗從對於勞動的推崇最終發展爲對勞動階級的推崇。當一種觀念發展到宗教層面的時候，它也幾乎就發展到了喪失理性的程度。李大釗已經完成了將農民推上道德聖壇的一切前期準備工作。幾千年來被鄙視被視爲愚人的農民顛覆性地被視爲聖人，那只能是聖愚。

　　近代中國語境中的聖愚，不是俄國傳統文化中的聖愚。李大釗的民粹主義思想直接受到托爾斯泰的影響，而聖愚也是托爾斯泰筆下所描繪的典型人物。在中篇小說《童年》中，聖愚格里沙以一身又像農民又像神甫的打扮出現在普通人家中。在夜間他是一個標準的修士和神聖的祈禱者；白天則恢復了聖愚的面目，粗魯、囂張而且能夠對世間的事情進行預測。他的父親和母親對他持有截然相反的觀點，西化的父親認爲他就是個瘋子，而宗教性、民族性深厚的母親則把他尊爲聖人先知。可見，托爾斯泰眼中的聖愚是一位農民和一位宗教聖人的結合體，很顯然這並不是李大釗眼中勞動聖人的形象。

6.3 聖愚崇拜的倫理化

　　將歷朝歷代被視爲愚民的勞動者推上道德的聖壇在新文化運動期間成爲了一種思潮，繼而形成了一種全新的倫理觀。這種新倫理在魯迅的小說《一件小事》之中以文學的方式進行了描述。魯迅的這篇小說發表於 1919 年 12 月，與李大釗的上述作品同屬新文化運動時期。小說並不長，可以通過對全文的分析對勞動聖人的形成有比較感性的理解。

「我從鄉下跑進城裏，一轉眼已經六年了。其間耳聞目睹的所謂國家大事，算起來也很不少；但在我心裏，都不留什麼痕跡，倘要我尋出這些事的影響來說，便只是增長了我的壞脾氣——老實說，便是教我一天比一天的看不起人。

但有一件小事，卻於我有意義，將我從壞脾氣裏拖開，使我至今忘記不得。

這是民國六年的冬天，北風刮得正猛，我因為生計關係，不得不一早在路上走。一路幾乎遇不見人，好不容易才雇定了一輛人力車，叫他拉到 S 門去。不一會，北風小了，路上浮塵早已刮淨，剩下一條潔白的大道來，車夫也跑得更快。剛近 S 門，忽而車把上帶著一個人，慢慢地倒了。

跌倒的是一個老女人，花白頭髮，衣服都很破爛。伊從馬路邊上突然向車前橫截過來；車夫已經讓開道，但伊的破棉背心沒有上扣，微風吹著，向外展開，所以終於兜著車把。幸而車夫早有點停步，否則伊定要栽一個大斤斗，跌到頭破血出了。

伊伏在地上；車夫便也立住腳。我料定這老女人並沒有傷，又沒有別人看見，便很怪他多事，要是自己惹出是非，也誤了我的路。

我便對他說，「沒有什麼的。走你的罷！」

車夫毫不理會，——或者並沒有聽到，——卻放下車子，扶那老女人慢慢起來，攙著臂膊立定，問伊說：

「您怎麼啦？」

「我摔壞了。」

我想，我眼見你慢慢倒地，怎麼會摔壞呢，裝腔作勢罷了，這真可憎惡。車夫多事，也正是自討苦吃，現在你自己想法去。

車夫聽了這老女人的話，卻毫不躊躇，攙著伊的臂膊，便一步一步的向前走。我有些詫異，忙看前面，是一所巡警分駐所，大風之後，外面也不見人。這車夫扶著那老女人，便正是向那大門走去。

我這時突然感到一種異樣的感覺，威壓，甚而至於要榨出皮袍下面藏著的「小」來。

我的活力這時大約有些凝滯了，坐著沒有動，直到看見分駐所裏走出一個巡警，才下了車。

巡警走近我說：「你自己雇車罷，他不能拉你了。」

　　我沒有思索的從外套袋裏抓出一大把銅元，交給巡警，說：「請你給他⋯⋯」

　　風全住了，路上還很靜。我一路走著，幾乎怕敢想到我自己。以前的事姑且擱起，這一大把銅元又是什麼意思，獎他麼？我還能裁判車夫麼？我不能回答自己。

　　這事到了現在，還是時時記起。我因此也時時煞了苦痛，努力的要想到我自己。幾年來的文治武力，在我早如幼小時候所讀過的「子曰詩云」一般，背不上半句了。獨有這一件小事，卻總是浮在我眼前，有時反更分明，教我慚愧，催我自新，並增長我的勇氣和希望。

　　一九二〇年七月。

　　小說最初發表於一九一九年十二月一日北京《晨報・週年紀念增刊》。在魯迅的小說《一件小事》之中，有兩個最主要的人物，我和人力車夫。我是一個自恃清高一天比一天看不起人的知識分子代表，而車夫當然是我歷來看不起的只知道低頭拉車的愚民。而通過清晨發生的這件小事，在車夫所表現出的道德面前，「我這時突然感到一種異樣的感覺，威壓，甚而至於要榨出皮袍下面藏著的小來。」車夫道德的力量「教我慚愧，催我自新，並增長我的勇氣和希望。」《一件小事》之中表達了這樣一種思想：勞動者是道德的聖人和標尺，知識分子是渺小的是應該接受改造的對象。而魯迅認為改造自身的途徑是慚愧自信，也就是李大釗所說的懺悔。魯迅在小說中所體現的思想可以認為是新文化運動期間進步知識分子的普遍傾向。

　　新文化運動期間，聖愚崇拜是一種普遍的倫理觀。新文化運動時期激進的知識青年撰文指出：「念書人是什麼東西，還不是『四體不勤，五穀不分』，無用而又不安生的一種社會的蠹民嗎？」「號稱是受了高等教育的人，但是請問回到家裏扛得起鋤，拿得起斧子、鑿子，擎得起算盤的有幾個人？」〔註1〕「世界上是些什麼人最有用最貴重呢？」「不是皇帝不是做官的讀書的，而是「只有做工的人最有用最貴重」。我們吃的糧食、穿的衣服、住的房屋、坐的車船等等，都是種田的或做工的人生產的。」「中國古人說：勞心者治人，勞力者治於人。現在我們要將這句話倒轉過來說：勞力者治人，勞心者治於人。」〔註2〕這些

〔註1〕彭明主編：《近代中國的思想歷程（1840～1949）》，中國人民大學出版社，1999年，第512頁。
〔註2〕《獨秀文存》，安徽人民出版社，1987年，第300、301頁。

聖愚崇拜的言論與俄國的民粹主義者有異曲同工之妙:「通常是鞋匠革命,爲的是好當大老爺;但在我們這裡,卻是大老爺想要充當鞋匠。」〔註3〕

但是魯迅對於勞動者神聖的倫理觀是動搖的甚至是懷疑的,《一件小事》中的車夫和《阿Q正傳》中的阿Q的形象是矛盾的衝突的。《阿Q正傳》寫於一九二一年十二月至一九二二年二月間,最初分章發表於北京《晨報副刊》,後收入小說集《吶喊》。《阿Q正傳》以辛亥革命前後的未莊爲背景,以主人公阿Q的活動爲線索,作者,從中國的現實社會出發,以農民的實際生活爲基礎,概括出阿Q的典型性格。阿Q生活的年代是辛亥革命時期,活動區域是閉塞落後的江南農村。阿Q這個形象具有十分深刻的典型意義。阿Q是辛亥革命時期江南農民的典型代表,他的境遇是舊中國勞動人民的奴隸生活的深刻寫照,也是中國近代民族被壓迫歷史的縮影。很顯然,阿Q的形象不具有任何道德可言,他是一個集愚貧弱私於一身,可憐又可悲的最下層農民或者說農村流氓無產者的典型代表。《一件小事》中的車夫和阿Q是當時知識界對於下層勞動群眾認識的兩極化的代表,魯迅對勞動人民的道德崇拜可謂是有始而無終。對勞動群眾的道德崇拜始於主觀感情,而破碎於社會現實。近代中國的聖愚崇拜恰恰體現了近代知識分子對社會現實的脫離。聖和愚本是道德的兩極,在現實生活中不能在一個人的身上同時體現,所謂聖愚就其本質來講只能是外愚而內聖,其本質仍然是聖。聖愚是一種理想的人格化身。

6.4 近代中國聖愚崇拜的形成

雖然李大釗在接受俄國民粹主義影響的時候表現出某些宗教化的特徵,但是近代中國的國情決定了最典型的農民不可能具有濃厚的宗教色彩。近代中國民粹主義之中的聖愚崇拜並不是俄國的舶來品,而是中國本土化的產物。從李大釗對托爾斯泰的譯介中可以看出,托爾斯泰在那些方面影響了李大釗,進而可以分析出中國的民粹主義思想中那些是舶來的,哪些是本土生成的。

中國近代的民粹主義思想直接受到了俄國的影響,而影響最大的莫過於托爾斯泰。托爾斯泰的民粹主義思想對李大釗的民粹主義思想同樣產生了重

〔註3〕〔法〕亨利‧特羅亞著,迎暉等譯:《神秘沙皇——亞歷山大一世》,世界知識出版社,1984年,第327頁。

要的影響，並構成了其民粹主義思想的重要來源。在托爾斯泰的民粹主義思想中當然有俄國聖愚崇拜的影響，但是並沒有對李大釗產生直接的影響。李大釗並不懂俄語，他是通過日本文獻瞭解托爾斯泰的思想。而日本學者在譯介托爾斯泰的時候，當然根據自身的需要進行了取捨。李大釗借鑒托爾斯泰的思想是以日本作家中里介山也就是中里彌之助爲媒介的，中里彌之助對於托爾斯泰思想譯介過程中的取捨直接影響了李大釗對托爾斯泰的理解。中里彌之助是日本的作家，他最初接受的是托爾斯泰的基督教思想和俄國的社會主義思想，後來又受到佛教思想的影響。中里彌之助因爲崇拜當時的思想家松村介石，所以更名爲介山。彌之助曾與幸德秋水交往，幸德秋水被處死後，他開始寫作《大菩薩嶺》。中里彌之助作爲開明的知識分子以基督教社會主義爲起點經歷了複雜的演變，他的作品表現了那個時代知識分子深層的內省。

李大釗對托爾斯泰的思想在相當程度上持肯定的態度。李大釗將中里彌之助的《托翁言行錄》摘譯爲《托爾斯泰主義之綱領》。在文章中李大釗表達了對於托爾斯泰思想的肯定和贊同。在文章開頭有一段按語，「日人中里彌之助氏若《托翁言行錄》，復綜托翁學說結晶而成斯篇，讀之當能會得托翁之精神。爰急譯之，以餉當世。」此文爲李大釗所譯，「急譯之」的「急」表明了他翻譯此文的迫切心情。因爲是摘譯又是急譯之，可以理解爲他選譯了其中他認爲最具有代表性的同時又是他最爲贊同的內容。

在文章的第一部分李大釗譯道，「（一）噫！虛僞之文明。今之文明，虛僞之文明也。爲少數階級之淫樂與虛榮，幾千萬多數之下層階級窮且餓矣。人間之情理，以殺人爲天下莫大之罪惡。然今之國家，強人以殺人，而嚴罰其不從者。科學日益進步，而應用此進步之科學者之手，惡魔之手也。稱之爲文明，實則文明者，一部少數之文明也；多數且餓死矣，且見殺矣。是非虛僞之文明軟？是非可怖之文明坎？」

《托翁言行錄》是中里彌之助的譯作，而李大釗又從中做了節選。李大釗的譯文並不能直接看做是李大釗的思想，但是可以看做是李大釗認爲最具有代表性的，從這些譯文可以直接看到托爾斯泰對李大釗的影響。托爾斯泰認爲現代文明是虛僞的文明，是少數人壓迫剝削多數人的文明，是罪惡的文明，是強者屠殺弱者的文明。科學本無善惡可而言，但是掌握科學的人是惡魔。托爾斯泰從根本上否定了文明與科學的進步。這句話與盧梭的成名觀點「科學與藝術的復興無益於風俗敦化」何其相似！這種反現代文明的思想雖

然引自於托爾斯泰,但也表達了李大釗對這種思想的肯定。從這種反現代文明的思想中也明顯地體現了盧梭的思想。可以看到盧梭對於俄國民粹主義思想的影響。這也是盧梭間接影響中國近代民粹主義思想的一個例證。認同多數人不能從中受益的文明皆僞文明,這也體現了盧梭,托爾斯泰,李大釗在這方面的思想共性。托爾斯泰的前提是重要的,徹底否定了近代科學和文明的進步,當然也就否定了王侯將相社會精英以及知識分子的歷史作用,而且這些人從文明和科學的角度而言,都是罪惡的。他們所創造的社會進步是恐怖的反動的,這也就奠定了民粹主義的思想前提。因爲科學和文明的罪惡,作爲科學和文明的創造者和參與者,知識分子也就與生俱來地有了原罪。既然有了原罪,當然要通過救贖來解脫原罪,於是就有了革命即懺悔的思想。

在文章的第二部分,李大釗肯定了托爾斯泰的革命即悔改的思想。「(二)革命之眞意義。人生眞實也,不堪虛僞。今之文明虛僞也,則革命必不得不至。革命云者,何也?革命者,人類共同之思想感情,遇眞正覺醒之時機,而一念興起,欲去舊惡就新善之心的變化,發現於外部之謂也。然悔改一語外,斷無可表示革命意義之語。」僞文明是革命的根本原因。李大釗將革命歸結爲人生問題。革命即去除僞文明,革命即悔改,革命即去惡從善。所以從這個角度上講,知識分子對廣大勞動人民的悔改也是一場革命,而且是一場人生的革命。這表明了李大釗思想中所表現出來的對於廣大勞動人民的懺悔和悔改的思想是與托爾斯泰有關的。這種思想在《青年與農村》等文章之中皆有所體現。文明和科學是罪惡的,知識分子與生俱來地帶有原罪,而贖罪的途徑是悔改。托爾斯泰將革命最終歸結爲了道德的革命。那麼,向誰贖罪呢?當然是那些被文明和科學所壓迫的底層人民。這種觀點當然具有濃厚的宗教色彩。自古以來受人頂禮膜拜的聖壇上端坐的都是創造了科學和文明的人們,但是托爾斯泰將聖壇掀翻將這些從未被人質疑過的所謂聖賢以道德的魔杖擊得粉碎。傳統的道德觀被顛覆之後,一種全新的道德觀也就迫在眉睫。托爾斯泰的思想之中還是能夠隱約看出俄國文化中聖愚傳統的影響,聖愚並不是王侯將相知識精英,而是普通的辛勤勞動的農民,就是托爾斯泰在文學作品之中所描繪的形象。聖愚正是將高尚的道德與勞動結合起來的典型。

文明是罪惡的,知識是罪惡的,創造文明掌握知識的人又一個共同的特點,那就是他們都不是勞動者。知識分子作爲文明和知識的創造是與生俱來地具有原罪,要消除原罪而改惡崇善,則必須悔改。世間的一切都是罪惡的,

時勢是罪惡的時勢，國家是罪惡的國家，人當然也是罪惡的人。悔改是為了向善，而善則是人間本然的理性和良心的權威。但僅僅這樣表述，善的內涵仍然是模糊的。人間本然的理性，很容易讓中國人聯想到天理；而良心的權威，很容易讓人聯想到陽明心學。為了避免這種疑惑，托爾斯泰直接切入主題，明確指出：勞動就是最大最初的善，就是人間本然的理性和良心的權威。李大釗崇尚勞動的思想直接來源於托爾斯泰，托爾斯泰將勞動視為善的本源。這種推斷在托爾斯泰看來是不證自明的，可以等同於公理。托爾斯泰的勞動公理用一句話來表達就是：勞動即人生。人生的意義在於勞動，勞動是人生最大的義務。

悔改即革命，而勞動是悔改的重要途徑。在文章的其餘幾部分著重闡述了泛勞動主義的思想。「（三）悔改軟？個人欲進於道，其先不可越之門，悔改是也。無悔改而欲入於道，未可以想像也。時勢亦然，國家亦然。時勢，罪惡之時勢也；國家，罪惡之國家也。人分其悔改軟？國分其悔改駄？其悔改而就善。（四）所謂善者何也？人間本然之理性與良心之權威是也。（五）勞動者善也如之何可為善乎？所謂最大之善，何也？勞動者最大最初之善也。無勞動則無人生。不解其何為者，可先熟慮反省此一語。我等所以得有煩悶思考者，非以我等有生活故耶？為供我等煩悶思考之時間，非有何人代我等勞動之賜耶？ 無勞動則不能生活，即離勞動無人生。於是知勞動為人生之最大義務，從而為最大善也。當先盡人生之義務，而後人生之意義始解。離乎勞動之安心也，悟道也，其於根底虛偽耳，姑息耳，誤謬耳！」以此思想邏輯推斷，革命即悔改，通過悔改才能夠過道德的生活，即入於道。而悔改即去惡就善，而善即人間本然之理性與良心之權威。勞動最大最初之善也，無勞動即無人生，勞動是悔改即去惡就善的途徑，勞動為悟道安心之根本。這體現了托爾斯泰的泛勞動主義的思想，同時也具有濃厚的民粹主義特色。

托爾斯泰將勞動看作是善的本源，而勞動必須是體力勞動，知識分子所從事的腦力勞動不是真正意義上的勞動。作為善的勞動是沒有痛苦的，真正意義上的善的勞動是快樂的，而勞動的痛苦是異化所導致的剝削造成的。導致勞動痛苦的根源是罪惡的國家制度。而要從根本上消除勞動的痛苦，實現人生的價值，就必須建立勞動的道德理想國。

托爾斯泰提倡泛勞動主義是為了建立勞動的理想國。「（六）勞動之定義。勞動云者，生產人生必須之衣食住之『四體之勤』之謂也。」從此定義可以

看出，托爾斯泰所提倡的勞動主要是指體力勞動。「（七）勞動之感苦理由勞動爲毫弗痛苦者，且一如不勞動之無痛苦也。今勞動者痛苦之原因，蓋於他有掠奪彼等之勞動者故也。易言之，即彼等背後有奸惡之國家制度故也。」勞動是一種至善，是一種快樂，而造成勞動痛苦的根源是奸惡的國家制度，而建立理想的勞動的理想國的關鍵是廢除奸惡的國家制度。這與無政府主義思想又形成了邏輯上的關聯。提倡勞動主義是爲了建立勞動主義的理想國。「（八）理想之勞動國。卑各人悉爲勞動乎？人類將以半日之勞動，易得衣食住。而將以其餘半日，得消遣於靈性之慰安與向上。勞動能健康人類之心身，使疾病絕迹於社會。」綜上所述，李大釗表達了對於托爾斯泰泛勞動主義思想的贊同，同時也表明了托爾斯泰對於李大釗思想的影響。李大釗支持工讀運動，上述思想的影響也是重要的原因。

上述文章是李大釗所摘譯的托爾斯泰的思想，並不能完全表達其本人的思想。通過對李大釗所寫的《介紹哲人托爾斯泰》一文之中對托爾斯泰的評價可以清楚地分析出托爾斯泰影響李大釗的因素。在李大釗稍後發表的幾篇文章中，他再次肯定了托爾斯泰悔改即革命的思想。在《介紹哲人托爾斯泰》一文中，李大釗寫道，「托爾斯泰者，近代之偉人也，舉世傾仰之理想、人物也。彼生於專制國中，以熱烈之赤誠，倡導博愛主義，傳佈愛之福音於天下，扶弱摧強，知勞動之所以爲神聖。身爲貴族，而甘於菲食敝衣，與農民爲伍，自揮額上之汗，以從事勞作，此其德行之美爲何如耶？」李大釗認爲托爾斯泰是一位勞動聖人，托爾斯泰之所以是近代之爲人是因爲他親身實踐了勞動。

李大釗以對托爾斯泰的倫理思想進行了闡發，這也就奠定了他所理解的托爾斯泰勞動倫理的基礎。李大釗引用托爾斯泰的觀點，從人性談起，李大釗認爲這是托爾斯泰勞動倫理觀的邏輯起點。人性由靈性和獸性組合而成。這種勞動倫理從邏輯起點上就是善惡兩分的，非善即惡。而是鬥爭的關係，而且這種鬥爭直接關係到人性的善惡，所以是根本性的不容任何妥協的鬥爭。靈性服從獸性，人則陷於罪惡憂悶，如沉入墳墓；獸性服從靈性，則增進他人幸福安寧，享受美麗心靈的生活。靈性的最終表現是博愛，人應該有舍生而取博愛的覺悟。「氏之言曰：人之性質，本由靈性與獸性相合而成，然皆爲獸性所蔽，故靈性失其光明，徒求滿其物欲。人之往往自蹈於可怖之罪惡中、憂悶中，而沈於暗慘之墳墓者，以此矣。人若了悟，當棄可卑之物欲，使獸性服從靈性，離自己之利害，增進他人之安寧幸福，人始得入於靈界，

享永遠美麗之心靈的生活。夫人之眞相爲無限發現之愛，愛者實崇高無對之理，體既通於神明，先天內容之動機，天眞自然之情也。即一切道德之淵源，自他融合之，胸中之光明也。沮礙此愛發現之物及物欲之滿足，皆爲罪惡博愛之犧牲者，即死於肉而生於靈者。故人當有不憚爲博愛而死之覺悟也。」經李大釗所闡述的托爾斯泰的思想頗有些陽明心學的意味。勞動即至善，靈性之所在。而勞動這個至善靈性，被獸性所遮蔽，經過悔改，將獸性去掉，就可以回覆至善的靈性，而建成至善的理想國。而這種悔改，就是勞動。李大釗在《青年與農村》之中所體現出來的正是這種思想。

　　《介紹哲人托爾斯泰》是李大釗對托爾斯泰思想的概括總結，而《罪惡與懺悔》一文中李大釗則表達了自己的思想，通過這篇文章可以更加清楚地看到托爾斯泰對李大釗的影響。李大釗明確地將托爾斯泰的思想總結爲革命即懺悔，並將近代中國苦難的原因歸結爲道德淪喪而懺悔之義未盡。不思懺悔不是一兩個人的事，而是整個社會的共同現象。別爾嘉耶夫將托爾斯泰的民粹主義思想概括爲宗教民粹主義。托爾斯泰將革命理解爲懺悔，這符合其宗教民粹主義的特徵。李大釗在不止一處對托爾斯泰革命即懺悔的思想加以肯定。在《罪惡與懺悔》一文中，李大釗寫道「俄國大哲托爾斯泰詮釋革命之意義，謂惟有懺悔一語足以當之。今吾國歷更革命已經三度，而於懺悔之義猶未盡喻。似此造劫之人心，尙未知何日始能脫幽暗而向光明。瞻念前途，浩劫未已。廉恥掃地，滋可痛矣！夫以一二人之罹於罪惡，吾人爲其個人已不勝悼惜；而其個人之罪惡，同時又爲吾人所與共處之社會現象，故其罪惡同時亦爲社會之罪惡。」

　　李大釗認爲近代中國社會充滿罪惡，社會中的每個人都應該深刻懺悔，整個社會都應該深刻反省。李大釗總結了社會罪惡的主要原因。「斯則懺悔之責，固不僅爲躬犯罪惡之人所獨任，即呈布此罪惡之社會中之各個分子，亦當因之以痛加省察，深爲懺悔。須知一個罪惡之構成，因果複雜，決非當事者之一人所能致。在個人固不可以此自脫，在吾人對於其個人亦不宜以此恕之。而在社會本身，則當以此自責；在吾人對於此社會，亦當爲沉痛之警告也。吾人試尋政治上、社會上之腐敗，足與個人以易墮落於罪惡之暗示模仿者，其端甚多，不逞枚舉，茲特擇其要者言之。」對罪惡原因的分析，從另一個角度而言，也是對社會各個階級的道德評判。這是最終將勞動者推上聖壇的事實依據。李大釗的論證方式並不是從事實出發，尋找論據最終形成觀

點，而是接受託爾斯泰的觀點加以改造並通過社會事實加以闡明。

掌握國家權力的官僚搜刮民脂民膏不擇手段，將國家視爲一己之私。官僚無官不貪，所搜刮的錢財與地位成正比。上行下效，社會墮落。李大釗以實例說明官僚是社會上道德最爲墮落者。「勢位之足以保障罪惡也。今之膺顯職握實權者，莫不以斂錢爲事。鴉片可買也，公帑可盜也，民脂民膏可以任意剝敲也。凡夫坐擁重兵、列職疆吏者，對於其治下之財政，直視爲一人之私，囊括席卷，莫可誰何！以致舉國空虛，官僚厚富，其所剝民蠹囚而得之財貨，與其所居位置之級、所握權勢之分，成一正比例。上行下效，全國風從，而大盜民賊，盈天下矣。」

法律權威喪失也是社會墮落罪惡橫行的重要原因。中國數千年專制統治，人民缺乏法治精神，加之袁世凱當國法紀淪喪。所以百姓缺乏對於法律的敬畏之心，敢於亂法。「法律失其權威也。中國承專制之餘，本於法治之精神多所外背。又以袁氏當國數年，蔑棄法紀，縱容奸宄。但爲一姓之鷹犬，雖犯盜國殃民之罪，而亦爲所優容，甚且在賞獎之列焉！法律不敢過問，即問之而亦無效。今袁氏雖殞，一般人民心理，對於法律之信畏，終不甚厚。一旦爲罪惡所誘惑，遂忘卻法律之權威，而悍然不顧以行之。」

奢侈之風也是道德淪喪社會罪惡的重要原因。尤其是書生得志驕奢無度，中飽私囊賣官鬻爵，無所不爲。社會奢侈並不是得志的讀書人所獨有的，但李大釗偏偏強調知識分子的墮落，實際上是對知識分子所做的道德評價。「奢侈之風盛行也。書生得志，一躍而置身榮顯，輒如乞兒暴富，極欲窮奢。於是衣必金紫，食必甘旨，居必廣宇，行必汽車，內以驕誇於妻妾，外以酬應乎親朋，每月俸資有限，烏能供爾許之揮霍？造其虧累日多，無以彌償，而受賄中飽、鬻爵賣官欲之事，乃以迭見層出矣。推其原因，個人浪費，固爲自取之咎，而社會風俗之奢靡，亦殊有及於個人之影響焉。」

引發社會罪惡的人，是道德最爲低下的人，當然也是最應該懺悔的人。非常值得注意的是，託爾斯泰的思想中有著濃厚的宗教色彩，傳統文化中聖愚崇拜的思想暗含其中。而李大釗在引進這些思想的時候，將其進行了中國化的改造，既帶有陽明心學的色彩也帶有明顯的佛教的色彩。「吾人今爲此言，非以委過於社會，而以輕個人之責也。蓋冀社會中之各個大人，對此罪惡之事實，皆當反躬自課，引以爲戒。庶幾積小己之懺悔而爲大群之懺悔，而造成善良清潔之社會力，以貫注於一群之精神，使人人不得不棄舊惡，就

新善，滌穢暗復光明。此即儒家日新之德，耶教復活之義，佛門懺悔之功矣！」最後一段表明了李大釗受到了托爾斯泰革命即懺悔的影響。李大釗在《青年與農村》等文章中所表達出來的對勞動人民的懺悔之情，在相當程度上可以溯源至此。而對於廣大勞動人民的崇拜和懺悔構成了民粹主義的重要特徵。通過分析可以看出，托爾斯泰的思想對於李大釗民粹主義思想的形成和發展起到了重要的影響。在《日本之托爾斯泰熱》一文中，李大釗還通過托爾斯泰思想在日本的熱和在中國的冷兩種不同境況的對比，認爲托爾斯泰的思想應大力宣傳。這也表明了李大釗對於托爾斯泰思想的認可。此時的李大釗還不是一個馬克思主義者，他的思想正處於劇烈轉換的過程中。在向馬克思主義者轉化的過程中，因爲受到中國國情以及傳統文化的影響，李大釗的思想中當然也存在著諸多局限。對勞動片面的理解和偏執的崇拜，就是其一。

李大釗從主張以青年爲粹到主張以農民爲粹，體現了其民粹主義思想發展的脈絡。李大釗所指的農民是指作爲整體的理想化的農民。他們是道德的來源，因爲其身上體現了勞動的特性，勞動是道德的來源。在此時李大釗已經體現出了比較明顯的民粹主義的特徵。雖然此期李大釗的民粹主義還主要並不是作爲政治思想而存在，但已經具有了豐富的政治內涵。瞿秋白對於李大釗的民粹主義思想進行了繼承和發展，中國近現代的民粹主義最終形成了比較完整的思想體系，聖愚崇拜也基本形成。

6.5 瞿秋白的民粹主義思想與聖愚崇拜的發展

民粹主義對於中國近代的思想產生了極其廣泛而深遠的影響。許多黨的早期領導人也不同程度地受到民粹主義的影響。在五四時期民粹主義的代表人物爲李大釗和瞿秋白。到目前爲止，並沒有明顯證據證明李大釗和瞿秋白二人之間在民粹主義方面直接的影響。李大釗和瞿秋白的民粹主義思想源頭相近各自發展各有側重。李大釗的民粹主義思想主要存在於五四之前，從事馬克思主義宣傳與實踐之後，李大釗的著述之中鮮見與民粹主義有關的論述。而瞿秋白的民粹主義思想主要存在於五四運動之後直到大革命失敗之間。二者的側重點也有所不同，李大釗的重點是尊勞，而瞿秋白的重點是反智。將尊勞和反智結合在一起就是近代中國特色聖愚崇拜的基本特徵。李大釗的思想比較全面地體現了民粹主義的特徵。學術界對於李大釗的民粹主

思想基本達成共識，並產生了相當規模的研究成果，而瞿秋白的民粹主義思想尚未得到學術界的充分重視。在中國近代尤其是五四時期，瞿秋白同樣表現出了十分典型的民粹主義思想。瞿秋白的民粹主義思想直接影響到知識分子在革命進程中的定位，並對於中國革命早期的左傾機會主義錯誤產生了直接的影響。

李大釗在一系列文章中同樣體現出反智主義的特徵。因為反智主義是李大釗所稱的尊勞主義的基本前提，因為知識分子所謂的智慧和勞動人民尤其是農民的所謂愚昧是截然對立的。知識分子的智慧所反襯的是農民的愚昧，而農民的愚昧也反襯這知識分子的智慧。只有貶低知識分子的智慧，才能給農民翻身。但是農民缺乏知識是一個客觀的事實，即使將知識分子貶低得一文不值也不可能使農民擺脫愚昧立即掌握知識。所以李大釗揚長避短，從人性和道德入手進行論述。農民的尊貴並不是和知識分子一樣掌握所謂的知識，而是他們具有極高的道德，高尚道德的唯一標準是勞動。李大釗重點強調了勞動成聖，而對反智主義缺乏系統的論述。這與李大釗民粹主義的思想來源有著密切的關係，雖然李大釗和瞿秋白都受到托爾斯泰的影響。但是李大釗是通過日本轉譯的文獻，而日本學者翻譯托爾斯泰思想的時候有所選擇，這就導致李大釗並不能系統地瞭解托爾斯泰的思想，而更多地是截取其中需要的成分進行加工和再創造。而瞿秋白的俄語水平很高，又長期在俄國工作，能夠直接地對俄國的民粹主義思想進行研究借鑒。所以瞿秋白對民粹主義的論述準確而全面，帶有濃厚的俄國特色，這主要體現在他對於反智主義的論述方面。

中國與俄國的民粹社會主義在特徵上具有極大的相似性，反智主義是其重要的共同特徵之一。所謂反智主義又可稱為反智識主義或反智論。余英時先生認為「反智論並非是一種學說、一套理論、而是一種態度。這種態度在文化的各方面都有痕迹可循，並不局限於政治領域。」「『反智論』可以分為兩個互相關涉的部分：一是對於『智性』本身的憎恨和懷疑，認為『智性』及由『智性』而來的知識學問對人生皆有害而無益。抱著這種態度的人我們可以叫他做『反智』性論者。」「反智論的另一方面則是對代表『智性』的知識分子表現一種輕鄙以至敵視。凡是採取這種態度的人，我們稱他們作『反知識分子』。必須指出，『反知識分子』和『反智性論者』之間的區別主要只存在於概念上，而在實踐中這兩者則有時難以分辨。我們之所以提出這一區

別，是因為社會上一般『反知識分子』常常以知識分子為攻擊的對象，而不必然要直接觸及『智性』的本身，雖然對知識分子的攻擊多少也含蘊著對『智性』的否定。」余先生認為反智主義可以兼指反智性論者和反智識分子。

俄國的民粹主義思想之中具有明顯的反智主義特徵。俄國的民粹主義的最重要特點在信仰人民、崇尚人民，而人民多數場合是指農民和社會上的勞動階級。他們認為，「人民的生活本身總是合理的」，「人民的生活本身就能根據它的本性、它的天然力量和天賦，以及根據外部的自然地理條件，定出自我提高和自我發展所需要的方式和原則」。他們認為，「在人民中保存著真正生活的秘密」，「在人民中潛藏著社會真理」，「人民是真理的支柱」。別爾嘉耶夫認為，「民粹主義的世界觀具有大地的特徵，它依附於土地」，因此，「民粹派知識分子反對脫離土地，想回到土地的懷抱。」民粹派知識分子在人民面前總有一種懺悔意識和「罪孽感」，在民粹主義者看來，知識分子所獲得的全部文化都是人民通過勞動創造的，而掌握文化的少數人則是靠著人民的血汗被養活並獲得文化的，這樣，掌握這種文化的人就被壓上了沉重的罪孽感。俄國的民粹主義者認為他們這些「文明的少數人」，其知識、智慧和進步，「是以多數人受奴役為代價換來的」，因為「多數人被剝奪了」受教育的機會。正是出於這種「罪孽感」，他們感到一種不可推卸的社會責任：要為社會進步服務，償還多數人以血淚和苦難為他們付出的文化的代價。社會上真正沒有罪孽感、不靠人血汗養活的是真正勞動的人，是來自人民的人。由於文化本身是靠著人民的血汗和苦難，靠著對人民的剝削而獲得的，這樣，掌握文化就同剝削、同罪孽聯繫到了一塊兒。所以在民粹派看來，彷彿文化本身也沾連上了剝削和罪孽的味道。因此，民粹主義思想經常對文化報以輕蔑甚至敵視態度，「在任何條件下都會起來反對文化崇拜」。

瞿秋白將俄國民粹主義之中反智主義的理論與中國近代的國情結合起來。瞿秋白認為中國的知識階級是罪惡的，既有知識分子所掌握知識的罪惡，也包括知識分子本身的罪惡。與俄國的民粹主義思想家一樣，瞿秋白的民粹主義思想表現出明顯的反智主義的特點。瞿秋白對知識階級進行了定義，中國的知識階級是信奉勞心者治人的人。也就是說，瞿秋白所批判的知識階級是剝削階級的知識分子。

在 1919 年 11 月 11 日發表的政論小說《中國知識階級的家庭》的第一部分中，瞿秋白以小說的形式描繪了一個中國近代舊上層知識分子家庭的寄生

生活。通過對這箇舊知識分子家庭的分析，在文章的第二部分中瞿秋白提出「中國的知識階級是什麼？中國的知識階級就是向來自命爲勞心者治人的一班人。」「人家說世界眼光，中國人連太陽光都不願意看。這許多不可名狀現象，究竟怎麼樣會發生的呢？我敢說多是知識階級造出來的罪惡。」「於是知識階級裏的人……等到差不多到那地位的時候就可以百事不做，養活一班無恥的同類，愚蠢的鄉民就算盡了天大的責任了。……這樣的萬惡之源不塞，社會改革是永久無望的了。」在瞿秋白眼中，知識階級尤其是舊的知識階級成了舊道德舊制度的代名詞，所以要反知識階級。但同時瞿秋白對於新的知識階級是充滿希望的「我很希望中國少出幾個名士英雄，多出幾個純粹的學者，可以切實確定我們新道德、新信仰，第一步先救救現在這樣的知識階級裏的人。」

瞿秋白認爲知識分子的罪惡體現在幾個方面：中國的知識分子以及其所掌握的知識遮蔽了整個社會的視野，影響了社會的進步；得到名位的知識分子尸位素餐無所作爲。知識分子被等同於阻礙社會改革的萬惡之源。瞿秋白所反對的是剝削階級的知識分子也就是他所說的名士英雄，但是對純粹的學者則給予肯定。瞿秋白提出反智主義也具有明確的目的性，那就是要在社會中確立一種新道德、新信仰。而知識階級的自我救贖以及被救贖則是實現這一目的的基本前提。進步的知識分子可以通過懺悔實現自我救贖，而那些不自覺的知識分子則必須接受改造，改造的途徑則是勞動。此時的瞿秋白並不能準確地運用馬克思主義理論和方法，他將知識分子稱爲知識階級。但是按照馬克思主義的標準，知識分子並不是一個獨立的階級，而是一個從屬於特定階級的社會階層。此時瞿秋白的思想之中仍然存在著俄國民粹主義的影響，這恰恰表明了以瞿秋白爲代表的知識分子思想的過渡性。

雖然已經是五四以後，但是瞿秋白的思想並沒有完全擺脫無政府主義的影響。瞿秋白的反智主義思想來源相對於李大釗而言更加複雜多元化。瞿秋白的反智主義思想既來源於中國的傳統文化也受到普魯東和托爾斯泰的影響，所以瞿秋白的反智主義思想相對於李大釗而言，理論性更強，所以對於後人的影響更加深遠。瞿秋白將中國傳統的反智主義理論化，同時也將聖愚崇拜理論化。不同於李大釗以托爾斯泰的理論作爲立論的基礎，瞿秋白將普魯東的力量作爲理論的基礎，從而也就使二人的理論具有了不同的特色。

在 1919 年 12 月 21 日發表的《知識是贓物》這篇文章中，瞿秋白以普魯

東的「所有權就是盜竊」的理論爲前提進行立論，提出了自己的知識觀，同時也進一步深化了對於勞動觀的認識。普魯東的理論是瞿秋白立論的理論基礎，這表明民粹主義與無政府主義的淵源關係。在文章中瞿秋白提出：「我們既不應當把財產當作所有物，更不應當把知識當作所有物。財產不過是一種工具，用來維持生命改善生活的工具，應當由使用工具的人來管理，所以凡是要維持生命改善生活的人都有使用這工具的權利。知識也不過是一種工具，用來維持精神的生命，改善精神的生活的工具。所以凡是要維持精神的生命，改善精神的生活的人也都有使用這工具的權利。生命和生活的權利是應當平等的，精神的生命和生活的權利當然也是應當平等的，因爲這兩件事只是一件。那麼，如若把知識當作一種所有物，就是盜賊明強暗奪的行爲，侵犯人家的權利的行爲。我們可以暫且設一個假定：知識是贓物」通過這篇文章可以明顯地看出，瞿秋白的民粹主義思想是以其勞動觀作爲理論前提的，他受到普魯東的直接影響並將其作爲理論來源。

瞿秋白最基本的邏輯前提是人人平等：人與人生命和生活的權利是平等的，精神生活和生命的權利也是平等的，人人都有使用知識接受知識的權利。如果將知識視爲個人財產，以阻礙他人獲得或者使用知識爲前提獲得知識，那就是對他人權利的侵犯。從這個角度上講，知識是贓物。而在中國的封建社會之中，歷來是勞心者治人勞力者治於人，掌握知識的勞心者歷來是不從事勞動的。他們對知識的掌握是以剝奪廣大人民獲得知識的權利爲前提的，所以他們的知識是竊奪他人權利所獲得贓物，他們的知識作爲贓物是不道德的，而掌握作爲贓物的知識分子同樣是不道德的。瞿秋白爲近代中國的反智主義提供了系統的理論支撐。瞿秋白以普魯東所有權就是盜竊爲前提推導出知識是贓物作爲邏輯前提，在論證的過程中他還借鑒了托爾斯泰的思想，在借鑒的過程中他將反智主義和勞動聯繫起來。

瞿秋白思想中的民粹主義成分相當部分是來源於托爾斯泰，他曾坦言受到過托爾斯泰的影響。其反智主義的特徵與無政府主義的勞動觀有直接的關係。在文中瞿秋白引用了托爾斯泰的論述：「托爾斯泰曾經說過，你們用現在這樣的宗教哲學科學文學去講分工，去做勞動家的勞動的代價，是欺詐的行爲。你們說：『勞動家呵！你們勞動著，我們就可以有空閒的工夫，來研究宗教哲學科學文學，做你們精神上的慰藉品，我們將要這樣報酬你們，你們快快替代我們去勞動。』但是勞動家向你們要慰藉品的時候，你們究竟給了他

們多少？他們永久不會相信你們的。」將勞動者稱為勞動家體現了瞿秋白對於勞動的崇敬之情。瞿秋白引用了托爾斯泰的觀點，認為即使以勞動分工為理由宣揚腦體分工，仍然是一種不道德的欺詐。瞿秋白並沒有反對科學哲學宗教文學的分工，但是他認為由於腦體分工所形成的產品的交換不是一種公平的交換，所以這種分工是不公平的。因為這種交換是不公平的，所以在交換中提供文化產品的知識分子是不道德。知識是贓物，知識分子是詐騙犯。

在文章的末尾瞿秋白得出這樣的結論：「更因為有了這種階級，知識少的人就因此更少，知識多的人就因此更多；知識少的人因為知識多的人要增加他私有的知識而專去求知識所以不得不加倍勞動，拋棄他的精神生活，以致失去他求知識的能力；知識多的人就用奪人家時間——像托爾斯泰所說——的辦法去求得知識。」「我們因此簡直可以說：知識就是贓物，財產私有制下所生出來的罪惡。廢止知識私有制，就是廢止財產私有制的第一步。」

因為這種知識階級的存在，所以造成了獲得知識的不平等，知識勞動人民為了獲得知識加倍勞動繼而失去了獲得知識的能力。知識階級以剝奪勞動人民時間為手段獲得知識。這種不合理的現象是財產私有制的產物，所以廢除私有制是使勞動者平等地獲得知識的基本前提。通過瞿秋白的論述可以得出這樣的結論：勞動人民沒有知識。雖然勞動人民的愚昧是不合理的私有制所造成的，但是勞動者愚昧是一個客觀現實。這就構成了近代聖愚崇拜之中，愚的因素。

瞿秋白思想中的反智主義成分與托爾斯泰的泛勞動主義也有著直接的關係。瞿秋白對托爾斯泰的泛勞動主義思想進行了系統的歸納，但是泛勞動主義的思想並不是瞿秋白勞動崇拜思想的唯一來源。瞿秋白肯定了托爾斯泰勞動思想的道德價值，而否定了托爾斯泰實現勞動道德的途徑和方法。「托爾斯泰底《科學均藝術之意義》裏，曾經論及勞動，他的大意是，為人工作和為己工作本來沒有分別。人生在世，自己吃飽了肚子，就應當養活別人。」「假使不勞而食」，那就是最褻神的、最反自然性的危險的景象。工作永久是快樂的，滿足精神上肉體上底要求的，除非不知道那層意思。所以他又說，人類底活動，應當分做四部分：一、筋肉的活動——即手足脊背底激烈勞動，這種勞動都要出汗的。二、手指和手腕的活動——即手藝底活動。三、知和思想底活動。四、社交底活動。人生享用的東西，也分做四份：（一）激烈勞動底生產品：麵包、家畜、建築品、井池等；（二）技藝勞動底生產品：衣靴、

器皿等；（三）精神活動底生產品：科學、藝術；（四）人類中社交協會等底組織。這就是所謂泛勞動主義。」

托爾斯泰的思想是帶有濃厚無政府主義色彩的宗教民粹主義。瞿秋白摒棄了托爾斯泰思想中宗教的改良色彩，主張建立一個新的社會，以貝貝爾所主張的方式實現勞動道德。瞿秋白的勞動思想是托爾斯泰勞動道德與貝貝爾革命手段的結合。瞿秋白借倍倍爾對托爾斯泰的評論表達了他對於泛勞動主義的看法。他贊同倍倍爾的觀點，認爲泛勞動主義具有空想性，不能解決現實的社會問題，必須建設一個新社會。他在新社會三個字下還加了著重號。「他們都不能過托爾斯泰式的生活呀。被壓迫於生存競爭底困乏之下的人決不能做那樣的工作……這是托爾斯泰底謬誤，他想以模範以宣教改革社會。……要普及這樣的生活方式於人人，必須有另外一種的社會情形，必須有新社會。」瞿秋白認清了托爾斯泰泛勞動主義思想的本質，他認爲托爾斯泰是用宗教的方法，解決社會問題。「托爾斯泰主張泛勞動主義，又主張無抵抗主義。他所以達到他的勞動生活只在於無抵抗，他有一篇小說《呆伊凡故事》，極力描寫無抵抗的純粹肉體勞動的生活，極力的貶抑精神勞動。……『由於自己的良心認識自己的責任才知道勞動——肉體勞動——是第一等最要緊的事，是養活人的。』宗教的意味非常濃厚。」

瞿秋白注意到了托爾斯泰思想中輕視腦力勞動的成分：「托爾斯泰雖然不絕對的否認自然科學，然而他確是輕視精神勞動，因反對現代社會的文明，而遂反對精神勞動底謬誤，反對分工。他有兩篇論文：（1）《手的勞動與精神的活動》（2）《愛勞心抑農人之勝利》，裏面論精神勞動甚詳。他說現在爲科學藝術工作固然好，最好能使科學都有益於人生，所以最要的是「理性之認識」，而不是科學。人類理性發展之後，庶幾能以科學所發明的來做有益人生的事，不然呢，就都是有害的。所以他反對精神勞動而仍舊列「知和思想底活動」爲四分勞動之一。……所以現代科學藝術——現代人精神勞動底出產品——在托爾斯泰看來，當然都是些不當做的事。即使不是絕對的不當做也決不是最要的，至多不過次要罷了。而他對於勞動的意見純粹是主張理性之認識，而不注重以科學藝術技術的方法來改善勞動，減輕勞動時間和勞動力的。」在勞動道德方面，瞿秋白對托爾斯泰只強調體力勞動的錯誤傾向進行了糾正。瞿秋白認爲應該注重科學技術來提高勞動的質量，改善勞動者的生活。瞿秋白認爲知識是贓物，他所反對的是與勞動人民對立的知識，而主張

知識與勞動相結合，爲勞動人民服務。

在這樣的知識觀的基礎上，在 1920 年 4 月 21 日發表的《伯伯爾之泛勞動主義觀》一文中通過對比託爾斯泰和倍倍爾的兩種勞動觀，瞿秋白將托爾斯泰的理論歸納爲泛勞動主義，而將貝貝爾的理論歸納爲藝術化的勞動並同時給予肯定。瞿秋白認爲：「托爾斯泰和伯伯爾兩人對於勞動的意見似乎很不相合，立於反對的地位；然而實在是相反相成的。他們有一個共同觀念；勞動力和勞動底出產品不是可以拿來買賣的貨物，而是供給人生需要的東西，大家享用的東西；不應當有資產階級來掠奪勞動者底勞動力和勞動底出產品。……托爾斯泰式的生活是我們安心的生活，伯伯爾式的方法是我們達到目的的方法。……我們難道不承認他們的話是對的麼？」瞿秋白綜合了托爾斯泰和貝貝爾關於勞動的共同主張，勞動和勞動的產品不是商品，而是滿足人的需要的手段。這也體現了瞿秋白對勞動的基本態度。也就是說，瞿秋白反對勞動的異化。

在 1920 年 4 月 21 日發表的《勞動底福音》一文中，瞿秋白表達了自己對於勞動的禮贊：「最有幸福的，只是勤苦的勞動之後。勞動能給人以完全的幸福，幸福——勞動。救我們的只有勞動！血呢？赤色化呢？勞動！你是人類的福音。勞動底福音」。這篇文章標誌著近代中國聖愚崇拜思想的形成。勞動是幸福的源泉，是拯救社會的唯一手段，勞動是人類的福音。瞿秋白在這篇文章之中，把勞動與赤色化、流血的革命結合在一起。

6.6 瞿秋白對民粹主義的批判與聖愚崇拜的繼續發展

1927 年瞿秋白發表了長文《俄國資產階級革命與農民問題》，這是近代中國民粹主義思想發展的一座里程碑。在這篇文章中，瞿秋白探討了 19 世紀俄國民粹主義運動的起源、理論、發展和實踐，通過對俄國民粹主義產生的歷史背景的分析和對民粹派內部的派別及組織的主張和行動的梳理，他認爲民粹主義是一種俄國式的社會主義；他認爲民粹派革命黨的理想雖然是社會主義，但其實踐卻是資本主義革命。

在這篇文章之中瞿秋白首先探討了 19 世紀俄國民粹主義產生的歷史背景，並對俄國民粹主義思想的代表人物赫爾岑和車爾尼雪夫斯基的思想進行了介紹，通過分析瞿秋白得出了俄國的民粹主義是一種俄國式的社會主義的

結論，從而對俄國民粹主義的性質做出了正確的判斷。通過對俄國歷史的研究，瞿秋白認為俄國民粹主義產生於農奴制改革後形成的社會革命總趨勢之中。解放農奴為資本主義的發展創造了條件。但是小資產階級農民和無產階級卻受著很大的剝削，必然要起來反抗。民粹主義正是產生於這種革命總趨勢中的一種空想社會主義思潮。瞿秋白認為民粹主義是小資產階級反對資本主義的復古運動，並分析了俄國民粹主義產生和發展的深層次的思想根源。在反抗俄皇政府的營壘裏包含著許多階級：工業資產階級、城市小資產階級、鄉村小資產階級、無產階級。因此，革命思想之中也便包含著民權主義、無政府主義、小資產階級的社會主義、無產階級的共產主義等不同的理論思潮。因為當時小資產階級的革命知識界占著領袖的地位，所以籠統的民粹派的社會主義便成了表面上的招牌。瞿秋白認為民粹主義完全是小資產階級唯心論的學說，他們所要的社會主義，不是工業資本發達的結果，而是回到工業資本以前去的復古運動。他們對於俄國經濟政治的觀察完全不合事實。因此，這種理論僅只是革命黨人頭腦裏的空想。等到他們實際行動的時候，自然而然是言行不相符的。瞿秋白對民粹派內部的派別及組織的主張和行動進行了梳理。俄國的民粹派在不斷發展的過程中，其內部因在革命策略上的理論和主義不同，便形成了不同的派別，主要有巴枯寧派、拉甫羅夫派，以及後來在這兩派的基礎上發展而成的特卡喬夫的「雅各賓派」和聶察葉夫的所謂「民仇社」或「斧頭社」派。各派別的政治主張也各不相同，通過對其政治綱領和主張的分析，瞿秋白認為民粹派革命黨的政治理想雖是社會主義，但其政治實踐的性質是資本主義革命。

通過對俄國民粹主義的分析和研究，瞿秋白認為民粹主義的政治實踐注定是要失敗的。因為俄國的民粹派看不見俄國無產階級在日益興起，民權革命的需要在日益迫近。其「往民間去」的運動，在理論上是受民粹主義式的無政府主義的驅策，在組織上只有新文化運動式的小團體。瞿秋白對於俄國的民粹主義進行了辯證的分析，在對其理論和實踐的缺陷進行剖析的同時也充分肯定了民粹主義者的革命精神。他認為，民粹派始終是一個無形之中的偉大的革命派別，他們中有許多刻苦犧牲的革命家，雖然其效果甚微，卻仍不失為俄國革命運動史上很光榮的一頁瞿秋白的文章是對俄國民粹社會主義的一次系統總結，從而使中國思想界對於民粹主義的認識從感性上昇為理性。從而為正確認識這段對世界資產階級革命影響很大的歷史運動提供了正

確視角。

《俄國資產階級革命與農民問題》標誌著以瞿秋白爲代表的知識分子對民粹主義的認識達到了理性的高度。但是值得注意的是，瞿秋白主要是從民粹社會主義的角度對俄國的民粹主義進行了批判，但是並沒有對俄國的勞動倫理進行批判。雖然此時中國共產黨內的知識分子對民粹主義的認識達到了理性的高度，但是對於勞動崇拜甚至偏執的聖愚崇拜的思想並沒有達到理性的高度。在農村革命根據地建立後，這種思想開始與土改實踐相結合。

聖愚崇拜是近代中國知識分子一次自我的思想流放。新文化運動期間，激進的知識分子提倡新道德反對舊道德，將批判的矛頭直指孔子。作爲道德楷模萬世師表偶像的孔子被搬下聖壇，各派思想家都希望將符合自己價值觀的理想化的形象推上聖壇，重構符合自己價值觀的道德體系。近代中國的聖愚崇拜正是在這種背景下形成的。瞿秋白的民粹主義與俄國的民粹主義有著驚人的相似性。瞿秋白的反智主義思想具有余英時先生所講的反智性和反知識分子的雙重內涵，是一種典型的反智主義。瞿秋白民粹主義思想實際上是重複了俄國民粹主義的思想軌跡，也經歷了從反智主義到勞動崇拜的過程。反智主義是民粹主義的重要前提，從某種意義上講，反智主義是破舊，破除舊的鄙視勞動人民的政治文化傳統。在中國的傳統社會，勞動人民處於社會的最底層，而封建知識分子與官僚相結合，共同對於勞動人民進行壓迫和剝削。實際上反智主義就是在使廣大的勞動人民獲得解放。這是人民獲得解放的重要的前提，也是將勞動推上聖壇的基本而必要的前提。將勞動推上聖壇實際上也就是使勞動人民獲得了走上聖壇的通行證。

在對知識分子和智性進行了批判之後，瞿秋白讚美了勞動。他認爲勞動是人類的福音，是救世的希望，是最大的幸福。勞動應該供給人生需要，應成爲公眾共同享用的產品，而不應成爲資產階級掠奪的獵物。而勞動與知識是密切相關的。瞿秋白認爲知識少的人因爲知識多的人要增加他私有的知識而專去求知識，所以不得不加倍勞動，拋棄他的精神生活，以致失去他求知識的能力；知識多的人就用奪占人家時間的辦法去求得知識。知識同所有權一樣來源於對勞動人民的掠奪，知識分子的知識是欠勞動人民的一筆債。而這表達了與俄國的民粹派知識分子幾乎完全相同的勞動觀與知識觀。李大釗的民粹主義思想中有較多的傳統文化成分；而瞿秋白的民粹主義思想可以看出俄國的民粹主義的直接影響。既然文化與惡聯繫在一起，不言而喻的是勞

動與善緊緊地聯繫在一起。而人民同其本性——勞動緊緊地聯繫在一起，於是人民成爲了善的道德的來源。對勞動的崇拜與反智主義在民粹主義的思維中順理成章地結合在一起。對勞動的崇拜與反智主義的結合實際上體現了對於廣大工農勞動人民的崇拜。對勞動的崇拜已經明顯地體現出了民粹主義的核心內涵：信仰和崇尚「人民」，以「平民化崇拜」反對文化崇拜。反智主義和勞動崇拜體現了瞿秋白民粹主義思想的特徵。

瞿秋白的民粹主義思想是對於近代中國民粹主義的繼承和發展。中國近代民粹主義思想邏輯的發展是從勞動主義到反智主義，而瞿秋白在五四時期繼承了其反智主義成分併借鑒了俄國民粹主義的思想將其發展爲勞動崇拜，繼而通過階級分析的觀點方法將其發展爲工農階級崇拜。瞿秋白的民粹主義思想對中國近代思想的發展產生了正反兩方面的影響。一方面對工農階級的重視在相當程度上推動了革命思想在人民群眾中的傳播，促進了革命的進程；但其反智主義的思想傾向直接影響到知識分子在革命進程中的定位，爲中國革命早期的左傾機會主義錯誤埋下了伏筆，對中國革命的產生了負面的影響。

當聖愚崇拜的思想潛流與左傾錯誤結合在一起的時候，也就造成了近代中國革命史中知識分子的一次又一次災難。知識分子一次又一次地成爲了改造的對象，而改造的標準就是他們自己推上聖壇的無知的農民。就農民本身而言，其作爲農業勞動的職業與道德並沒有直接的關係，按照馬克思主義的解釋也否認抽象的道德。而且在馬克思筆下，農民更多地同自然交換而不是同社會交換的生產方式嚴重局限了農民的政治視野。馬克思認爲，農民階級經濟地位的相似性並不能使他們形成一個有機的階級整體，他們自己不能代表自己，只能由別人代表他們。他們的代表必然同時又是他們的主宰，高高在上地賜予他們陽光和雨露。馬克思從農民階級的生產方式對農民階級所進行的分析表明，在傳統社會中用愚昧一詞對中國的農民進行概括是恰如其分的。

將傳統社會之中卑賤愚昧的農民推上道德的聖壇需要充足的理由。按照傳統封建社會的標準，勞心者治人勞力者治於人，農民只配得上對聖壇上的歷代聖賢明君賢相以及形形色色的神邸頂禮膜拜。新文化運動期間，兩千多年來被頂禮膜拜的孔子被推下聖壇。孔家店被砸爛了，偶像被推翻了，但是正如每個中國人的心中都有一根無形的辮子一樣，每個知識分子的心中都有一座無形的聖壇。新文化運動期間，不同信仰的知識分子試圖

把不同的偶像推上道德的聖壇。這也就新文化運動期間所提倡的反對舊道德，提倡新道德。將農民推上道德的聖壇的實質是將不剝削他人的體力勞動作爲衡量道德與否的唯一標準。如果以新文化運動時期新道德的標準衡量農民，則農民是愚昧的，既無公德也私德。如果以馬克思主義的標準衡量農民則農民是保守落後的。將農民視爲道德的聖徒從某種意義上將，是與新文化運動的啓蒙相悖的。但是如果從思想史角度分析，這種主張與辛亥革命時期章太炎的主張有著密切的聯繫。近代中國的思想史上將道德與職業聯繫起來，章太炎堪稱鼻祖。章太炎將農民列爲道德之首，是因爲農民從事體力勞動不剝削他人危害社會。李大釗和瞿秋白的思想可以看做是對章太炎思想的繼承和發展。

聖愚崇拜就是使知識分子喪失獨立思考的能力，變成聖壇上那些無知的農民。知識分子心目中聖徒一般純潔高尚的農民在現實社會之中是不存在的，這並不是由於農民知識的貧乏。知識的貧乏導致了愚昧，但是知識上的愚昧並不能等同於道德的墮落。知識的淵博也不能等同於道德的高尚。從這個角度上講，在特定的條件下，聖和愚也是可以合二爲一。但是聖和愚合二爲一同樣是有條件的，那就是制定一種全新的道德標準，而且只有愚者才能具備這種道德標準。愚即聖，聖即愚，於是天使般的聖愚就誕生了。這種聖愚是一種理想的人格化，所有能夠被塑造成被人頂禮膜拜的偶像。

一個新的偶像誕生之後，一個全新的聖賢的形象也就確立起來。那是一個布衣赤足的老農民，滿手老繭，褲腳上沾滿泥土，腳底上黏著牛糞。大概就應該是毛澤東後來號召知識分子接受改造時所提倡的光輝形象。在這樣一個光輝偉大的聖愚面前，每一個知識分子都是卑微的，罪惡的。正是那個無知而高尚的老農民的辛勤勞作，使不事稼穡的知識分子維繫了生命，正是那個無知而高尚的老農民被剝奪了獲得知識的機會而使知識分子獲得了增長知識的機會，那個無知而高尚的老農民被剝削了勞動成果被剝奪了學習的機會，但是仍然無私地奉獻。這樣的人不是聖人還能是什麼？做人成聖是中國知識分子自古以來的傳統，要消除知識分子的原罪，就必須對知識分子進行一場脫胎換骨的人性改造，而改造的手段就是勞動。這是中國知識分子最初的集體勞動改造。聖愚崇拜是中國近代勞動改造最初的理論來源。新文化運動期間，知識分子自發的勞動改造主要體現爲青年的新村主義和工讀主義實踐。

6.7 階級性理論與聖愚崇拜的祛魅

　　李大釗瞿秋白雖然沒有形成系統理論，但是他們已經開始將勞動、道德以階級緊密地聯繫在一起。對此問題進行系統闡釋的是劉少奇在 1946 年 6 月發表的《人的階級性》，在這篇文章中劉少奇運用馬克思主義階級分析的理論對勞動與道德的關係進行了經典的詮釋。這篇文章可以看做中國共產黨對近代中國聖愚崇拜的現象所做的系統批判。這篇文章不長，結構緊密環環相扣，所以全文選取並作分析。

　　劉少奇開宗明義地指出：在階級社會中人的本質是階級性，不能離開人的階級性來討論善惡。所以階級性是討論勞動與道德關係的基本前提。「在階級社會中，人的階級性，就是人的本性，本質。在階級社會中，一切的人們是作爲階級的人而存在的。如是，人的社會本質，就由人的階級地位來決定。由於人們的階級地位各有不同，人們的社會本質也各有不同，過去孟子、告子、荀子等，爲了「人性善或人性惡」的問題，爭論個不清楚，就是因爲他們不懂得或者故意要掩藏人們這種社會本質（本性）的階級差異。在階級社會中，人們的善惡觀念就各有不同：剝削者認爲善的，被剝削者認爲惡，被剝削者認爲惡的，剝削者認爲善，離開階級關係而來討論人們的性善或性惡，自然鬧不清楚。猶如我們如果不站在無產階級的立場，就不能判斷某人某人的好壞如何，更不能判斷某人某人的黨性如何。」劉少奇認爲人的階級地位決定了人的階級性，階級性體現了不同階級的利益要求思想和習慣，這其中當然也包括道德。不同階級的道德歸根結底是由其階級性所決定的。

　　「人的階級性，是由人的階級地位決定的。這就是說，一定集團的人們，長期站在一定的階級地位，即站在一定的社會生產地位，以一定的方式，長期的生產著、生活著與鬥爭著，即產生他們的特殊生活樣式、特殊的利益、特殊的要求、特殊的心理、思想、習慣、觀點和氣派，及其對其他集團人們與各種事物的特殊關係等等，而與其他集團的人們不同，或者相反。這就形成了人們特殊的性格、特殊的階級性。由於社會各階級的人們有不同的利益、要求、思想和習慣，如是，各階級的人們對於社會歷史上的一切事物——如政治、經濟、文化等等，就有各種不同的觀察方法與處理方針。統治的階級根據他們的利益要求和觀點來制訂各種法律與制度，如是，社會上的一切政治、經濟、文化制度，都成爲統治階級的東西，都充滿著階級性。在階級社會中，人們的一切思想、言論、行動，一切社會制度，一切學說，都貫串著

階級性。貫串著各種不同階級的特殊利益與要求。我們從人們各種不同的要求、學說及思想、言論、行動中，即可看出他們不同的階級性。」

從階級性出發，劉少奇分析了不同階級的特性，這其中也體現了中國共產黨對不同階級的道德判斷。劉少奇指出，地主佔有土地剝削農民的生產方式造成了地主階級的奢侈性、殘暴性和封建等級性。封建主義的生產方式決定了地主階級在道德上是反動的。

「比如說吧，農業的自然經濟及手工業生產方法，是封建社會的基礎。封建主在這種生產中是站在剝削農民剩餘勞動的地位，自己不勞動，依靠地租及徭役而生活。如是，他們就要求割據更多的地盤，要求土地永遠屬於他們所有，要求農民貢獻他們以更多的地租和無代價的勞動，並且承認他們站在農民頭上剝削農民的合理性。如是，就養成他們的封建割據性、互相兼併性、以及奢惰性、殘暴性、社會制度上的等級性等等。這些就是封建階級的特性。」而資產階級與社會化大生產相聯繫，但是佔有生產資料並剝削工人的剩餘價值。這種生產方式形成了資產階級的競爭性、壟斷性、奢侈性以及組織上的集中性和機械性。資本主義的生產方式決定了資產階級的道德是進步性與墮落性並存。

「近代產業的機器生產方法，是資本主義社會的基礎。資產階級在這種生產中是站在佔有生產手段及全部生產品以剝削無產階級剩餘勞動的地位，依靠工人們所創造的剩餘價值而生活。如是，他們就要求商品與勞動的自由賣買、自由競爭，用經濟手段以摧毀其競爭者，造成自己在經濟上以及政治上的壟斷地位，要求私有財產的神聖不可侵犯，要求工人們貢獻他們以數量更多（更長的工作時間與更快的工作速度）、質量更好（更好的熟練的技術）的剩餘勞動，更少地付給工人的工資，並且承認他們發財、壟斷社會財富的合理性。如是，就養成他們的競爭性、壟斷性、奢侈性、組織上的集中性、機械性等等。這就是資產階級的特性。」

劉少奇從農民的生產方式出發對農民階級的階級性進行了分析，他指出因為農民所進行的是散漫保守簡單獨立缺乏協作的生產以及簡單的生活方式，造成了農民階級散漫保守狹隘落後自私這是農民階級性的缺陷。如果將農民階級作為一個整體，他們的道德的具體體現也一定會受到階級性的制約。散漫自私保守落後加上知識的缺乏，用愚昧來形容舊中國的農民階級是恰如其分的。但是因為所受的壓迫深重，農民階級同時還存在著反抗地主階

級爭取平等的要求以及行動，這也就是農民階級的革命性。農民階級堅強的革命性在道德方面的體現爲對革命的積極擁護，體現出堅定的革命道德。

「又比如說農民吧。由於農民長期附著在土地上進行散漫的、獨立的、簡單的、自給的、彼此不大互相協作的生產，和他們簡單的獨立的生活樣式，以及他們對於地租勞役的的負擔等，就養成農民的散漫性、保守性、狹隘性、落後性，對於財產的私有觀念，對於封建主的反抗性及政治上的平等要求等等。這就是農民階級的特性。」工人階級與社會化大生產的生產方式相聯繫，不擁有生產資料不剝削一切勞動者。這種生產方式決定了工人階級的階級性表現爲團結互助組織紀律性很強，具有進步性，要求實現公有制，具有堅強的革命性。總而言之，以無產階級革命道德的標準，工人階級具有一切革命的美德。所以工人階級能夠成爲革命的領導階級。無產階級一詞與工人階級是可以通用的，在馬克思筆下，強調工人階級受剝削受壓迫的境遇的時候一般使用無產階級一詞，而使用工人階級解放自身的歷史作用的時候則使用工人階級一詞。

「由無產階級是集中在大產業中生產，分工很細，一切動作都受機器的限制與彼此約制，他們是沒有生產手段的出賣勞力的工錢勞動者，依靠工資過活，他們與一切勞動者沒有基本的利害衝突，因此，就養成他們偉大的團結性、互助性、組織性、紀律性、進步性，對於財產的公有要求，及對於一切剝削者的反抗性、戰鬥性、堅韌性等等。這就是無產階級的特性。」劉少奇從階級分析的角度指出，一切剝削階級都是將自己的幸福建構在對人民群眾剝削壓迫的基礎上，他們的幸福的實現是以犧牲絕大多數人的幸福爲代價的，所以剝削階級的道德對被剝削者來講是不道德的。而且剝削階級內部相互爭奪剩餘產品剩餘價值相互爭奪，這是造成苦難戰爭的根源。

劉少奇明確指出：「剝削和壓迫是一切剝削階級高貴、偉大和被人尊敬的基礎。因爲剝削階級的反動性，所以他們的道德也具有反動性，他們的道德與人民的道德是根本對立的。一切剝削階級，都要欺騙與壓迫被剝削者，都要互相爭奪被剝削者的剩餘生產物或剩餘價值；因此，就造成一切剝削者的欺騙性、對於人的壓迫性及互相爭奪性。歷史上有許多戰爭，是由於剝削階級互相爭奪與分割被剝削者的剩餘生產物與剩餘價值而發生的。把自己的幸福建築在「使別人受痛苦」的基礎上，是一切剝削者的共同特點。犧牲全人類或大多數人的幸福，把全人類或最大多數人民弄到飢寒交迫與被侮辱的地

位，來造成個人或少數人們特殊的權利與特殊的享受，這就是一切剝削者的
「高貴」、「偉大」與『被人尊敬』的基礎，一切剝削者的道德的基礎。」中
國共產黨是中國工人階級的先鋒隊，中國工人階級的先進性是中國共產黨先
進性的來源。共產黨人將自己的幸福構建在全社共同幸福的基礎上，在解放
全人類的前提下解放自身消滅特權。劉少奇認爲共產黨人的階級性是共產主
義道德的基礎，而共產黨人具有高貴、偉大和可敬的品格。

　　「無產階級與共產黨員就與此相反，是把自己的幸福建築在「使別人同
享幸福」的基礎上。是在努力於最大多數勞動人民與全人類的解放鬥爭中來
解放自己，來消滅少數人的特殊權利，這就是共產黨員的高貴、偉大與被人
尊敬的基礎，共產主義的道德的基礎。」劉少奇進一步指出了階級性與黨性
的關係。階級性是在生產和生活中所形成的人的天性，具有社會性。黨性是
階級性的集中表現，特定的階級性集中表現爲特定的黨性。也就說，農民階
級有農民階級的黨性，而工人階級有工人階級的黨性，農民階級和工人階級
具有不同的階級性，因而其黨性也不同。共產黨人的黨性是無產階級階級性
的集中體現。

　　「這就是階級社會中人們各種不同的階級特性。這種階級特性是由人們
長期在生產中的特殊地位及特殊生產關係、生活方式而慢慢養成起來，成爲
人們的一種天性，這種天性，是社會的。黨性，就是人們這種階級性最高而
集中的表現。所以人們也有各種不同的黨性：有封建階級的黨性，資產階級
的黨性，無產階級的黨性等。共產黨員的黨性，就是無產者階級性最高而集
中的表現，就是無產者本質的最高表現，就是無產階級利益最高而集中的表
現。共產黨員的黨性鍛鍊和修養，是黨員本質的改造。」因爲黨性是無產階
級階級性的昇華和結晶，是無產階級性的最高表現形式，所以黨性也是共產
主義道德的最高表現形式。黨性是對一切非無產階級黨員進行改造的標尺。
這種改造不僅是階級性的改造，還是人性的改造。通過改造以黨性的標準統
一人性，形成共同的人性。到了共產主義，人的階級性消失了，但是通過改
造形成了以共產主義道德爲基礎的共同的人性。

　　「共產黨要把無產階級各種偉大的進步的特性發展到最高度。每個黨員
要照著這一切特性來改造自己，要使自己具備這一切的優良的特性。這就是
本質的改造。一切非大產業工人中出身的黨員，他們也具有非無產階級的天
性，他們的改造工作是需要得更多的。無產階級的特性，也並不是不變的。

在無產階級的形成和發展過程中，同時也形成和發展它的特性，以至發展成為馬克思、列寧主義。在將來社會主義的改造時期，由社會主義進入共產主義的時期，無產階級不斷改造社會，不斷改造人類的本質，同時也不斷改造自己的本質，改造自己的特性。到了共產主義社會中，人們的階級區別消滅了，人們的階級特性也要消滅。如是，人類的共同本性，共同的人性，就能形成。這就是人類本質改造的全部過程。」

普遍的道德的基礎是超階級性，劉少奇認為超階級性是不存在的。任何道德都是以特定的階級性作為基礎的。小資產階級承認這種超階級性，也承認基於超階級性的普遍的道德。小資產階級的道德長於幻想而畏懼鬥爭，這是小資產階級軟弱性的體現，如果以無產階級的革命道德來衡量，這當然是一種道德上的缺陷。知識分子絕大多數屬於小資產階級，當然也必須接受改造，改造的標尺就是黨性。

「但是世界歷史上只有共產黨員及馬克思主義者，才承認自己與一切人們及歷史社會事物的黨性與階級性。這也是由於無產階級的特殊階級地位，使得共產黨員能夠公開認識並宣佈這個真理。這個真理的公佈，對於無產階級並沒有害處，而對於剝削階級則是很嚴重的打擊，因為這樣就揭破了他們的黑幕，使他們更難於擁護他們少數人的利益。其他一切黨派與階級，都不承認他們自己的黨性與階級性，都要把自己描寫成為似乎是「超黨派」、「超階級」的樣子。其實在這種「超黨派」、超階級」的胡說後面，就隱藏著剝削階級同樣多的實際利益。他們在被剝削者面前，不敢承認自己的黨派性與階級性。而小資產階級承認這種「超黨派」、「超階級」的胡說，則是由於他們的幻想與無知。長於幻想，畏懼嚴重的實踐與鬥爭，則是表示小資產階級的本性。」

劉少奇的《人的階級性》這篇文章，標誌著中國共產黨人革命道德的成熟。中國共產黨的信仰中當然也存在著一座道德的聖壇，聖壇上被敬仰的對象是黨性的人格化，他的名字叫做忠誠的共產主義戰士。這是中國共產黨道德崇拜的唯一標準。以此標準作為衡量，李大釗和瞿秋白對農民的偏執而狂熱的崇拜是一種道德的誤區。就階級性而言，農民階級的生產方式和生活方式決定了他們是落後生產力和生產方式的代表，這種生產方式就其群體的道德而言可以用「愚」來形容。同樣因為農民不是先進的生產力和生產關係的代表，他們也不可能成為引導時代進步的道德標尺，所以更不可能成為「聖」。沒有經過改造的農民所體現的道德歸根結締也只能是封建生產關係的體現，

只能是封建的道德。所以以「聖愚」為道德標尺對知識分子進行改造，除了培養對於勞動群眾的感情之外，對新道德的確立並沒有太多的進步作用。

6.8 聖愚崇拜與知識分子的改造

自李大釗瞿秋白開始聖愚崇拜，到劉少奇將道德與階級性聯繫起來，知識分子面臨著一個相同的問題那就是人性的改造。新文化運動期間是知識分子以農民為偶像的自我改造，其後則是在歷次運動中被動的改造。這種民粹式改造有一個特點，那就是雖然農民在理論上是落後生產力和生產關係的代表，但是農民在一定程度上還是成為了知識分子改造的標尺以及改造的監督者和執行者。

新文化運動時期知識分子自我的勞動改造主要體現為青年自發的新村主義和工讀主義實踐。1918 年 6 月 30 日，王光祈和李大釗等議定共同發起成立少年中國學會，王被推為籌備部主任。不久，王光祈在其會刊《少華中國》雜誌上發表文章，鼓吹「少年中國」要「創造一種新生活的組織」和在鄉間搞「菜園」新村生活的設想。他所勾畫的這幅烏托邦的藍圖是，「我們先在鄉間租個菜園，這個菜園距離城市不要太遠，亦不要太近，大約四五里路為最宜。這菜園不要太大，亦不要太小，只要夠我們十幾人種植罷了。菜園中間建築十餘間房子，用中國式的建築法，分樓上樓下兩層。樓上作我們的書房、閱覽室、辦公室、會客室、藏書室、遊戲室等等。樓下作我們的臥室、飯廳等等。園子西南角上建築一個廚房。東北角建築一個廁所。房子後身砌上一個球場。園子周圍挖下一條小溪。溪邊遍植柳樹，柳樹旁邊就是竹籬，竹籬裏頭就是我們的菜園了。茲將每日課程列表如下：（一）種菜兩鐘，（二）讀書三鐘，（三）譯書三鐘，其餘鐘點，均作遊戲閱報時間。我們園中要附設一個平民學校，附近農家子弟，均可以到學校讀書，不納學費。……我們有家眷的，可以同住，我們穿的衣服、鞋子，都歸他們辦理。廚中事情，由我們自己擔任，是不雇傭僕役的。」

王光祈提倡工讀互助主義及成立工讀互助團最早是在 1919 年 12 月開始的。他在《晨報》上發表了《城市中的新生活》的文章，說過去他「注重鄉間的新生活，今天我所提倡的是城市中的新生活」。要試行這種「新生活」，必須成立「工讀互助團」，這種組織比新村「容易辦到。因為『新村』須要土

地，而且我們現在生活的根據，又在城市。所以這種主張比較切實可行。更為需要」。此後，王光祈積極宣傳並很快地得到了李大釗、陳獨秀、蔡元培、胡適、周作人等人的支持，同時也得到青年們的積極響應。他們不僅很快地募集到上千元的活動經費。在年底便成立起工讀互助團，並開始經營，過起了半工半讀的「城市中的新生活」。1919 年底到 1920 年初，北京先後組織了工讀互助團四個組，其中有一個是女子組。北京工讀互助團的建立，引起了很大的反響，各地競相傚仿，天津、上海、南京、武漢、廣州等城市也先後成立了工讀互助團或類似組織。王光祈將「工讀互助」稱為「和平的經濟革命」。他說：「工讀互助團是新社會的胎兒，是我們理想的第一步。⋯⋯若是工讀互助團果然成功，逐漸推廣，我們各盡所能、各取所需的理想漸漸實現，那麼，這次工讀互助協團的運動，便叫做和平的經濟革命。」據此，工讀互助團在其《簡章》中制定了「各盡所能、各取所需」的原則和行動計劃：第一、工作所得歸團員所有，實行共產。「團員是團體的一部分，團體的盈虛利害，便是團員的盈虛利害。」「社會的一切罪惡都由私產制度發生，要免除這種罪惡，惟有打破私產制度，實行共產。」第二、規定工作時間內，各人盡其所能。工作時間開始規定為 4 小時，後又延長。工作時「以時間為標準，不以工作結果為標準。」「強者幫助弱者，智者幫助愚者」，「團員本著互助精神以盡其所能。」第三、團員生活必需之衣食，由團體供給，各取所需，團員的教育費、醫藥費、書籍費由團體提供。王光祈指出，貫徹這些原則，「用工讀互助團去改造社會，改造社會的結果」，就會出現人人讀書、人人工作、各盡所能，各取所需的工讀主義的新社會，就可以過著「日出而作，日入而息、鑿井而飲，耕田而食」的新生活。

延安時期，中共共產黨也強調對知識分子的改造，但是並不是以農民為標尺對知識分子進行改造。而是培養知識分子對工農兵群眾的感情認同，強調知識分子的思想感情同工農兵群眾的思想感情打成一片。毛澤東 1942 年 5 月在延安舉行的文藝座談會上的講話中指出：「許多同志愛說「大眾化」，但是什麼叫做大眾化呢？就是我們的文藝工作者的思想感情和工農兵大眾的思想感情打成一片。而要打成一片，就應當認真學習群眾的語言。如果連群眾的語言都有許多不懂，還講什麼文藝創造呢？英雄無用武之地，就是說，你的一套大道理，群眾不賞識。在群眾面前把你的資格擺得越老，越像個「英雄」，越要出賣這一套，群眾就越不買你的賬。你要群眾瞭解你，你要和群眾

打成一片，就得下決心，經過長期的甚至是痛苦的磨練。在這裡，我可以說一說我自己感情變化的經驗。我是個學生出身的人，在學校養成了一種學生習慣，在一大群肩不能挑手不能提的學生面前做一點勞動的事，比如自己挑行李吧，也覺得不像樣子。那時，我覺得世界上乾淨的人只有知識分子，工人農民總是比較髒的。知識分子的衣服，別人的我可以穿，以為是乾淨的；工人農民的衣服，我就不願意穿，以為是髒的。革命了，同工人農民和革命軍的戰士在一起了，我逐漸熟悉他們，他們也逐漸熟悉了我。這時，只是在這時，我才根本地改變了資產階級學校所教給我的那種資產階級的和小資產階級的感情。這時，拿未曾改造的知識分子和工人農民比較，就覺得知識分子不乾淨了，最乾淨的還是工人農民，儘管他們手是黑的，腳上有牛屎，還是比資產階級和小資產階級知識分子都乾淨。這就叫做感情起了變化，由一個階級變到另一個階級。我們知識分子出身的文藝工作者，要使自己的作品為群眾所歡迎，就得把自己的思想感情來一個變化，來一番改造。沒有這個變化，沒有這個改造，什麼事情都是做不好的，都是格格不入的。」

　　毛澤東明確指出，沒有經過改造的知識分子所擁有的是資產階級和小資產階級的情感。資產階級小資產階級相對於工農群眾而言是其道德思想是不乾淨的。這種道德評判的標準並不是階級性，因為從推動歷史進步的標準來看農民階級的階級性落後與資產階級的階級性。認為工農群眾比知識分子乾淨的標準無非是兩個，一個是剝削，一個是革命性。工農群眾不剝削，其革命性是強的，所以其道德是高尚的，是乾淨的。而知識分子屬於資產階級和小資產階級，在一定程度上體現了剝削階級的思想和利益，革命性是動搖的，所以是相對不乾淨的。這種標準在一定程度上背離了階級性的理論，帶有比較濃厚的功利主義色彩，因為目的是革命，所以不妨稱之為革命的功利主義色彩。毛澤東的這種革命道德的評判標準實際上與章太炎的標準十分相似，這是一種思想上的返祖。章太炎將職業和剝削與否作為道德的評判標準。毛澤東在這裡提出了一個經典的道德形象：他們手是黑的，腳上有牛屎。在這篇講話中，毛澤東並不是想要將知識分子變成這幅形象，而只是強調工農雖然身上髒，但是道德是高尚的。但是這種對知識分子思想和靈魂的改造在一定程度上還是體現了新文化運動時期聖愚崇拜的影響。

7. 中國早期民粹主義政治思想的流變與實踐——民粹主義特色的群衆運動

雖然在理論上，中國共產黨的領導人肯定了階級性，並形成了以階級性爲基礎的全新的革命道德體系，從理論上破除了聖愚崇拜。但是在革命實踐的過程中，尤其是在土改的過程中，並沒有體現這種全新的道德。在土改的過程中更多地體現爲對農民的推崇，對勞動的推崇，繼續將農民推向道德的聖壇，而並沒有以階級性爲依據強調農民的落後性並對其落後性進行無產階級改造。這當然是革命形勢的需要，中國是小農經濟的汪洋大海，在農村開展土地革命當然必須依靠廣大農民，滿足農民的要求。這個時期對農民的推崇和順應已經不是新文化運動時期的一種自覺，而是對於農民的一種引導和利用，所以不妨把這種具有濃厚民粹主義色彩的群衆運動稱之爲民粹主義群衆運動。

7.1 民粹主義色彩的群衆運動

劉少奇在新民主主義革命時期是土地改革的主要領導者，他在 1942 年 12 月 9 日所寫的《關於減租減息的群衆運動》〈劉少奇選集上卷〉中，對土地改革過程中的一系列原則問題進行了闡釋，從中可以分析出民粹主義群衆運動的依據。民粹主義群衆運動的特點就是土改政策實施過程中的左傾。因爲土地改革是中國共產黨新民主主義革命時期的最重要政策之一，爲了避免斷章取義，對這篇不長的文章選取其中大部並作分析。

　　劉少奇開宗明義地指出，群眾運動是根據地的中心工作。隨即他又提出了一系列群眾運動中的通用原則。群眾運動的中心一環就是組織教育並發動群眾，同基本群眾搞好統一戰線。劉少奇所講的基本群眾在農村革命根據地當然是指農民。毛澤東指出，革命陣營內部存在著兩個統一戰線，勞動者同非勞動者之間的統一戰線以及勞動者同勞動者之間的統一戰線。後者是統一戰線的關鍵。劉少奇也強調了這一點。「晉西北今後的中心任務，是開展對敵鬥爭與發動熱烈的群眾運動。在游擊區、敵佔區是開展群眾性的游擊戰爭，在根據地是發動熱烈的群眾運動。華中群眾運動的經驗，可作為晉西北參考。晉西北和華中不同的是地大、經濟落後，但某些原則是可以通用的。黨中央曾提出發展華中、鞏固華中的任務。經過對敵偽的抗擊和反磨擦的勝利，建立了我們的根據地，建立了政權，華中的發展基本上是完成了。接著的問題是鞏固根據地，其中心一環，就是廣泛深入地發動、組織並教育基本群眾，以提高其覺悟。這些工作做好了，就容易動員群眾參加抗戰、參加各項建設，才可能真正發揚民主，把政權搞好，把財政經濟工作搞好。這樣，黨才能鞏固，統一戰線也才會真正搞好。基本群眾的極廣大發動，是我們必須經過的一關，不能跳過這一關。過好這一關，一切工作才能更有基礎，否則，是什麼也不容易搞好的。拿統一戰線來說，如果群眾工作搞得不好，群眾還不相信自己的力量，沒有站起來，那麼，抗日統一戰線就會只是共產黨和地主、士紳、商人的統一戰線，而不是廣大基本群眾和地主、士紳、商人的統一戰線。如果群眾工作沒有做好，應該加緊做，一年不行，二年三年，以至十年八年，都非要把這一工作搞好不可。」劉少奇將群眾運動同黨性聯繫起來。劉少奇指出，共產黨人革命一切為了群眾的解放，群眾觀念缺乏是黨性薄弱的體現。鄙視群眾運動本質上是一種封建社會的等級觀念。

　　「因此，在黨員中，幹部中，部隊中，一定要加強群眾觀念。有些同志的群眾觀念非常薄弱，這是很危險的。如果不糾正，不解決，黨性就成問題。我們革命，不是為老婆，為吃飯，為出風頭，而是為了人民群眾的解放。一切為了群眾，否則，革命就毫無意義。馬克思、列寧常常講，共產黨員無論什麼時候，什麼地方，都要依靠群眾，加強和鞏固與基本群眾的聯繫。又講到，無論什麼時候，什麼地方，都要以共產主義思想教育基本群眾，提高他們的覺悟，並把他們組織起來。《聯共黨史》結束語第六條中說，共產黨什麼都不怕，就怕脫離群眾，只要共產黨永遠依靠群眾，就是不可戰勝的。日本

特務機關整天窺視著我們，時時想找我們脫離群眾的弱點，來勒死我們。我們在太行山曾截獲國民黨特務機關的指示，說破壞共產黨最有效的辦法，是利用共產黨對群眾的強迫命令。共產黨如果單靠槍桿，單靠同地主、士紳、商人搞統一戰線，是沒有前途的。依靠群眾，是馬克思主義的革命原則，不可在行動中有任何違背。

但是我們有的同志口頭講的是群眾，是馬克思主義，一到行動就忘了馬克思主義。如果對群眾利益不關心，妨害群眾利益，以官僚主義對待群眾，就不是共產黨員，應該受到嚴厲批評。還有的同志把群眾工作的地位看得很低，這是非常不對的。把人分成等級，把各種工作也分成等級，把群眾運動的工作看成很低的等級，這不是共產黨應有的觀點，而是封建社會的等級觀點。」

劉少奇概況了群眾運動的基本模式。他指出，根據地的群眾運動主要是農民運動。群眾運動首先要抓典型，典型地區注重突破，非典型地區注重宣傳。在典型重點地區要發現培養積極分子動員群眾組建農會開展群眾運動，並向非中心地區擴展。「抗日民主根據地的群眾運動，主要是農民運動，應把農會放在第一位。農會工作搞好了，青、婦團體也會搞好的，工會工作也同樣。華中群眾運動的經驗是這樣的：派工作團下去開展減租減息運動時，先選擇幾個中心縣，在中心縣裏，找二三個中心區，在中心區裏，找二三個中心村，把大多數幹部和最強的領導幹部派到中心縣、區、村去。非中心區、村的幹部，開始只做宣傳工作，沿村宣傳減租減息、改善雇工生活。在中心區、村，集中力量發動群眾，突破一點，打開局面。非中心區、村則及時宣傳中心區進行減租減息的成績和經驗，造成聲勢，相互呼應。

中心區、村在開始發動群眾時，由政府與工作團負責人訪問地主，召開士紳、地主座談會，說明群眾運動要來，講清政策，減少顧慮；同時工作團挨家挨戶訪問農民，和農民談話，瞭解情況，調查研究，注意發現積極分子，通過積極分子聯絡和發動更廣泛的群眾。在群眾醞釀成熟的基礎上，召集全村農民大會，討論和決定有關問題，選舉農會籌備會。

應找出當時當地農民最迫切的問題下手（比如借糧），通過這些鬥爭的勝利，提高農民的熱忱和信心。還應加緊教育和訓練積極分子。然後成立農會，領導農民進行減租減息的鬥爭。成立農會時要懸榜，農民對於懸榜，非常重視；縣長、軍隊首長也要去出席，並講話鼓勵，以示對農會的重視。影響一

傳開，非中心區的農民也自動起來了，也要求組織農會。這就是非中心區被中心區所推動。這時候，中心區、村即可留下一部分幹部做鞏固工作，其他幹部轉移到非中心區。這時到非中心區，群眾就會自己找來了。一個月到兩個月，就可發動千百萬群眾，形成減租減息的群眾運動潮流。」

群眾運動尤其是農民運動中的思想教育很能說明問題。劉少奇指出，群眾教育的中心是強調，工人農民創造世界。在對農民的宣傳教育中，強調作為勞動者的農民應該佔有世界。勞動成為農民成為社會主人的合法性理由。這裡就出現了一個問題，在土改的實踐中強調農民歷史地位和作用的理論基礎是勞動，而在劉少奇論述各階級歷史地位和作用的時候其理論依據是階級性的理論。很顯然，階級性的理論更符合馬克思主義的本意，而以勞動為基礎革命道德忽視了農民的階級局限性。這種理論具有強烈的功利性，雖然在實踐中是有效地，但也存在著極大的弊端。其繼續發展，對後世造成了不利的影響。

「群眾運動一起，積極分子湧出，就要抓緊教育。要認真準備好一篇講話：世界是什麼人創造的？是工人農民創造的。飯哪裏來的？房子哪裏來的？一切都是工人農民創造的。但是未創造世界的，卻佔領著世界。這裡要注意打破農民的迷信，說明人受兩種壓迫，一種是自然的壓迫；一種是人的壓迫，人剝削人，人吃人。世界沒有地主資本家可以成為世界，沒有勞動者就不行。應以外地農民起來鬥爭的經驗以及蘇聯革命成功的經驗，說明工人農民應該成為社會的主人。他們一瞭解這個真理，會非常興奮，就會主張：索性把這世界推翻吧，把那些地主老財都幹掉吧。這時要特別向他們說明統一戰線的重要，今天為了打日本帝國主義，一定要和地主老財講統一戰線，共同打日本，這是為了全民族利益，同時也就是為了農民工人的利益和前途。這種革命階段的性質一定要給他們說清楚，並要說明根據地的重要等等。這篇講話，一定要準備好，語言和舉例應當是當地農民容易懂而又切身感到的。農民聽懂了，覺悟會提高的。華中那些剛覺悟的農民，常常興奮得睡都睡不著，跑來問這問那，提出許多問題。

這樣，農民的革命思想樹立起來了，農民說換了一個腦袋了。這就是以馬列主義教育農民，是新的啟蒙運動，也就是階級教育。這個教育搞好了，農民跟上我們走，就不會因為受一點波折而懷疑動搖農民在提高了覺悟之後，心也發癢，嘴也發癢，會到處去講，進行宣傳，那簡直是一個很大的力

量。農民起來了，就進行減租減息的鬥爭。……」

劉少奇指出：真正的群眾運動時有紀律的群眾運動。在群眾運動的過程中，群眾難免會左右搖擺，但是只要領導幹部不發生左傾或右傾群眾運動總的方向就不會發生大的問題。自發的農民運動難免會發生一定程度上的左傾，這種左傾在農民運動的實踐中體現為形形色色的民粹主義特徵。中國共產黨在新民主主義革命時期在農村群眾運動的過程中所謂反對過火過左實際上就是同形形色色的民粹主義作鬥爭。劉少奇提出了避免群眾運動過程中民粹主義錯誤的原則，一是群眾運動的紀律性，二是領導幹部正確的政治方向。

「第三，群眾運動中如發生左傾過火的情形，必須正確地對待。群眾運動起來了，可能有掌握不住的情形發生，因為群眾不動則已，既動起來，往往超過我們的主觀願望，有些過左、過火的現象。有的同志對這種現象，感到害怕。應該認識，群眾運動起來發生過左是一回事，領導的過左又是一回事。應該把群眾行動上的過左，和幹部領導上的過左，嚴格區別開來，因為這是有原則差別的。領導上的過左，是左傾機會主義，是犯錯誤，是不允許的，應該禁止的。群眾起來有些過左的現象，往往是不可避免的，也是不應該害怕的。

因此，應加強我們主觀領導能力，力求正確地領導群眾運動，防止右傾和左傾。群眾運動本身有時左有時右，無論如何我們的方針要拿得穩，我們主觀領導決不能左右搖擺。怕左而不發動群眾，或以為左一點不要緊，而用左的領導思想發動群眾，都是不對的，要切實避免。我們不怕群眾過左，而怕自己的幹部過左。四項動員時，不是群眾左，而是派下去的幹部左。結果，把地主弄翻了，群眾未起來，把自己孤立了。

我們對群眾運動，一定要在領導上控制得祝對群眾運動的控制，不是強迫命令，而是思想上、領導上的控制，出於群眾的自願。比如大革命時，武漢碼頭工人自發地驅逐巡捕，佔領了英租界，一二十萬工人到英租界遊行示威。陳獨秀等當時害怕群眾過左，要想停止群眾的遊行示威，並要全國總工會負責。全總負責同志說明停止是不可能的，當晚找了群眾領袖，提出示威時絕不能動手，不要損壞東西，這在思想上控制住了，結果第二天遊行示威，包圍領事館，搞了一天，沒有發生一點事情。這是有紀律的群眾運動，這才是真正的群眾運動，沒有秩序、沒有紀律的群眾運動，不算真正的群眾運動。那一次的群眾運動，對於收回英租界發揮了極大的作用。

在正確的領導下，群眾中個別的左是能夠糾正的，群眾自己是能夠建立起紀律的。群眾中的領袖，也可能搞得過火，但我們應該在思想上進行說服教育，愛護他們的革命熱情，絕不能向群眾潑冷水。如果有的同志對於群眾的革命熱情不知道愛護，而是站在群眾之上指責群眾，這個共產黨員的黨性就不純。」

劉少奇是中國共產黨群眾運動實際的領導者，他的理論對農民在群眾運動的地位和作用做了正確的分析，也提出了防止農民粹主義正確的方針。劉少奇並沒有將群眾運動和革命道德化，即使在一定程度上對農民運動有所縱容，也是將約束在可控的範圍內。劉少奇的相關論述標誌著中國共產黨對農民認識的成熟，也標準這中國共產黨走出了聖愚崇拜的道德誤區。

劉少奇和毛澤東體現了中國共產黨內對於民粹主義兩種不同的傾向。毛澤東的思想中具有民粹主義因素，學術界曾經對毛澤東思想中的民粹主義傾向進行過激烈的討論，並形成了一定的共識。劉少奇代表中國共產黨內對待民粹主義務實的正確態度。劉少奇將革命道德與階級性聯繫在一起，農民作為落後生產力的代表很顯然是被改造的對象。無論在理論上還是在實踐中，農民都和愚聯繫在一起，他唯一的優勢是不怕死的革命性，其他和聖沒有太直接的關係。

土改、上山下鄉和五七幹校都歸為民粹主義式的群眾運動，民粹主義式的群眾運動之中的民粹特色的功能是動員和改造。新中國成立之後，不僅對監獄的犯人進行勞動改造，而且對知識分子和幹部進行了勞動改造。勞動成為了改造人的思想和靈魂的不二利器，成為了救贖一切罪惡的萬靈解毒劑。在文化大革命期間，以勞動為手段對幹部和知識分子進行改造的得到了體制上的保證，這就是五七幹校。五七幹校對知識分子和幹部改造的目的是相同的，通過體力勞動改造幹部和知識分子的資產階級特徵。改造知識分子與新中國成立後對知識分子的定性有著密切的關係，文革期間知識分子被定性為資產階級知識分子。而改造幹部則是因為毛澤東認為，在文革期間一部分幹部走了資產階級道路，也就是所說的走資派。這些人雖然曾經是無產階級的幹部戰士但是由於受到了資產階級的影響，為了反對修正主義預防修正主義避免重犯蘇聯的錯誤，所以也需要對幹部進行改造。資產階級是剝削者，是不勞動的；而蘇聯修正主義的官僚同樣是脫離群眾的，脫離生產勞動的。脫離生產勞動是資產階級和修正主義官僚的共同屬性，那麼生產勞動當然是消

除資產階級和修正主義影響的唯一途徑。

但是文革期間對幹部和知識分子大規模的勞動改造並不僅僅是一種思想改造教育，而且是一種政策性調控的策略。雖然看似民粹主義，但其背後往往有著政策性調控的需要。而且政策性的社會調控是實施這種大規模勞動改造的重要原因，也就是說，僅僅有民粹主義勞動崇拜的思想並不會引發五七幹校式的勞動改造。民粹主義的思想更多地是為政策性調控提供合法性的理由。所以不妨將這種勞動改造稱為民粹主義的政策調控。五七幹校與民粹主義相關的最重要因素，就是體力勞動。毛澤東於 1966 年 5 月 7 日給林彪寫了一封信。信中寫道：「林彪同志：你在 5 月 6 日寄來的總後勤部的報告，收到了，我看這個計劃是很好的。是否可以將這個報告發到各軍區，請他們召集軍、師兩級幹部在一起討論一下，以其意見上告軍委，然後報告中央取得同意，再向全軍作出適當指示。請你酌定。只要在沒有發生世界大戰的條件下，軍隊應該是一個大學校，即使在第三次世界大戰的條件下，很可能也成為一個這樣的大學校，除打仗以外，還可做各種工作。第二次世界大戰的八年中，各個抗日根據地，我們不是這樣做了嗎？這個大學校，學政治，學軍事，學文化。又能從事農副業生產。又能辦一些中小工廠，生產自己需要的若干產品和與國家等價交換的產品。又能從事群眾工作，參加工廠農村的社教「四清」運動；四清完了，隨時都有群眾工作可做，使軍民永遠打成一片。又要隨時參加批判資產階級的文化革命鬥爭。這樣，軍學、軍農、軍工、軍民這幾項都可以兼起來。但要調配適當，要有主有從，農、工、民三項，一個部隊只能兼一項或兩項，不能同時都兼起來。這樣，幾百萬軍隊所起的作用就是很大的了。

同樣，工人也是這樣，以工為主，也要兼學軍事、政治、文化，也要搞四清，也要參加批判資產階級。在有條件的地方，也要從事農副業生產，例如大慶油田那樣。農民以農為主（包括林、牧、副、漁），也要兼學軍事、政治、文化，在有條件的時候也要由集體辦些小工廠，也要批判資產階級。學生也是這樣，以學為主，兼學別樣，即不但學文，也要學工、學農、學軍，也要批判資產階級。學制要縮短，教育要革命，資產階級知識分子統治我們學校的現象，再也不能繼續下去了。商業、服務行業、黨政機關工作人員，凡有條件的，也要這樣做。以上所說，已經不是什麼新鮮意見、創造發明，多年以來，很多人已經是這樣做了，不過還沒有普及。至於軍隊，已經這樣

做了幾十年，不過現在更要有所發展罷了。」〔註1〕

　　五七幹校的指導思想與崇拜農民尊崇體力勞動的聖愚崇拜思想有著明顯的區別。毛澤東在對五七幹校的指示中明確提出將整個社會變成一個大學校，工工農兵學商農林牧副漁都要學習，每個人都要學習多種技能。從一專多能，消除勞動異化的角度來看，這種思想不能認為是民粹主義特色的。但是在實踐的過程中，因為並不存在著建立社會大學的客觀條件，所以體力勞動尤其是農村的體力勞動成為了主要的形式，通過農業勞動對幹部知識分子進行改造，這使得這場運動帶有濃厚的民粹主義特色。

　　這場民粹主義特色的改造是從黑龍江省柳河開始的。黑龍江省革命委員會在1968年5月7日，毛澤東的五七指示發表兩週年之際，組織第一批幹部到達柳河，並把這個農場命名為——柳河五七幹校。1968年9月29日《文化大革命情況彙編》第628期上發表經驗總結材料中指出：辦柳河五七幹校，為機關革命化，改革上層建築走出了一條新路。幹校共有學員141人，主要是原省、市委機關幹部和革命委員會的工作人員。機關幹部辦農場，走與工農相結合的道路，深受廣大貧下中農的歡迎。不少幹部到幹校後，親臨三大革命第一線，接近了貧下中農，增強了對勞動人民的思想感情。目前，幹校耕種土地3000餘畝，農、林、牧、副、漁全面發展，並自力更生辦起了小型工廠、企業。實踐證明，五七幹校是改造和培養幹部的好地方，是實現機關革命化，搞好鬥、批、改的一種好辦法。毛澤東於9月30日寫了一則批語：此件可在《人民日報》發表。廣大幹部下放勞動，這對幹部是一種重新學習的極好機會，除老弱病殘者外都應這樣做。在職幹部也應分批下放勞動。以上請提到碰頭會上討論決定。姚文元按照毛澤東的指示對黑龍江省上報的材料進行了修改，這就是《柳河「五七」幹校為機關革命化提供了新的經驗》。姚文元指出：毛主席關於柳河五七幹校經驗的批語，對反修、防修，對搞好鬥、批、改，有十分重大的意義，應引起我們各級革命幹部和廣大革命群眾的高度重視。希望廣大幹部（除老弱病殘者外），包括那些犯過錯誤的幹部，遵照毛主席的指示，在下放勞動的過程中重新學習，使自己的精神面貌來一個比較徹底的革命化。在革命委員會中工作的新老革命幹部，也要執行毛主席的指示，分期分批下放勞動，使自己不脫離勞動人民，既當官，又當老百姓。新幹部要特別注意不要染上脫離群眾、脫離勞動、一切依靠秘書、做官

〔註 1〕人民網 http://cpc.people.com.cn/GB/64162/64165/79703/79785/5637308.html。

當老爺的剝削階級壞作風，要保持無產階級朝氣蓬勃的革命的青春。

可以看出，對幹部和知識分子的改造並不是他們的自願改造，而是有著特定的目的。土改也是一種對農民的強制改造，但是改造的過程中有著循序漸進的動員過程。五七幹校對幹部和知識分子的改造是一種強制性的運動，是一種政策性的要求，不是號召而是必須。因為幹部脫離群眾，存在著修正主義、官僚主義的風險，所以要強制性地接受再教育。幹部接受改造的目的是治病救人，而治病救人的良藥則是艱苦的體力勞動。1968 年 10 月 5 日，《人民日報》在《柳河五七幹校為機關革命化提供了新的經驗》一文編者按中，引述了毛澤東的有關指示：廣大幹部下放勞動，這對幹部是一種重新學習的極好機會。此後，全國各地的黨政機關都紛紛響應，在農村以各種形式辦起五七幹校。大量幹部和知識分子下放五七幹校參加體力勞動，接受貧下中農再教育。據統計黨政機關、高等院校中央、國務院所屬各部委及豫、贛、鄂、遼、吉、黑等 18 個省共創辦五七幹校 106 所，下放的幹部、家屬達 10 餘萬人。

毛澤東以勞動為手段教育改造幹部的思想由來已久，但是為什麼直到 1968 年才將其付諸實施呢？這是因為文革期間原有的政府機構受到極大的衝擊，重新改組建立革命委員會，出現了大量的幹部冗餘。在全國各地建立革命委員會的過程中，都涉及到幹部精簡的問題。1968 年 7 月 11 日，《人民日報》在報導《靈寶縣革委會實行領導班子革命化──精兵簡政，密切聯繫群眾》時，加了一個按語，按語傳達了毛澤東的最新指示：建立革命委員會，要做好清理階級隊伍的工作，走「精兵簡政」的道路。在 1969 年 4 月召開的中共九大上，毛澤東再次強調了機構精簡的原則。所以，辦五七幹校的最主要動因並不是所謂的創辦社會大學對幹部和知識分子進行再教育，而是為了解決機構改革中所出現的大量的冗餘人員。而在進行動員的過程中，以勞動進行改造的方式使其具備了民粹主義色彩。在五七幹校改造運動中，民粹主義特色主要體現為一種動員的方式，同時也為這種運動提供了合理性的理由。

相對於五七幹校的改造，新中國成立之後最具有民粹主義特色的群眾運動時上山下鄉運動。很多學者論證了上山下鄉與民粹主義之間密切的關係。但是上山下鄉與新文化運動時期民粹主義思想之中的到農村去，以及李大釗所提出的改造鄉村的主張雖然相似，但是有著本質的不同。上山下鄉從本質

上講，仍然是一種民粹主義特色的社會動員，民粹主義特徵僅僅是提供了一種合理性的理由。其核心仍然是一種民粹主義訴求之外的政治社會政策。廣為人知的上山下鄉運動並不始於文化大革命，而是始於上世紀五十年代中期。1956 年 10 月 25 日中共中央政治局關於《1956 年到 1967 年全國農業發展綱要（修正草案）》的文件中，第一次提出知識青年上山下鄉的這個概念。真正意義上的上山下鄉始於 1955 年 8 月 9 日，北京青年楊華、李秉衡等人向共青團北京市委提出到邊疆區墾荒獲得北京團市委的批准與鼓勵，這一榜樣引發了城市知識青年到農村和邊疆墾荒的熱潮。五十年底的上山下鄉雖然也由政府引導，存在一定的政治目的，但是強迫命令的成分併不多，更多地是出於青年的自願。這個時期的上山下鄉可以視為正常狀態下的上山下鄉，但是即使這個時期青年們上山下鄉的動機與新文化運動時期的民粹主義思想也差異巨大。

黑龍江省鶴崗市政協所編寫的地方史料中有這樣一段描述〔註 2〕：1955 年 5 月，毛澤東主席在一篇河南許昌地區有關農村問題的文章中作出了一個有名的批示：「農村是個廣闊的天地，到那裡是大有作為的。」1955 年 6 月的一天，已是 22 歲，並擔任石景山區西黃鄉鄉長的楊華突然接到中共石景山區委的通知，讓他馬上到區委開會，說是團中央來人找他有事商量。來人是《中國青年報》的一位負責人，與楊華談了團中央根據毛主席的批示，準備組織一批人到北大荒開荒種地，以解決糧食問題。幾天以後，已決定到北大荒開荒種地的楊華等 5 人又被邀請到團中央開會。團中央為此成立了領導小組。不久，團中央第一書記胡耀邦在他的家裏接見了楊華等 5 人，徵求他們的意見，問有什麼困難沒有。他們一致表示不要國家一分錢，白手起家，紮根邊疆，向北大荒要糧。並且一致表示：「決心去了就不回來了，決不當逃兵！」。他們這種義無反顧的決心，使胡耀邦為之動容。在胡耀邦的親自過問和安排下，很快組成了有 60 名隊員參加的第一批北京市青年志願墾荒隊，由楊華擔任隊長。

楊華曾多次接受記者採訪，我們將他那樸實的談吐節選一部分記載如下：

記者：當年墾荒的時候，為什麼有這個想法呢？

〔註 2〕屯墾戍邊（二）楊華帶領第一支北京墾荒隊率先落戶蘿北 http：//www.hegang.gov.cn/zjhg/bnhg/hhnd/2011/04/10311.htm。

　　楊華：就是糧食短缺呀，挨餓，沒糧食啊。1954 年，北京市第四次農村工作會議召開，傳達了黑龍江省有大片土地沒有開發，在小組討論的時候，我就提出來了，我說能不能讓我去到黑龍江墾荒。

　　記者：是真的想去嗎？

　　楊華：我是真心的，因為我是共產黨員，我要為人民負責，想解決糧食問題。

　　記者：當時到了蘿北是個什麼情況啊？

　　楊華：到黑龍江江沿上，我們使溫度錶一試，零下 44 度。一個叫周俊的，把腳丫子凍疼了，凍僵了，已經凍白了。完了以後呢，放在那個大鐵爐子上烤，這一烤不要緊吶，這麼一脫鞋，這麼一脫襪子，把 10 個腳趾頭蓋兒全脫掉了。我就跟周俊說，我說周俊，今天你把鞭子交給我，我趕著車，你把腳包上，拿皮襖包上，你坐著車。他站在那兒看著我，看了我半天，完了以後問我：「楊華你說話算數不算數？」我說：「算數！」他說：「在團中央的歡送大會上你替我們怎麼表示的決心？」我說：「記得，我說有一條克服一條，有一千條克服一千條，有一萬條克服一萬條」他告訴我：「楊華，我這不是才一條嗎？」拿過鞭子一搖，把車趕走了。

　　記者：為什麼當時大家這麼大的決心啊？

　　楊華：為人民解決糧食短缺問題，這種指導思想。

　　很顯然，根據楊華的口述以及相關的報導，五十年代的上山下鄉與民粹主義並沒有直接的關係。即使在動員方式上也沒有明顯的民粹主義特徵。其主要目的就是響應國家號召上山下鄉開墾荒地解決糧食問題，並不存在著接受貧下中農再教育的目的。對上山下鄉大規模民粹色彩的動員出現在文化大革命期間。文化大革命運動期間毛澤東發出「知識青年到農村去，接受貧下中農的冉教育，很有必要」的指示，大量知識青年在各級政府的組織動員下開赴農村。同樣是上山下鄉，為什麼不繼續五十年代自願的方式，而是採用了與之相異的民粹特色的動員方式呢？拋開文革期間左傾的政治氛圍不談，五十年代的動員方式更多地是靠青年的覺悟和自願，而文革期間的上山下鄉帶有十分迫切的政治目的，具有強迫的性質。有鑑於此，也就必須對青年上山下鄉提出一個更加具有政治迫切性的理由。

　　文化大革命初期，紅衛兵成為了一系列動亂的急先鋒。當紅衛兵武鬥被強制結束後，大量的青年學生無學可上無業可就，游蕩於社會之上成為了潛

在的破壞因素。文革以來連續三屆兩千萬左右的學生必須得到適當的安置，即使不安置也必須讓他們離開城市，避免聚集引發動蕩。從當時的客觀形勢考慮，將青年遣送農村是不得已的選擇。中國的廣大農村疆域遼闊，將青年們分散到農村之中也就避免了青年集結鬧事，消除了紅衛兵的破壞力。青年們遣送農村當然也就暫時消除了巨大的就業壓力，同時也消除了解決數量巨大的口糧的問題。

將數量巨大以千萬計的青年遣送農村，除了強有力的組織之外，還必須有充分的理由以便於進行動員。動員青年上山下鄉的理由有三個：反修防修、接受貧下中農再教育以及「我們也有兩隻手，不在城裏吃閒飯」。反修防修與民粹沒有什麼關係。接受貧下中農再教育與民粹有比較密切的關係，前文已經反覆論述，此不贅言。不在城裏吃閒飯，雖然也強調勞動但是並不直接與民粹發生關係。分析文革期間上山下鄉不能僅僅從到農村去這一運動出發，與新文化運動時期到鄉村去的口號牽強地聯繫起來，這僅僅是表象而已。從動機上看，上山下鄉是為了解決文革時期緊迫的社會危機；從動員口號上看，民粹特色僅僅是其中的一部分。所以文革時期的上山下鄉不能看做是新文化運動時期民粹主義思想的實踐，只能看做具有一定民粹特色的動員方式的群眾運動。

文革中上山下鄉的知識青年總人數達到 1600 多萬人，大概占城市人口的十分之一。從上山下鄉的過程和後果來看，與新文化運動時期民粹主義的設想更是大相徑庭。新文化運動期間李大釗等人設想通過民粹主義的鄉村改造，青年通過勞動陶冶道德，而農村通過青年獲得知識。而上山下鄉雖然給農村帶來了眾多的青年學生，但是並沒有使農村的文化面貌獲得根本的改變。而對於青年而言從後來的社會發展來看，也沒有獲得道德的提升。上山下鄉之後，停止高考實行推薦上大學，勞動作為優良品質成為推薦上大學的重要標準。這一點在一定程度上倒是體現了民粹主義的道德因素。但是在實踐中，推薦上大學弊竇叢生，到鄉村去使青年們喪失了獲得知識的機會。這即使從民粹主義的邏輯分析也無論如何是說不通的。農村的政治和文化控制力相對較弱，對自身境遇的不滿和理想的挫折更容易助長知青對社會的叛逆傾向。文革結束後知青返程後，社會秩序的一度混亂和道德信念的迷失更是證明了這一點。對於上山下鄉還是鄧小平說得好：國家花了三百個億，買了三個不滿意。知青不滿意，家長不滿意，農民也不滿意。

7.2 土改運動中的民粹主義特色

　　土改運動的過程中存在著一定的民粹主義特徵，這可以看做是近代中國民粹主義思想的實踐。雖然中國共產黨在理論上已經形成了正確的認識，但是正如劉少奇所指出的，在具體土改的過程中對農民過火的左傾行為不應苛求，在可控的範圍內應該適度容忍。而農民自發的左傾行為則是民粹主義的體現，因為對農民民粹主義訴求的適度容忍被作為土改的工作原則，所以土改在一定程度上可以被視為帶有民粹主義特色的群眾運動。

　　分析土改過程中的民粹特徵就必須首先明確民粹主義的基本特徵，在關於民粹主義形形色色的論述中總結了各種標準。盧梭是公認的民粹主義鼻祖，其他的各種標準都是從他的觀點之中演化發展而來的。所以有必要首先回顧一下盧梭關於民粹主義的基本觀點。盧梭是世界近代民粹主義思想的始祖。關於盧梭的民粹主義思想，朱學勤先生在《道德理想國的覆滅》一書中作了全面系統地總結。依據朱學勤先生的觀點，盧梭的民粹主義思想主要包括以下六點內容。其中前四點直接譯自盧梭《致達朗貝爾信——論觀賞》，後兩點歸納《愛彌兒》等著作中的類似主張。第一，盧梭認為通過「會社」聯誼，可以有效地維繫傳統的道德風化。「會社」是日內瓦祖傳的民間鄰里聯誼組織，通常以十二至十五戶家庭為一單位，男女分別聚會活動。盧梭對於會社的社會功能進行了不懈的辯護：「讓我們保留會社，即使附帶它的弊端。不會有某種設想的社會生活形式，不比它產生更為有害的結果。此外，也不要讓我們追求某種空想的前景，除非是更有可能適合人的天性和社會的結構。」第二，鄉鎮的社會生活公開透明是具有道德上的象徵意義的。「在大城市裏，道德和名譽蕩然無存。因為每一個人都很容易隱藏他的行為，瞞過公眾的眼睛，只通過他們的名望來表現自己，只因為他們的財富而獲得尊重。在大城市裏，警察再多，也比不上各種娛樂數目的增長。娛樂之多，以及使用娛樂的方法之多，使人不能從各種追求冒險的誘惑中擺脫出來……」「但是在小城市裏，由於居民少，每一個人等生活在公眾的眼皮底下，生來就是其他人的監視者。那裡，警察能夠監督每一個人，制約人的規範必須遵守。如果有了工業、藝術、製造業，人們必然小心翼翼地防範著，以免產生各種耽於享樂的行為。」第三，盧梭認為鄉鎮裏的勞動者未受分工限制，自給自足，不仰他人是非異化的人。「在這個國家，別想有木匠、鎖匠、玻璃匠以及車工能進來。每個人自己就是木匠、玻璃匠、車工，每一種工種都不

是為了別人而存在。……說來也真不可思議，每一個人都要把鐘錶生產中所包括的各種技藝集於一身，甚至自己為自己製作所需要的工具。」「絕大多數在巴黎發亮的文學明星，絕大多數有用的發明都來自那些受人鄙視的外省。你在一個小城市生活一段時間，你馬上就會相信，你發現的全是原生事物。那裡的人比你那些都市的猴子還要靈巧。那裡有一些聰明人，他們的才能、作品令人驚訝不已、肅然起敬。真正的天才都是樸素的。他不會功於算計，更不會錙銖必較，也不知道通向榮譽和財富的道路。他從不夢想這些，他無從比較，他所有的元氣、活力都凝聚於他內部。」第四，盧梭崇拜農民認為勞動尤其是農業勞動是道德的象徵。「農業是人類所從事的歷史最悠久的職業，它是最誠實、最有益於人，因而也就是人類所能從事的最高尚的職業。在所有一切技術中，第一個最值得尊敬的是農業，我把煉鐵放在第二位，木工放在第三位……我之所以不喜歡那些沒有趣味的職業，是因為其中的工人沒有兢兢業業的上進心，而且差不多都是像機器似的，一雙手只會幹他的那種活兒……從事這種職業的人，等於是使用另外一架機器的機器。」第五，他認為民間道德監督，足以取代法理型科層制規則。在盧梭的道德理想國，法理型科層制的規則、程序都是不必要的累贅，是人對人統治的物化手段，他認為，不能依靠這些手段來監督官員是否貪污瀆職，統治者應該認識到，「只有道德是唯一有效的監督，因此，應該放棄所有的帳簿和文件，把財政金融置於真正可靠的人手裏，那才是唯一可靠的運轉方法。」第六，盧梭賦予了廣大的底層民眾以道德含義。他認為，底層草根民眾是未受文明腐蝕的美德承載者。只有從勞動者那裡才能發現力量和善良。理性使人斂翼自保，哲學使人與世隔絕；把撕打著的人勸開，阻止上流人互相傷害的正是群氓，正是市井婦女；人民才是真正道德上的裁判者。人民或許可以欺騙他，卻絕不能腐蝕他。「至於我，我可沒有培養什麼紳士的榮幸，所以，我在這方面決不學洛克的樣子；還是讓我們回到我們的茅屋去住吧，住在茅屋裏比住在這裡的皇宮還舒服得多！」〔註 3〕進一步總結盧梭的觀點可以提煉出一下幾個標準：公開透明的小規模的鄉村生活；多樣化的勞動技能；農民以及農村生活的道德化；反對法治提倡人治；下層群眾是道德的承載者。

　　對土改民粹主義特點進行分析需要選取土改真實可信的經典案例，而卻大多數土改案例是以文學的形式體現的，不足為憑。張英洪在《土改：革命

〔註 3〕參見朱學勤《道德理想國的覆滅》，上海三聯，2004 年第一版，第四章。

專政和暴力再分配——以湖南溆浦縣為例》一文中〔註4〕以大量的史料對土改
的過程進行了真實可信的描述。下文中所引用的關於土改的史料均轉引自張
英洪的這篇文章。

「毛澤東後來對土改的經驗作了一個總結：我們形成了一套具體的辦
法，就是：訪貧問苦，物色積極分子，紮根串連，團結核心，進行訴苦，組
織階級隊伍，展開階級鬥爭。曾擔任湖南省溆浦縣橋江區土改工作總隊副總
隊長的郭靜秋，係溆浦本地人，1948 年 6 月畢業於湖南大學，1948 年 10 月
隨南下工作團回溆工作。他回憶當年土改時說，土改工作隊幹部進入村莊，
要求與貧雇農實行三同（同吃、同住、同勞動），進行訪貧問苦，以贏得貧苦
農民的信任，再摸清底子，為鬥爭地主、順利開展土改做準備。

1951 年 12 月，溆浦縣委在棗子坡省立九中（引者按：現溆浦一中）召開
三級幹部大會，布置了全縣土改工作。大會結束後，1,000 多名土改幹部奔赴
各區鄉，開展土改運動。這時，我從（縣政府）文教科抽出派到橋江區擔任
土改總隊副總隊長，諶鴻章（引者按：時任縣長）任總隊長，橋江區委書記
於永起也是副總隊長。不久，我下到址坊村蹲點。

址坊、油洋一帶是窮山溝，過去曾是土匪出沒的地方。這地方的農民很
窮很苦，一年到頭難得吃上幾頓白米飯。這裡的貧苦農民受地主、土匪的剝
削和壓迫極深，苦大仇深。工作組到達址坊村的第二天，即召開全保貧雇農
群眾大會，宣傳土改政策，布置安排工作。散會後已近傍晚，北風呼嘯，且
雨夾著雪。我的住戶是個窮得叮噹響的貧農，一家 4 口人只有一場破棉絮。
我自己帶的被子很薄，一件大衣蓋在被子上，半夜被凍醒了。好（不）容易
熬到天亮，我才知道夜裏下了一場大雪。我穿上從財政科借來的一件棉大衣，
又去訪貧問苦。一些低矮的貧雇農家被埋在大雪中了。我踏著深深的積雪，
一步一個洞，挨家挨戶向貧雇農問寒問暖。那時天氣雖然寒冷，但心裏是熱
乎乎的。

經過幾天的訪貧問苦，便召開訴苦會，從小組訴苦到大會訴苦，用活生
生的事實教育農民。逢到夜晚開會，農民提著燈籠來參加。訴苦是為了引導
群眾進入鬥地主階級的氛圍中來。群眾倒盡了苦水，鬥爭情緒高漲了，就可
以由農會幹部打鑼召開鬥爭大會了。記得每次鬥爭大會，全場憤怒；在這種

〔註 4〕張英洪《土改：革命專政和暴力再分配——以湖南溆浦縣為例》《當代中國研
　　　究》，2008 年第 3 期。

情況下，容易發生打人的事。這時幹部必須善於引導，使運動健康發展下去。

　　訴苦是黨對貧苦農民的一種強制性動員。土改幹部深入到村莊後，通過訪貧問苦、紮根串連，培養土改根子或積極分子，爲批鬥地主作準備。群眾認爲地主有 3 種：草鞋地主、勞動地主和剝削地主。有的貧苦農民剛開始時認爲地主並不壞，在鄉村與大家相處和諧，沒有必要批鬥。因而土改幹部進入鄉村社會後開始並不爲鄉村社會所認同。有不少土改幹部一開頭遭遇過農民的防範和冷淡，一些貧苦農民並不歡迎土改幹部在他家裏吃、住。這使那些來自大城市的土改幹部多少感到灰心喪氣。但爲了革命工作，他們要硬著頭皮堅持下去。那些被幹部發現和培養的根子，在革命思想的啓發下，很快成爲土改中的急先鋒。

　　訴苦一般有貧苦農民向與其三同的土改幹部訴苦、在家庭訴苦會上訴苦和在批鬥地主大會上訴苦等形式。漵浦縣七區麻陽水均坪十保在土改總結會上作了典型經驗報告，介紹了土改中訪貧問苦、紮根子、動員訴苦等具體經驗：

　　（均坪十保）4 個自然村，在七區比較集中富裕，300 多戶分爲 12 個行政小組，1,434 人。其中，地主 27 戶，富農 9 戶，中農 74 戶，貧雇農 242 戶、842 人，其它 11 戶、90 人。田土 1,451 畝，地主占田 843 畝，富農 112 畝，中農 464 畝，貧雇農 226 畝。

　　（工作組幹部 1951 年）11 月 23 日到保，絕大部分深入到戶，一小部分留在農會。七組是個封建堡壘，有兩個院子，每院住七八戶，每院住兩個、三個地主，住在一起，都是姓向，都是一宗，祖先分家以來從來沒有搬出過。去找就找不到貧雇農，找到人連這院子有地主都不告訴你。幹部跑到六組，從六組瞭解七組情況，利用矛盾來突破。知道其中有個姓蕭的，是清反（清匪反霸）時搬進去的，必須找他。第二天（幹部）去找（姓蕭的），進門就問你來做什麼，吃飯時五口人，只拿出五個碗，不留他吃飯。（幹部）又回六組，決定從勞動上與他建立感情。第三天再去找，蕭一見他就跑上山砍柴，幹部跟上山，也跟他打了一擔柴，才開始說話，回家讓他吃飯，但苦還不敢訴，情況也不敢反映。第四天，兩個人睡在一個床上。一個被窩有五個大孔。王同志半夜把（自己的）棉衣給他蓋上。蕭半夜醒來，兩個人談起來。王同志把過去被抓壯丁說出，正打動他的心，（蕭）慢慢把自己過去從 8 歲給地主放牛，16 歲被抓壯丁說出來，哭了，王同志也哭了。你也哭，我也哭，感情融

洽了。但情況還不敢反映。（王同志）第二天回組彙報，很高興。

全保共紮 12 個正根，16 個副根。……通過（根子）互相訴苦，互相發動，作用也不小。有一個根子，苦始終不說出來，在碰頭會上聽其他人訴苦，滿身抖，流出淚，終於訴出苦來。……通過根子，將家庭訴苦會開起來，提出一人有苦，全家有苦，一人翻身，全家翻身。

第二批串連後，又開第二次積極分子會，進入第三批串連，這時已是（幹部）進保後的十八九天了。到三批共串連 172 戶，300 多人，達到貧雇農總數 85% 了。聲勢浩大，勁頭高了。召開貧雇小組訴苦會，在會上通過典型訴苦，具體算賬，貧雇農覺悟進一步提高了。五個小組先培養四個（訴苦）典型：抓（壯）丁、逼租、逼債等。接著有 19 個訴苦，這時候行動要求高了。……準備召開貧雇農訴苦大會，全保貧雇農大會師，幹部、根子都很重視，（如）開壞了，工作還要從頭再來。……在小組訴苦的基礎上，召開片訴苦會，目的是進一步提高覺悟，把訴苦大會變成整個貧雇農的要求。……在全保會開前，把全保典型苦主十八人找來開全保苦主會，首先自己介紹歷史，就很容易形成訴苦，大家覺得彼此的苦一樣，提高了階級覺悟。進一步說明訴苦是為了教育貧雇農，大家都重視了。「我要不訴苦，大家不起來，我的仇也不能報了。」（苦主們）一致說：「我們這幾個人的苦，也是全體貧雇農的苦。」接著，把苦的輕重安排好，第一個和最後一個苦（是）最典型的。……在這個基礎上，把（全保訴苦）會開了。因為大家都認識重要意義，本來規定早飯後開，天剛亮（人）都到了。主席團主席先把自己的苦說了，幹部又加引導，共 17 個苦主，有 16 個訴得流淚了。有個訴到地主把他抓壯丁，妻子在家吃南瓜葉，還被地主趕出去，全場都哭了。有的還自動喊口號，冷風中站了一天動也不動，直開了一天，主席做了總結。」

土改一般分為訴苦、批鬥和沒收三個階段。訴苦是第一個階段，是在黨的領導下對農民的強制性動員。民粹主義強調以民為粹，但是被視為粹的絕不是個人，而是一個具有共同特徵的群體。通過訴苦所要實現的正是對這個群體的認同，這個群體共同的特徵就是「苦」。天下受苦人是一家。而在實際工作中，農民對於受苦的認同是不一致的，尤其是對於受苦的根源認識不一致。以受苦為特徵形成一個群體是第一步，但並不是目的。訴苦的目的是使這個群體對受苦的根源達成一致。民粹主義被視為粹的是一個下層社會的群體，而被視為墮落的反動的也必須是一個群體。兩個道德截然相反的群體之

間的對立才能夠掀起一場民粹主義的社會運動。土改的訴苦也可以分爲三個
步驟：引苦、訴苦、挖苦根。三個步驟之中，引苦是最難的工作，這需要土
改幹部與農民建立充分的互信。訴苦則需要一個特殊的場景，由積極分子帶
頭訴苦聲淚俱下，營造一種悲憤的氣氛，然後貧苦農民的情緒互相影響以訴
苦的形式將各自悲憤的情緒宣泄出來。待這種情緒的宣泄達到高潮，適時地
將這種情緒引導到地主，形成兩個營壘分明的群體之間極度的對立。這也就
意味著所謂的階級意識形成了，民粹主義的動員方式是形成這種階級意識的
途徑。

　　訴苦是批鬥的預熱，批斗大會是土改的高潮，也是貧困農民對地主所進
行的民粹式的道德審判。僅僅因爲貧困農民是一個受苦的共同體，僅僅因爲
貧苦農民受苦是地主造成的，並不是農民批鬥地主剝奪地主財產乃至生命的
理由。農民之所以能夠有權批鬥地主剝奪地主乃至處決地主，首先因爲農民
是勞動者是財富的創造者，是道德的。農民批鬥地主是站在道德制高點，因
而也是正義的。農民對地主的批斗大會以至於會後的處決，是一場道德的控
訴和審批，而不是法律意義上的審判。從批斗大會的當事者的回憶和記錄來
看，地主並不能得到充分的申辯的機會，批斗大會上更多的是在幹部的領導
下貧困農民群情激奮的控訴。這些控訴就是剝奪地主財富和生命的合法性理
由。這完全符合盧梭對於民粹主義所確定的標準，人治以及下層群眾的道德
屬性。道德高尚的人們所做的道德高尚的事情，當然也是高尚的，這種高尚
被賦予了新的內涵——革命。具有受苦和勞動特徵的群體是道德高尚的精
粹，他們的屬性是革命；具有享樂和剝削特徵的群體是道德墮落的敗類，他
們的性質是反革命。當民粹主義與革命結合在一起的時候，民粹主義相對立
的群體被貼上了不同的標簽，革命和反革命，這也成爲了民粹群體行動的合
法性來源。這種合法性經典的表達就是「以人民的名義」。每一次批斗大會都
是一次神聖的儀式，這個儀式的目的是爲了體現農民革命行爲的正當性。

　　「鬥地主是爲了打地主的威風，不把地主的威風打下去，就無法將地主
佔有的土地分配給貧雇農。鬥地主一般經過群眾訴苦責問、毆打，有的地主
在批鬥後被立即槍斃。彭燕郊在漵浦土改運動的日記中記錄了一些鬥地主的
詳細過程：召開全保鬥爭會。

　　陳主席的講話：「10里路，今天要走8里，明天就只有里把了。」地主押
上臺，跪下。農會主席要地主陳思義自報五大財產。群眾問（地主）：賣那它，

賣好多？（地主說 1936 年賣了田）證人說：是四擔一斛（地主說做佛事賣的，四擔多）。口號：地主不坦白不行。群眾說：你坦白講呵。「你每年收好多穀，做佛事要賣田嗎？」「要人民知道你就講，不知道你不講，你還是不坦白。」「吃人民血汗不還不行。」「老實點，說好多，是好多，不要人家問。」「人家問一丘你講一丘。」「四架還是三架？」群眾：「四架就是四架，三架就是三架。」（9 畝田應打 36 擔）地主說只打 20 多擔。200 多鴨子，說是死了多少，賣了多少。一條賣兩升，只是賣升半。「到底吃飯要勞動，還是吃現成的？」口號沒喊完，有人站起來講：不坦白不行。「還有哪裏寄得有，我屋裏（按：漵浦方言，指妻子）沒告訴我，我不知道。」喊陳思義堂客（按：漵浦方言，指妻子）來問，（陳思義堂客）站在臺下，「只有些包裙、鞋子、襪子之類」。群眾追問：還有有拿。

陳思義寄四床被窩到塘灣，說是農會打證明的。問他是哪裏農會打的？答是塘灣農會。證人出場，東西兩個人看見，他挑出去的，共挑兩擔，挑到黑。地主婆還不承認（兩個證人沒有培養好，袖著手，不敢認地主婆）。證人是地主（其實一個小土地出租，一個雇農，老易記錯）。借穀 6 擔，大加 5 息，每年還 3 擔，從民國 16 年到 31 年（按：1927 年到 1942 年），共還息 16 年，共還 48 擔。看牛的牛吃了他的麥，要賠 4 擔穀。兒子在臺上訴，父母跑到臺前指著地主同訴。鬥爭結果，因材料掌握不多，形成下不得臺，其中幾乎發生毆打（已將陳思義堂客衣服脫下）。

漵浦縣均坪十一保將鬥地主的做法在全縣土改總結會上作了經驗介紹：鬥爭大會前一天，召開中貧雇農會，提出大會是個翻身關鍵，「幾千年就看這一天」，對地主罪惡進一步揭穿。這時大家鬥爭情緒很高，大家提出「明天鬥不垮（地主）不散會」。再開小組討論會，提出不帶小孩，不帶煙袋。……明確鬥爭對象，23 戶地主鬥 5 戶，進一步培養苦主，根據訴苦大會情況，個別重苦輕訴糾正。先一天開全保苦主會，進一步培養，共 63 人，培養了一天一夜，先演習一下，把地主可能的頑強估計到，50 幾個苦主準備了人證物證。又召開貧雇農代表會，產生主席團，分工。

（1951 年）12 月 19 日開全保反霸鬥爭大會。群眾情緒相當高，天沒亮就到齊，有的等了一夜，半夜就起來。婦女不帶小孩，男的不帶煙斗。到了 800 多人。富農站在後面。第一個鬥蕭玉高，苦主 25 個。從訴苦一直追。壓迫人，「爲什麼壓迫」。「我有錢有勢」。「你爲什麼有錢有勢」（收租、國民

黨）……另一個（地主）向××，不承認，苦主堅持了一個多鐘頭，鬥倒了才下來。一整天，沒休息，一點兒不倦。到最後一個，群眾喊：「鬥不垮晚上我們點燈鬥」。有些群眾把油柴都拿來了。狗腿子也跑出來作證，訴暈倒的也有。從剝削追到政治，從政治追到思想，從思想上打垮了。

曾在漵浦縣八區（江口）擔任區長的郭靜秋在回憶錄中寫道：有一次，我在曹家溪村，領導一次反霸鬥爭大會。一個惡霸地主站在臺上被鬥，貧雇農一個個上臺訴苦鬥爭。一個苦大仇深的雇農，訴苦訴得大哭起來，走過去就將那地主的右耳朵咬下一半，「呸！」一聲吐在臺上，臺下的群眾駭了一跳。他又準備去咬地主的左耳，我馬上制止他。

對於所謂的「惡霸地主」，有的沒有經過批鬥就槍斃，有的在召開群眾批鬥會後立即拉出去槍斃。在土改中擔任過民兵的盧峰鎮橫岩村的李祐良回憶說：對於欺壓百姓的地主，就整他，關起來，有材料的就打掉（按：槍打掉，即槍斃）。都是民兵去抓，用繩子捆起來，只捆地主，那叫打威風，不然田土分不下去。十三保地主陳宗元，當過鄉長，抓到後三天就槍斃了，不要訴苦。

有一次在水東區，鬥完地主後，將地主牽到江坪（按：江坪不是地名，漵浦將江河的河床灘頭叫江坪）去，排一路跪著，一個個打掉。吹號了，就同時打掉。用槍對準地主後腦殼，一槍，腦殼開了花，腦殼不見了，只剩下肩膀、脖子垛垛。那一次，一下子就打掉了 18 條人。家裏有人屬的就將屍體抬回去埋了。沒有人屬的就死在江坪讓狗吃掉。當時鬥爭時，有一個地主的孫子鬥爺爺的爭，說爺爺睏了他媽媽，也打掉了。

那時水東區是岳區委當書記。思蒙和尚坪的地主雷繼熹，有幾百畝田、幾十杆槍，屬於武裝地主。將他抓到後，用鐵絲穿起他的鼻子，牽起火火起走。在思蒙批鬥後打掉了。他全家 20 多人全部打掉。雷繼熹小婆子生的兒子，七八歲，也打掉了。他一屋人冇留根根，全家誅滅。據《漵浦公安志》記載，惡霸雷繼熹，男，1897 年生，思蒙鄉七保人，家有田產 800 餘畝，茶山、桔園 100 餘畝，置有長槍 10 支，短槍 3 支，任過區團防分局局長。1950 年 9 月 2 日在當地公審後執行槍決。

在當時，殺人殺得多、殺得狠，是革命的表現。中共沅陵地委曾電告漵浦，對「罪大惡極，群眾痛恨的，即時槍斃。對發動群眾有利，但來不及請示者可個別的殺了再報，或電話中請示。」漵浦縣遵照此指示，在全縣範圍內對地主惡霸、反革命進行了「大張旗鼓的鎮壓」，「效果很好」。1951 年 6

月，地委派檢查組對漵浦縣芙蓉鄉（現橫板橋鄉）五保、六保農會（現芙蓉、大洞、烏峰、集中四個村）進行驗收。這兩保於 1950 年 12 月 27 日聯保（農會）召開群眾鬥爭大會，鬥爭後鎮壓 11 人，其中慣匪 1 人、特務 3 人、惡霸 6 人，地特 1 人。

李祐良回憶時認為「那時打人打多了」。在結束訪談時，李祐良反覆說：「還是正規好。不管國民黨、共產黨，一要正規，二要正派，正規過舊些，這樣好，不要亂來。」漵浦那時「打人」（按：槍斃）最多，如有人報復，只要揭發就「打」掉。當時漵浦有兩個著名的社會賢達人士，一個差一點被槍斃，另一個則被槍斃了。差一點被槍斃的荊嗣祐，是馬田坪荊家人，當過毛澤東的老師。當時荊嗣祐說，你們要打我，你們先給毛主席打電報，他說打，你們就打。後來縣裏發了電報，上面不准打，將他派到（黔陽縣）安江去工作。一個叫陳遐齡，馬田坪地坪村人，當過將軍。當時他將近 80 歲了，生病走不動路。就將他的手腳捆起來抬出去槍斃了。

有的農民回憶當年土改、鎮反時十分困惑地說：那時，一批批人都被捆去槍斃了，死掉好多人，死掉好多人！都是些農民，犯了什麼砍腦殼的罪？時隔 50 多年後，曾經主持漵浦縣公安局工作、領導過漵浦八區（江口）土改運動的郭靜秋〔37〕在接受筆者訪談時，認為那時「殺人還是殺得太多了」。

當時殺這麼幾種人：一是土匪頭子，二是慣匪，三是惡霸，四是幫會頭目，五是國民黨反動黨團頭子。當時我們看來是正確的，要殺一批，不殺不行。但是殺多了。政策歸政策，到下面就殺盡了。那時也沒有辦法，上面分配任務，你不完成殺人任務，就是右傾。我到沅陵地委（當時設在辰溪）開會，書記叫陳郁發，部隊下來的。地委上一級是湘西區黨委，書記周赤萍，這個人很左。在會上布置任務時說：「寧願錯殺一百，不要放走一個。」

我是（漵浦縣八區）區長，還有區委書記趙中財，山西人，漵浦話他聽不懂。他沒有文化，寫不得，認不得，人的能力很好。區裏 20 幾個幹部，基本上高中畢業生。在地委開會時要求各地報殺人計劃，我做計劃，說大概殺十七、八個人。這不得了了，領導不高興了，說你們只殺十幾個人，太少了，是右傾。在小組會議上我受到了批評。我說我回去跟區委書記商量後再報。

我從辰溪走路到江口 70 多里。回到區裏與趙中財書記商量，他很正直，也說殺一二十個吧。我說這個數字我在地委開會時就挨了批評。後來，江口一次就殺了十幾個人。這不是我能控制的。那時沒有法治，當時說是說（殺

人）要縣委批准，其實不是那麼回事，每個幹部都可以批准，罪名是「罪大惡極」就行了。上面也不管你，只要你完成任務。我們區裏有個幹部叫羅良驥，我當區長也管他不到。他將一個 80 多歲的一般地主殺掉了，還將他全家男的都殺了，只有一個男的跑掉了。

有殺錯的嗎？肯定有殺錯的。我認識的一個同學鍾學厚就殺錯了。他純粹是個學生，他家裏是地主，他與貧下中農相罵，打了起來。在當時，你屋裏是地主成份，打貧下中農，就是惡霸，槍斃了。我認爲他肯定殺錯了，他不是反革命，也不是惡霸。那時，貧下中農說你是惡霸，你就是惡霸。這樣的例子很多，講不清，沒有法治啊。

到底漵浦殺了多少，我也不曉得。記得當時漵浦有人告到中央，說漵浦亂殺人。中央要求漵浦將名單和數字報上去。當時縣委書記任之、縣長諶鴻章急急忙忙跑到我們區裏，要統計數字，我們也統計不出來。

土改與鎮壓反革命基本是同步進行的。鎮壓反革命的目的是爲了確保土改的順利進行。自 1950 年 8 月至 1951 年秋，在一年多時間的鎮壓反革命中，漵浦縣共槍斃特務、匪首、幫會頭子、惡霸地主等反革命分子 689 人，其中特務 48 人、匪首 276 人、惡霸 315 人、反動黨員骨幹 18 人、反動會道門 8 人、其他 24 人；關押反革命分子 603 人，交群眾管制的反革命分子 901 人。另據《漵浦縣公安志》記載，在整個鎮反運動中，全縣處決一大批反革命，占全縣總人口的 2‰。逮捕 3,785 人，管制 3,231 人；對罪行輕微、認罪態度好和有立功表現的假釋或教育釋放 1,135 人，隨軍服役 125 人（其中土匪 76 人），牢內病亡 62 人，自然死亡 209 人，另外逃不知下落者 72 人。」

批鬥是對地主的道德審判，而瓜分地主的財富才是翻身農民眞正關心的事情。在分田的過程中的民粹主義因素主要體現在兩個方面：以革命的道德作爲暴力的合理性；平均主義色彩的農業社會主義。革命道德權力論具有民粹主義的色彩。貧下中農因爲其勞動和貧困的特性獲得了革命的道德，繼而有因爲這種革命的道德得到了黨所賦予的特權。這種特權體現在兩個方面：實施暴力的權利以及獲得財產的權利。在勞動的前提下越窮越革命權利也就應該越大，分得的財富也就應該越多。這些特徵符合盧梭所主張的道德化和人治的特點，其根本原因是以貧下中農爲粹。土改的意義不僅僅在於廢除了封建統治的根基──封建土地所有制，使廣大農民翻身得解放。而且在於通過土改確立一種全新的社會秩序和革命倫理。這是一種以勞動爲前提，以貧

困爲特徵，以革命爲目標的全新倫理。貧困的勞動者被視爲當然的革命者，因而貧下中農對地主乃至富農財產和生命的剝奪才具有正當性和神聖性。這種革命倫理極端的表達當然就是越窮越革命越窮越光榮。土改在使農民獲得生產資料和生活資料的同時也使農村的財富佔有達到了幾乎絕對平均的水平，這也是形形色色的農業社會主義思想的基本主張。

「按照《土地改革法》的規定，沒收財產只限於地主的五大財產，即土地、耕畜、農具、多餘的糧食和多餘的房屋，並規定對地主的其他財產不予沒收。而實際上，在漵浦土改中幾乎沒收地主的所有財產，同時也沒收富農的財產，並且通過提高階級成份，一些屬於中農的家庭也被劃爲地主而被沒收了財產。

在漵浦縣參加過兩期土改的郭靜秋妻子黃克和介紹：將地主鬥完了，就分土地、造冊子，將沒收來的土地、財產拿來分，叫分勝利果實。沒收地主、富農的財產叫浮財。主要是些被子、傢具、衣服等，叫勝利果實。貧雇農將分得的傢具、衣服抬回家。貧雇農最高興的就是分勝利果實。橋江鎮革命村向祚書的父親原劃爲下中農，後因提高階級成份而被劃爲官僚地主。他家的所有財產被全部沒收，全家 7 口人都被掃地出門：沒收了田、土。家裏的所有東西，農具（沒有耕牛）、被子、蚊帳、米、油、床、板凳、櫃子、箱子，等等，都沒收了。

我結婚時（1948 年）老婆從娘家帶來的嫁妝，也都被沒收。沒收的財產由農會分給貧農、雇農、佃農。將我家的房屋沒收分給貧農向章興住，我們 7 口人全部被趕出家門不准住。我們一家只有搬到黃家沖莊屋住，莊屋只准住一半，另一半安排雇農黃恒生住。住在我家的向章興已去世，他的弟弟向章發一家現在還住在我們以前的屋裏。

盧峰鎮橫岩村的李祐良回憶：工作隊帶民兵到地主家裏沒收東西，所有的糧油、傢具、衣服、被子、床、桌椅板凳、櫃子、缸子、金銀、花幣全部沒收，抬到農會去。把屋也沒收，交給沒有屋住的貧雇農去住。金銀、花幣上交，其他財產分給貧雇農。沒收來的財產分爲三等，最好的最值錢的爲一等，最差的爲三等。最窮的人先分東西，只能選一樣。只有貧雇農分，中農沒有參加分。

七區均坪十一保在介紹土改工作時，指出沒收中存在的問題：選舉的代表去地主屋裏沒收時，幹部包辦，登記、清算各股都是我們的幹部。不分大

中小，一到地主家裏，要其老老小小都跪下來，地主哭了，代表也哭（婦女）。代表在旁邊走來走去，幹部要包辦，有個代表向地主說：「你快交東西吧，不然，工作同志來了要鬥爭你了。」群眾要清算中農，對中貧雇團結宣傳不夠，把一個貧雇的 4 兩紗沒收了。

經過暴風驟雨般的土改，全縣共沒收和徵收多餘土地 197,787 畝、山地 2,240,416 畝、房屋 23,649 間、耕牛 4,319 頭、農具 33，207 件、糧食 662,18 萬斤。有 224,290 人分得土地、山林、房屋、耕牛、農具等。」（以上有關土改的史料均引自張英洪《土改：革命專政和暴力再分配──以湖南漵浦縣爲例》）。

7.3 群眾運動中的聖愚崇拜返祖

新中國成立之後，雖然知識分子經歷了多次運動，但是農民並沒有成爲知識分子和廣大青年改造的榜樣。文化大革命之後，隨著劉少奇被打倒以及左傾錯誤的日益嚴重，農民再次被推上了聖壇，知識分子這次不是自願而是被迫地對農民頂禮膜拜，改造自己。文革時期出現了聖愚崇拜的返祖現象。

文化大革命時期的聖愚崇拜與新文化運動時期的聖愚崇拜有著本質的區別。新文化運動時期的聖愚崇拜雖然是一次幼稚的思想實驗，但是它是左翼知識分子和青年對自身的一次自發自願的改造。而且這次改造主要體現在思想的懺悔，雖然也對諸如新村工讀等運動產生了一定的影響，但是影響並不大。這些帶有民粹主義色彩的所謂改造最終都無果而終。在土改的過程中，雖然也存在著一定的民粹主義左傾實踐，但總體上處於可控的範圍內，並及時得到了糾正。新民主主義革命時期也對知識分子進行了改造，甚至存在著一定左傾錯誤，但是並沒有發生以農民爲榜樣改造知識分子的所謂聖愚崇拜。

文化大革命時期知識分子和知識青年被遣送農村接受改造，這是一次眞正的大規模的聖愚崇拜實踐。雖然知識分子和青年下鄉接受改造的原因複雜，但是其中一個重要的原因奪取文化霸權，剝奪知識分子獨立思考和傳播思想的機會。新中國成立之後，在建設的過程中，知識分子發出了一系列與毛澤東不同的聲音。無論是 1957 年反右運動還是在文化大革命期間。文化大革命時期，雖然劉少奇以及一大批幹部被打倒，但是數量巨大的知識分子是潛在的反對者。而知識青年則受知識分子影響的潛在對象。所以要眞正地將

文革的理論落在實處，就必須解決知識分子和知識青年的問題。

　　要想把知識分子作爲改造對象，就必須提出改造知識分子的合理性理由。所以毛澤東將知識分子定性爲資產階級知識分子，至少是未經改造的小資產階級知識分子。1964 年 8 月至 10 月間，毛澤東在幾次談話中提出：無論哪個城市的大學、中學、小學，哪裏的教授教員以及行政人員，過去都是國民黨的，都是替國民黨服務的，都是親帝國主義的；文化界有幾百萬人，都是國民黨留下來的資產階級知識分子。資產階級掌握文化、藝術、教育、學術。盡是他們的人，我們的人很少。﹝註 5﹞毛澤東對知識分子的定性後來被等發展爲「兩個估計」：即「文化大革命」前 17 年教育戰線是「資產階級專了無產階級的政」，「是資產階級知識分子獨霸的一統天下」；教師隊伍中的大多數和解放後培養的大批學生，其「世界觀」基本上是資產階級的，是「資產階級知識分子」。

　　既然被定性爲資產階級知識分子，那當然必須接受改造，改造的途徑就是接受工農兵再教育。1968 年 9 月 12 日，《人民日報》等發表的評論員文章《關於知識分子再教育問題》中說，無產階級知識分子隊伍的建立，要走從有實踐經驗的工農兵中培養技術人員及其他知識分子的革命道路，另一方面，「必須對大量從過去舊學校出來的知識分子進行再教育，爭取和團結廣大的知識分子」。「用無產階級世界觀教育知識分子，使他們改變過去從資產階級教育中接受的資產階級思想，這就是再教育的內容。同工農兵結合，爲工農兵服務，則是再教育的根本途徑。」所謂再教育就是因爲知識分子過去接受的是資產階級的教育，只有接受工農兵的重新教育才能轉變爲無產階級的知識分子。此後，接受再教育的範圍進一步擴大，從知識分子和大學生擴展到中學甚至高小的學生。接受工人階級的再教育，在理論上是行得通的。因爲工人階級與先進的生產方式和生產力相聯繫，不擁有生產資料，具有階級的先進性。那麼，接受農民的再教育在理論上是否行得通呢？之所以將舊中國的農民稱爲愚，是因爲舊中國的農民是同封建的生產方式相聯繫的，是落後的生產力和生產關係的代表加之知識缺乏。而社會主義改造之後，農民已經同社會主義的生產力和生產方式相聯繫，其性質發生了根本的變化。從理論上講，農民已經同先進的生產力和生產關係相聯繫，具有先進性。這可以

────────────

﹝註 5﹞楊鳳城：《中國共產黨的知識分子理論與政策研究》，中共黨史出版社，2005
　　　年，第 170 頁。

解釋農民成為知識分子改造的榜樣。如果以階級性來解釋，則新文化運動期間將農民稱為聖愚是成立的。而文化大革命期間雖然將農民的勞動神聖化，但是將其稱為聖愚是不成立的。

之所以將文革時期知識分子的改造稱為聖愚崇拜的返祖，並不是因為否認農民在理論上的這種質的轉變。而是因為文革期間改造知識分子的過程中，將體力勞動與道德絕對地聯繫在一起。體力勞動被視為一種高尚的道德，是淨化靈魂的手段。優越的城市生活是墮落的，而農村生活是高尚的，這一切都是因為農民體力勞動。文革時期不僅提出了知識越多越反動，而且提出了「窮則革命富則修」的口號。對勞動絕對的推崇，將勞動道德化，這是新文化運動時期聖愚崇拜的特徵。從這個特徵分析，文革時期改造知識分子可以認為是對聖愚崇拜返祖。和五四時期聖愚崇拜一樣，文革時期對農民的道德進行了不切實際的誇大，再次將農民推上了道德聖壇：「廣大的貧下中農——工人階級最可靠的同盟者，熱愛毛主席、熱愛黨，有豐富的階級鬥爭和生產鬥爭的實踐經驗。他們是知識青年的好老師。知識青年要學習貧下中農忠於毛主席、忠於毛澤東思想、忠於毛主席的革命路線的深厚感情，愛憎分明的階級立場，熱愛社會主義的高貴品質，自力更生的革命精神和樸素的優良作風」〔註6〕在接受貧下中農再教育的過程中，大批知識分子和青年學生被下放到農村接受改造。

近現代中國的聖愚崇拜現象是近現代中國民粹主義的表現之一，是知識分子的改造和被改造。聖愚崇拜所體現的是對理想化道德化的農民的崇拜，而農民被推上聖壇的理由是勞動。體力勞動成為了道德的唯一標準。聖愚崇拜的民粹主義特徵是以農民為粹，而且具有道德的唯一性和排他性。聖愚崇拜過程中知識分子的改造和被改造使知識分子失去了獨立思考的能力和機會，湮沒在群眾運動的汪洋大海之中。

〔註6〕評論員文章：《廣闊天地 大有作為》，《人民日報》，1969 年 6 月 26 日。

8. 沒有完成的思考——近代中國民粹主義散論

　　這本書是我在博士論文的基礎上加以充實完成的，在寫作的過程中每每得到一絲有益的思想線索，我都會把它記在筆記本上。久而久之也積累了不少內容，能夠比較系統論述的思想線索我盡量成文系統論述。但是很多囿於學識能力有限無法系統論述的思想線索，我覺得也很有意義，可以對此問題的研究提供有益的借鑒。所以我也把這些思考總結歸納在一起，因爲其內容並不系統零零散散，所以將其稱爲散論是恰如其分的。

8.1 太平天國運動中的民粹主義因素

　　就傳統資源而言，除了前文反覆強調過的墨子之外，對中國近代民粹主義影響最大的是太平天國。它直接體現了民粹主義之中兩個最重要的因素，農業社會主義和反智主義。反智主義方面主要體現爲焚毀孔廟銷毀孔子像、銷毀儒家經典、以及對知識分子的排斥。吳競在《蘇州大學學報：哲社版》1993 年第 3 期所發表的《簡論太平天國後期的崇教排儒》一文中對太平天國中的反智主義進行了論述。現將其文中所引用的相關文獻歸納總結如下：

　　「廢棄聖像，焚毀孔廟。太平天國建都天京，江寧府「聖廟木主已爲所毀」（《太平天國史料叢編簡輯》，第五冊，第 81 頁），「改作宰夫衙」。鎮江府學、丹徒縣學「焚毀無存」（光緒《丹徒縣志》，卷十九，學校）。1860 年，太平天國雄師征蘇常，在高淳，「咸豐十年庚申，賊匪竄踞縣境，學宮被毀，僅

存瓦礫」（光緒《高淳縣志》，卷五，學校）。在丹陽，大成殿「咸豐十年，經亂焚毀」（光緒《重修丹陽縣志》，卷十，學校）。金壇廟學，「咸豐十年粵逆之亂，黌舍多圮毀」（光緒《金壇縣志》，卷七，廟學）。常州「文廟神牌亦棄擲」（《太平天國史料叢編簡輯》，第三冊，第 165 頁）。江陰廟學，「咸豐十年，毀於粵匪，所存者殘缺不完之石梁與石岸石坊而已」（光緒《江陰縣志》，卷五）。無錫、金匱縣文廟，「咸豐十年，經亂廢圮殆盡」（光緒《無錫金匱縣志》，卷六）。宜興、荊溪縣，「咸豐之庚申，粵賊踞城，大成殿之旁屋，以次盡毀，復議取殿材爲僞府」（《宜興荊溪縣新志》，卷四）。蘇州「聖廟有三，悉爲瓦礫之區」（《太平天國史料專輯》，第 540 頁）。連通貴坊闕里分祠，「庚申洪楊之役，毀於兵，祠址爲鄰居侵佔」。吳江、震澤縣學，「咸豐十年毀」。東山太湖廳文昌宮，「咸豐十一年毀」（《太湖備考續編》，卷一，祠廟）。常熟、昭文縣，「學宮已毀，像亦無存」（《鰍聞日記》，《近代史資料》，1963 年 1 期）。崑山、新陽縣，「文宣王廟，……咸豐庚申毀於寇」（王德森《歲寒文稿》，卷三，第 21 頁）。太倉州鎮洋縣文廟，「咸豐十年兵燹毀」，「松柏杞柳等樹，賊至盡伐之」（民國《太倉州志》，卷八）。嘉定縣文廟鑄銅祭器，「咸豐十年匪毀」（光緒《嘉定縣志》，卷九）。青浦學宮，「毀於咸豐十年粵寇之亂」（光緒《青浦縣志》，卷九，學校）。奉賢文廟「咸豐十一年冬，被毀最甚」（光緒《奉賢縣志》，卷五，學校）。南匯縣「咸豐十一年冬，粵匪陷邑城，學宮毀」（光緒《南匯縣志》，卷七，學校志）。以上大量史實，充分表明 1860 年二破江南大營後，太平軍開疆拓土，佔有廣大蘇南地區，遵照天王洪秀全的命令，又普遍地廢棄「聖像」，焚毀孔廟，足見其反孔排儒又趨激烈。經書典籍，棄等廢物。太平天國建都初期，對儒家典籍以武器的批判，一度達到高潮；刪書衙設立後有所緩和，即從毀棄「孔孟妖書」到刪改儒家經籍的轉變。1860 年後，洪秀全對傳統文化又趨向激烈排斥。太平天國在蘇南地區，毀棄和焚書的事屢見史冊。「溧邑學宮奉頒書籍，經亂無存。士子貧苦者多志力相違，鮮能講習經史大要」（光緒《溧水縣志》，卷七，學校）。據《漏網喁魚集》記：蘇州「書籍字畫，可謂罄洗一空」。《蘇臺麋鹿記》也說：「即如書籍，賊皆無所用，……或拋散，或抽棄一冊，甚至順風扯去，片片飄揚，灰塵溷廁中，時有斷簡殘編。」在崑山巴溪，「經書典籍，棄等廢物」（《巴溪志》，雜記）在常熟昭文太平天國以「每斤價三文」收書，置於南門大街頤慶堂藥店和花園濱劉宅廠內。「亂書悉置文廟後，因焚化不禁以至誕燒大成殿」。尊

經閣藏書，「經庚申兵燹，蕩然無存矣」(《海角續編》,《漏網喁魚集》,第128頁和《常昭合志稿》卷十四，學校)。嘉定、奉賢學宮，「奉部頒發書籍，咸豐十年被毀無存」(光緒《嘉定縣志》,卷九和光緒《奉賢縣志》卷五，學校)。此外，釋道之書，早在《資政新篇》裏就明文規定「焚其書」了。諸種史實表明，二破江南大營後，太平天國對儒家經籍，雖不像建都初期那樣，「搜得藏書論擔挑，行過廁溷隨手拋，拋之不及以火燒，燒之不及以水澆。讀者斬，收者斬，買者賣者一同斬」(叢刊《太平天國》,(四),第735頁)的猛烈掃蕩。但也沒有去保護、運用儒家典籍，而是在廣袤的蘇南地區仍是相當激烈地焚毀儒、釋、道三教的典籍。正因如此，蘇南的地主知識分子哀歎：「經典書籍，棄等穢污，自古流寇之毒禍，未有如是烈者」(《太平天國資料》,第138頁)。或謂「我恐焚書坑儒之後，未有如此之大劫也」(柯悟遲《漏網喁魚集》,第51頁)。太平天國的領導人既歡迎、優待「文弱書生，但使寫算，僞造文書告示，……或作管賬，俱稱先生。與共寢處，相待如賓，倘走長路，必給馬轎舟車」(《鰍聞日記》,《近代史資料》,1963年1期)。或授與縣級政權負責人。但又存在著恐懼排斥讀書人的心理，如籠統地「稱士曰『妖士』」(叢刊《太平天國》,(五),第279頁)或謂「妖儒」(叢刊《太平天國》,(六),第858、451頁)」

太平天國的各級領導人以勞動標準對民眾區別對待。「挖煤開礦人、沿江縴夫、船戶、碼頭挑腳、轎夫、鐵木匠作，艱苦手藝，皆終歲勤勞，未嘗溫飽，被擄服役，賊必善遇之，數月後居然老兄弟矣」;「凡擄人每視其人之手，如掌心紅潤，十指無重繭者，恒指爲妖」(《賊情彙纂》)等等。這具有明確的反智主義特徵，是中國本土的民粹主義資源。

太平天國的農業社會主義思想集中體現在其綱領性文件《天朝田畝制度》之中。《大朝田畝制度》更多地體現爲一種社會理想，而不是一種行動綱領，因而體現出更多的空想性。《天朝田畝制度》不僅提出了一種農業社會主義的理想，而且設想了一種實現這種理想的途徑。現節選主要部分併作分析。

洪秀全所設想的農業社會主義理想社會是一個在天王統一領導之下，按照軍事體制嚴密組織起來的社會。在這種軍政軍民合一的社會之中，軍官兼任地方領導，農民有警則兵，無警則農。「凡一軍典分田二，典刑法二，典錢穀二，典入二，典出二，俱一正一副，即以師帥、旅帥兼攝。當其任者掌其事，不當其事者亦贊其事。凡一軍一切生死黜陟等事，軍帥詳監軍，監軍詳

欽命總制，欽命總制次詳將軍、侍衛、指揮、檢點、丞相，丞相稟軍師，軍師奏天王，天王降旨，軍師遵行。功勳等臣世食天祿，其後來歸從者，海軍每家設一人爲伍卒，有警則首領統之爲兵，殺敵捕賊：無事則首令督之爲農，耕田奉尙。」

　　這段文字廣爲人知，是太平天國的所有思想最精華之處。凡天下田，天下人同耕，這是太平天國土地政策的指導思想。按照土地收成的多少，將全國的土地分爲九等，不分男女按照人口平等分配。而且豐荒相通，相互賑濟。以這種土地制度爲基礎，洪秀全希望實現一個有田同耕，有飯同食，有衣同穿，有錢同使，無處不均勻，無人不飽暖的人間天堂。

　　「凡田分九等：其田一畝，早晚二季可出一千二百斤者爲尙尙田；可出一千一百斤者爲尙中田；可出一千斤者爲尙下田；可出九百斤者爲中尙田；可出八百斤者爲中中田；可出七百斤者爲中下田；可出六百斤者爲下尙田；可出五百斤者爲下中田；可出四百斤者爲下下田。尙尙田一畝當尙中田一畝一分，當尙下田一畝二分，當中尙田一畝三分五釐，當中中田一畝五分，當中下田一畝七分五釐，當下尙田二畝，當下中田二畝四分，當下下田三畝。

　　凡分田照人口，不論男婦，算其家口多寡，人多則分多，人寡則分寡，雜以九等，如一家六人，分三人好田，分三人醜田，好醜各一半。凡天下田，天下人同耕，此處不足則遷彼處，彼處不足則遷此處。凡天下田，豐荒相通，此處荒，則移彼豐處以賑此荒處，彼處荒，則移此豐處以賑彼荒處，務使天下共享天父上主皇上帝大福，有田同耕，有飯同食，有衣同穿，有錢同使，無處不均勻，無人不飽暖也。」

　　洪秀全理想中的社會之中，家庭是基本的生產單位。無論男女十六歲以上就可以視爲完全的勞動力分田，十五歲一下視爲半勞動力分田。每個家庭的生產規模是很小的，每個勞動力只有良田一畝或者差田三畝。如果一個家庭夫婦二人加上兩個沒有成年的孩子，他們即使分到的差田也不超過十畝。除去繳納的各種賦稅基本上能夠做到溫飽有餘，所分到的田地基本上自己能夠耕種，不需要額外雇工。如果劃分成分，這些家庭應該劃爲中農或者說自耕農。家庭手工業和農業相結合。樹牆以桑，五母雞二母彘，農業以外的生產規模也很小，自給自足。而且明確規定，農民所生產的產品除了口糧之外，都必須繳納到基層政權的倉庫統一使用。

　　「凡男婦每一人自十六歲以尙，受田多逾十五歲以下一半。如十六歲以

尚分尚尚田一畝，則十五歲以減其半，分尚尚田五分，又如十六歲以尚分下下田三畝，則十五歲以下減其半，分下下田一畝五分。凡天下樹牆下以桑，凡婦蠶績縫衣裳。凡天下每家五母雞，二母彘，無失其時。凡當收成時，兩司馬督伍長，除足其二十五家每人所食可接新穀外，餘則歸國庫。」

太平天國的農業社會主義特徵一方面體現在平分土地，另一方面體現在勞動產品集體所有，共同使用。既然是農業社會主義，其根本特徵必然是公，而不是私。破私立公才是社會主義。這也就是洪秀全所說的天下處處平勻，人人飽暖。

「凡麥豆苧麻布帛雞犬各物及銀錢亦然。蓋天下皆是天父上主皇上帝一大家，天下人人不受私，物物歸上主，則主有所運用，天下大家處處平勻，人人飽暖矣。此乃天父上主皇上帝特命太平眞主救世旨意也。但兩司馬存其錢穀數於簿，上其數於典錢穀及典出入。凡二十五家中設國庫一，禮拜堂一，兩司馬居之。凡二十五家中所有婚娶彌月喜事俱用國庫，但有限式，不得多用一錢。如一家有婚娶彌月事，給錢一千，穀一百斤，通天下皆一式，總要用之有節，以備兵荒。凡天下婚姻不論財。凡二十五家中陶冶木石等匠俱用伍長及伍卒爲之，農隙治事。」

太平天國理想社會之中，不僅財產是相同的，生活方式是相同的，而且思想也是相同的。在節慶等場合，需要集體學習洪秀全的主要著作，基層政權的領導兩司馬不僅是最基層的幹部最基層的軍官，而是是最基層的牧師，擔負著淨化人民思想的光榮使命。失去鰥寡孤獨廢疾免除兵役，由集體供養。

「凡兩司馬辦其二十五家婚娶吉喜等事，總是祭告天父上主皇上帝，一切舊時歪例盡除。其二十五家中童於俱日至禮拜堂，兩司馬教讀《引日遺詔聖書》、《新遺詔聖書》及《眞命詔旨書》焉。凡二十五家中力農者有賞，惰農者有罰。……凡天下每一夫有妻子女約三四口或五六七八九口，則出一人爲兵；其餘鰥寡孤獨廢疾免役，皆頒國庫以養。」（節選自《中國近代史資料‧太平天國》第 1 冊，上海人民出版社 1957 年版，第 321～326 頁）

太平天國的民粹主義主要體現在以農爲粹。太平天國社會理想中的唯一主體是農民，這是一個成分極其單一的社會。《天朝田畝制度》不僅體現了被視爲社會精粹的農民的理想，而且將這種理想制度化。太平天國社會理想中的農民每個人無論財富還是生活方式乃至思想都是及其相似的。雖然這個社會是平等的，或者是平均的，但是這個社會中沒有作爲自我的農民。洪秀全

在他的理想中，將有血有肉有欲望有思想的人變成了一窩窩可以互相替代的一模一樣的螞蟻。

8.2 民粹主義與實現中國特色社會主義公平正義的路徑選擇

民粹社會主義作爲民粹主義與社會主義的結合，體現出民粹主義與社會主義的雙重特徵。俄國的民粹主義是民粹社會主義的經典類型，有學者對以俄國爲代表的民粹社會主義的典型特徵作了系統的總結，現歸納如下。首先，民粹主義者將人民推上了聖壇，將人民作爲信仰崇拜的對象。所謂「民粹派」從表面上理解就含有「人民的精粹」或「粹藏於民」的內涵。民粹社會主義者認爲，人民在多數場合是指農民和社會上的勞動階級。其次，在民粹社會主義的思想中具有濃厚的反智主義的成分，推崇勞動人民，反對文化崇拜。民粹主義是以對於人民的崇拜爲前提的。在民粹主義者看來，知識分子所獲得的全部文化都是人民的勞動創造的，而掌握文化的少數人則是靠著人民的血汗養活並獲得文化的，於是知識就成爲了知識分子所背負的沉重的原罪。正因爲如此，民粹派知識分子在人民面前總有一種贖罪感。所以在民粹社會主義思潮之中，「知識分子與人民」的關係問題，是民粹主義思想中一個長盛不衰的永恒的議題。再次，民粹社會主義的社會理想之中總是有一個傳統的現實或理想中的社會組織作爲原型，並試圖在此基礎上建立一個新的社會以實現對於資本主義的超越。這個傳統的社會組織在不同的文化傳統中呈現出不同的形態。而從世界範圍來看，民粹主義卻並不僅僅屬於農民。民粹主義是一種在世界範圍內普遍存在的思潮，而且不同類型之間的民粹主義有著巨大的差別。總體看來，民粹主義是對現代化的一種反映。雖然被稱爲民粹主義的案例間差別明顯，但還是有著共同之處，那就是對於人民的崇拜。民粹主義認爲，世界是由有智慧的人民以共同的方式，即參照過去事物的理想化模式所創造的。人民居於民粹主義話語體系的中心區域。希爾斯認爲理解民粹主義的關鍵是理解大眾與精英的關係。卡農範認爲民粹主義共同的主題是依靠人民的感召力而不相信精英。學者普遍認爲這是民粹主義的共同特徵。

中國共產黨早期成員一定程度上都受過民粹主義的影響。盧梭是近代民粹主義公認的鼻祖，盧梭的思想經俄國的民粹派知識分子進一步發展以托爾

斯泰為橋梁影響了李大釗、瞿秋白等黨的早期領袖，繼而對同時代的進步青年產生過一定的影響。1927 年瞿秋白發表了長文《俄國資產階級革命與農民問題》，標誌著中國共產黨對民粹主義的認識達到理性的高度。對民粹主義達到理性認識的結果就是中共將民粹主義作為實現社會正義的手段加以嫻熟的運用。無論是新民主主義革命還是社會主義改造和社會主義建設，其所追求的核心價值就是特定歷史時期中國共產黨的社會公正，社會公正是歷史的具體的而不是抽象的絕對的。在小農經濟的汪洋大海之中，民粹主義具有廣泛的群眾基礎。民粹主義對於中國共產黨社會公正的實現具有雙重的作用，一方面民粹主義作為下層民眾的價值訴求，在一定程度上與中共的公正觀相吻合，具有一定的革命性。另一方面，民粹主義的左傾特徵與無政府主義特徵又會影響革命和建設，繼而影響社會公正的真正實現。這種國情對於中共來講是先在的，這就是中國特色。

中國共產黨將民粹主義作為群眾運動的手段來使用，一方面極大地促進了民眾對中國共產黨的政治認同，同時最大限度地對民粹主義的負面影響進行了控制。新民主主義革命時期民粹主義主要體現在農村的民粹社會主義和城市之中的小資產階級民粹主義民主。民粹社會主義更多地表達了農民對於平均的願望，每一次土改的批斗大會幾乎都是盧梭筆下民粹主義道德審判的狂歡。而城市中小資產階級的民粹主義民主更多地追求平等反對權貴反對精英，這在國統區的民主運動中起到了很好的動員作用。對這兩種民粹主義的運用還體現在社會主義改造農業合作化和資產階級改造中。總之，在新民主主義革命和社會主義改造時期，中共主要是將民粹主義作為群眾運動的有機組成部分進行運用。

1956 年社會主義改造之後，社會公正取決於中共對於社會主義本質的理解。民粹主義主要用作實現這種特定社會公正的路徑，這種群眾運動是中共駕輕就熟的東西，這也體現了歷史發展的慣性。從 1956 年到 1976 年間，民粹主義式的群眾運動主要體現在兩個方面，一方面是以民粹主義式的群眾運動，強化文化和意識形態的霸權。這主要體現在對勞動極端的推崇，以及以勞動為手段對知識分子的改造。另一方面是為了建設社會主義實現社會公正對民眾所進行的動員，這主要體現人民公社化期間對美好為了充滿空想的描繪以及為了緩解城市壓力而實行的上山下鄉。民粹主義式的動員成功地緩解了政策實施過程中民眾的反彈，在當時的歷史條件下具有合理性。

改革開放之後，隨著農村的聯產承包和商品化進一步發展，民粹社會主義已經失去了存在的土壤，人民公社時代轟轟烈烈的群眾運動已經一去不返。城市化以及改革開放過程中，民粹主義民主思潮日益顯現。仇富仇官反精英要求以極端的手段實現社會平等等等都是當代民粹主義的反映。社會主義核心價值觀體現當代中國對中國特色社會主義社會公正的理解，是一次偉大的歷史進步，但實現這個目標的道路艱難漫長。當代中國民粹主義民主仍然廣泛存在，而且隨著網絡等現代通訊社交方式影響更加巨大。當代民粹主義如果引導得法也具有一定的進步意義：一方面民粹主義可以為反腐敗深化改革提供群眾基礎，強化廣大市民的政治認同和信心。另一方面，民粹主義反精英的政治傾向是抵禦西方精英政治代議制民主的天然屏障。任何人都不能否認實現中國特色社會主義公正的終極路徑是民主和法治，但民粹主義是一個基本的國情，這種國情也體現了中國特色。現在極有必要對市民階層中普遍存在的民粹主義民主進行系統的研究，深入系統總結駕馭民粹主義的歷史經驗。通過對民粹主義的利用限制和改造，變害為利，以最小的代價實現社會主義的公平正義。

8.3 其他關於民粹主義的思考

鴉片戰爭以來底層群眾的結社傳統與民粹主義的關係。鴉片戰爭以來中國底層社會存在著大量的秘密結社，而這些秘密結社的地下會黨往往都具有某種道德的內涵，而且還具有道德的強制性。地下會黨之中所進行的裁決往往是比較典型的道德裁判。會黨在舊中國影響深遠，在農村相當數量的成年男子都是會黨的成員，會黨的這種道德裁判模式對自發的農民民粹運動的影響是一個值得研究的問題。地下會黨之中存在著普遍的偶像崇拜，這種現象與民粹運動中自發或者有意引導而形成的個人崇拜有著一定的原因。有必要對地下會黨具有道德內涵的動員模式與自發的農民民粹運動進行比較，對二者的關係進行研究。以哥老會為例。很多學者撰文指出，湖南農民運動之中扮演重要角色的是哥老會成員。還有學者明確指出了湖南農民運動之中的民粹主義特色。這恰恰從一個側面表明了舊式會黨與近代民粹主義之間的關聯。從這個角度上講，湖南農民運動可以看做是中國政治文化中的民粹因素從傳統向現代轉換的表現形式。

關於孫中山的民粹主義。孫中山的民粹主義並不體現在列寧所評價的超越資本主義的民粹社會主義，而體現在辛亥革命時期利用會黨對全社會所進行的民粹式的動員。鴉片戰爭以來，中國的農民有傳統小農逐漸轉化為商品小農，近代中國的會黨與商品小農有著密切的聯繫。近代以來的知識分子為了實現有效的社會動員，都試圖駕馭近代中國這股最強大的社會力量，當然也不斷地為這種努力尋找理論依據。要想對這股勢力進行有效的社會動員僅僅靠舶來的西方思想是遠遠不夠的，必須尋找傳統的思想資源與之對接。辛亥時期革命黨人找到了墨子，借鑒了墨子兩方面的思想，一方面是墨子與會黨相似的結社思想，另一方面是墨子的勞動思想。以墨子為中介，會黨與民粹思想實現了對接。而新文化運動時期的知識分子則通過托爾斯泰直接借鑒了俄國的民粹主義思想。辛亥時期，革命黨人對會黨進行了有效的民粹化的動員。會黨之中既有流民也有農民，其骨幹是破產的農民即流民。沒有破產的農民處於正在解體的宗法關係之中，而流民則是脫離了宗法關係的控制。聯繫這些流民的主要不是血緣和地域，尤其當會黨失去了反清復明這個共同目標的時候，流民們更加需要明確的身份認同。這種認同是小農、小生產者的群體的自我認同，這個群體自我認同的需要是形成民粹主義的基本前提。

儒家思想、道家思想與近代民粹主義。儒家思想與民粹主義的關係主要是通過大同理想聯繫起來，大同理想與農業社會主義有著密切的關係。道家與民粹主義的關係主要體現在兩個方面，一方面是道家主張道通為一對純粹意義上勞動的推崇，另一方面則是道家思想在某些方面與無政府主義有相同之處，無政府主義正是近代中國民粹主義的載體。大同思想並不是儒家所獨有的，道家所設想的理想境界之中也有諸多與大同相近的因素，這些都構成了民粹社會主義的傳統文化源頭。

小農的民粹主義與小資產階級的民粹主義。中國共產黨對傳統民粹主義因素的改造與利用，在那些方面改造了傳統的民粹因素，又在那些方面利用了傳統的民粹因素值得進一步深入研究。中國共產黨將民粹主義定性為小農和小資產階級思想。而小農和小資產階級在一定程度上具有天然的反民主的屬性，這種反民主的屬性在近代中國的民粹主義思想中有所體現。但是小農和小資產階級畢竟不是同一個社會群體，二者的民粹主義特徵也必然有所不同，這同樣是一個值得研究的問題。小農思想中的民粹主義因素主要體現在農業社會主義的理想之中，是從大同理想發展而來的社會主義思想，主張絕

對平均主義。農民的民粹主義雖然也體現爲超越資本主義實現農業社會主義，雖然和俄國的民粹主義有相似之處，但是這種理想更多地表現爲中國特色。小農的民粹主義思想是自發的傳統的，而小資產階級的民粹主義思想則是舶來的自覺的。小資產階級的民粹主義思想體現爲左翼知識分子從小資產階級知識分子向馬克思主義知識分子過渡的中間狀態。近代中國的小資產階級脫胎於近代中國的商品小農。一方面小資產階級表達了脫胎母體——商品小農的痛苦，另一方面也表達了一個剛剛斷掉臍帶的新生社會階層的痛苦和困惑。小農和小資產階級都是勞動者而不是剝削者，勞動是二者共同的特徵。將勞動神聖化也就是肯定自身的地位，將自身神聖化。這是通過小資產階級知識分子所表達的小農和小資階級的自我認同，也表明了其自我定位以及階級意識的覺醒。辛亥革命時期革命黨人利用幫會，但是並沒有對幫會進行有效的改造，所以辛亥革命時期的民粹化動員帶有更加鮮明的本土化特徵。這種特徵作爲思想的潛流一直存在甚至對中國共產黨領導的土改有所影響。

民粹主義要實現社會平等，但是小農和小資產階級對平等的理解是不同的。中國的工人階級在五四運動的時候大約 200 萬，到新中國成立的時候大約 400 萬，這個數字就數量而言相對於小農的汪洋大海幾乎可以忽略不計。中國共產黨確立農村包圍城市的革命道路之後，在農村發展革命根據地必然要盡量滿足農民的要求，同時必然要在一定程度上壓制小資產階級的要求。這是近代中國的國情所決定的，設想當時中國如果小資產階級的數量十分龐大，那麼中國的民粹主義一定是另一種樣子。從理論上講，眞正意義上的無產階級和資產階級是不會產生民粹主義思想的，他們所對應的是無產階級民主和資產階級民主。農民所追求的是絕對的平均，而小資產階級的民粹主義在追求平等的基礎上也追求一定的自由。小農的民粹訴求可以通過土改得以滿足，但是小資產階級的民粹主義之中自由的訴求在當時的歷史條件下則無法獲得充分的滿足。小資產階級所追求的是小市民的平等，主張反官僚反特權反知識精英前提之下的自由，他們所主張的實質是民粹主義民主。

關於近代中國民粹主義的興起。新村主義在近代中國民粹主義發展中具有重要的象徵性意義。新村主義體現了一種承前啓後，一方面是對於傳統的大同理想中農業社會主義的繼承，同時又體現了近代興起的無政府主義的特色。新村主義既是傳統的，又是近代的。傳統體現了從大同以及桃花源的文化傳統，近代則體現了濃厚的無政府主義，無政府主義的傳播與實踐中，民

粹主義也悄然傳播和發展。新村主義體現出與俄國民粹主義「到鄉村去」類似的主張，但是科舉制度廢除之後形成了城鄉之間的文化斷裂，知識分子已經不可能像過去那樣在朝爲官回鄉爲紳。小資產階級知識分子在城市之中生活，他們對於鄉村生活和農民道德品質的描繪更近於想像。城市之中的勞動者是工人，所以有了新村運動又有了工讀運動，在這個過程之中民粹的內涵實現了從農向工的悄然轉換。在與工人相結合的過程中，其特點策略當然與農民迥然不同。所以瞿秋白 1927 年對民粹主義系統批判也就不足爲奇，因爲中國共產黨成立後直至大革命失敗主要在城市發動工人運動，民粹主義對城市工人運動的危害是顯而易見的。國共合作期間，中共在農村發動了一系列農民運動，其中一些被陳獨秀稱之爲痞子運動。這所體現的正是傳統的民粹因素在新的歷史條件下被重新激活的過程。這些因素在新的歷史條件下經過改造被賦予了現代的內涵，繼而又形成了一種全新的政治倫理。傳統的民粹因素最終演化爲民粹主義特色的群眾運動。

　　近代中國民本思想與民粹主義的關係。從理論上講明它們之間的關係並不難，但是從近代中國政治思想史的角度將其關係梳理清楚是一項有些難度但是很有意義的工作。民粹主義一頭連接著民本，另一頭連接著民主。民本不能自發地發展成爲民粹，而民粹也不能自發地發展成爲民主。民本的思想之中存在著大量的民粹成分，例如均田。平均主義的均田主張與中國傳統的大同理想有著密切的關係，而大同理想恰恰是中國農業社會主義的重要特徵。民本思想之中重農抑商、以農爲本以及義利觀等思想也在一定程度上成爲了中國近代民粹主義的傳統文化資源。但是民本與民粹有著本質的區別，民本思想之中無論怎樣強調民的重要性，其根本都是將民作爲統治的對象。而民粹所強調的是以民爲粹，將民作爲崇拜的對象推上聖壇，所以民本不能自發地演進爲民粹。從思想史的角度看，將民粹思想之中的民粹因素發揮到極致的是章太炎。章太炎沒有受到俄國民粹主義思想的影響，可以看做是原生態的民粹主義。

參考文獻

著作

1. 《馬克思恩格斯全集》人民出版社
2. 《馬克思恩格斯選集》人民出版社，1972 年版。
3. 《列寧全集》人民出版社
4. 《列寧選集》人民出版社，1995 年版。
5. 《毛澤東文集》人民出版社，1999 年版。
6. 《毛澤東選集》人民出版社，1991 年版。
7. 《孫中山全集》中華書局，1986 年版。
8. 《孫中山選集》人民出版社，1981 年版。
9. 《孫中山文粹》廣東人民出版社，1996 年第一版。
10. 《魯迅全集》人民文學出版社，1981 年版。
11. 《瞿秋白文集（文學編)》人民出版社，1985 年版。
12. 《李大釗文集》人民出版社，1984 年版。
13. 《李大釗文集》人民出版社，1999 年版。
14. 《李大釗全集》河北教育出版社 V1999 年版。
15. 《瞿秋白文集》政治理論編，人民出版社，1987 年 9 月第一版。
16. 《陳獨秀文章選編》三聯書店，1984 年版。
17. 《鄭板橋集》中華書局，1962 年版。
18. 《龔定庵全集類編——明良論二》中國書店，1991 年版。
19. 《譚嗣同全集》中華書局，1981 年版。
20. 《飲冰室合集文集》中華書局，1989 年版。

21. 《飲冰室合集專集》第 41 頁中華書局，1989 年版。

22. 《章太炎全集》上海：上海人民出版社，1984 年版。

23. 《鄒容文集》重慶出版社 1983 年版。

24. 《朱執信集》中華書局 1979 年版。

25. 《宋教仁集》上冊，中華書局 1981 年版。

26. 《柳亞子文集·磨劍室詩詞集》上海人民出版社 1985 年版。

27. 寶成關《中國近代政治思想史》吉林大學出版社 1990 年版。

28. 寶成關《中國政治思想史》高等教育出版社 1999 年版。

29. 寶成關《西方文化與中國社會——西學東漸史論》，吉林教育出版社，1994 年版。

30. 寶成關《西潮與回應——近四百年思想嬗替研究》，吉林人民出版社，2004 年版。

31. 周穗明等《現代化：歷史、理論與反思：兼論西方左翼的現代化批判》中國廣播出版社，2002 年版。

32. 徐善廣、柳劍平《中國無政府主義史》湖北人民出版社 1989 年版。

33. 蔣俊、李興芝《中國近代的無政府主義思潮》山東人民出版社，1991 年版。

34. 李怡《近代中國無政府主義思潮與中國傳統文化》華中師大出版社，2001 年第一版。

35. 朱學勤《道德理想國的覆滅》，上海三聯，2004 年第一版。

36. 《中國政治思想史》高教出版社，1999 年第一版。

37. 《無政府主義思想資料選》北京大學出版社，1984 年

38. 王汎森《中國近代思想與學術的系譜》河北教育出版社，2001 年第一版。

49. 陶緒《晚清民族主義思潮》人民出版社，1995 年版。

40. 鄧麗蘭《域外觀念與本土政制變遷》，中國人民大學出版社，2003 年版。

41. （英）塔格特《民粹主義》，吉林人民出版社，2005 年版。

42. 羅榮渠《從西化到現代化》，北京出版社，1988 年版 27 頁。

43. 徐覺哉《社會主義流派史》，上海人民出版社，1999 年版。

44. 《俄國民粹派文選》人民出版社，1983 年版。

45. 尼·別爾嘉耶夫《俄羅斯思想》，三聯書店，1995 年版

46. 高放、黃達強《社會主義思想史》，中國人民大學出版社，1987 年版。

47. 《現代漢語詞典》商務印書館，1996 年版。

48. 〔美〕伯爾納：《一九〇七年以前中國的社會主義思潮》，福建人民出版社 1985 年版。

49. 《無政府主義思想資料選》北京大學出版社，1984 年

50. 薄一波《若干重大決策與事件的回顧》，中共中央黨校出版社，1993 年版。

51. 余英時《中國思想傳統的現代詮釋》江蘇人民出版社，1995 年第 1 版。

52. 《毛澤東思想概論》高教出版社，2003 年第一版。

53. 朱文顯《知識分子問題：從馬克思到鄧小平》，四川人民出版社，1999 年版。

54. 袁水松、王均偉《左傾二十年》，農村讀物出版社，1993 年版。

55. 尼·別爾嘉耶夫《俄羅斯思想》，三聯書店，1995 年版。

56. 李澤厚《中國思想史論》，安徽文藝出版社，1999 年版。

57. 克魯泡特金《互助論》商務印書館，1963 年版。

58. 《中國近代思想與學術的系譜》王釩森著，河北教育出版社，2001 年第一版。

59. 《無政府主義在中國》《現代政治思想史資料》第一輯，湖南人人民出版社，1984 年版。

60. 《無政府主義思想資料選》，北京大學出版社，1984 年。

61. 蕭公權《近代中國與新世界：康有為變法與大同思想研究》，江蘇人民出版社，1997 年第一版。

62. 蕭功秦《蕭功秦集》黑龍江教育出版社，1995 年第一版。

63. 吳燦新《政治倫理學新論》，中國社會出版社，2000 年 5 月第一版。

64. 《中國近代政治思想論著選輯》，北京：中華書局，1986。

65. 《中國近代政治思想論著選輯》，中共中央黨校文史教研室中國近代史組. 北京：中華書局，1986。

66. 《中國無政府主義和中國社會黨.》，中國第二歷史檔案館南京江蘇人民出版社，1981。

67. 《辛亥革命前十年間時論選集》，三聯書店，1978 年版。

68. 《李大釗史實綜錄》，北京大學出版社，1989 年版。

69. 施蒂納《唯一者及其所有物》，商務印書館，1989。

70. 《巴枯寧言論》，三聯書店，1978。

71. 蒲魯東《什麼是所有權》，商務印書館，1982 版。

72. 克魯泡特金《麵包與自由》，商務印書館，1982 版。

73. 陸波《俄國民粹主義和馬克思主義（學習筆記)》，遼寧人民出版社，1956

年版。

74. 李澤厚《中國近代思想史論》，人民出版社，1979 年版。

75. 曹德本《中國近代政治思想史》，高教出版社，1999 年版。

76. 李澤厚《中國古代思想史論》，人民出版社，1979 年版。

77. 李澤厚《中國近代思想史論》，人民出版社，1979 年版。

78. 李澤厚《中國現代思想史論》，人民出版社，1979 年版。

79.《別爾嘉耶夫集：一個貴族的回憶和思索》，上海遠東出版社，2004 年版。

80. 別爾嘉耶夫著《俄國思想史》，三聯書店，2004 年第二版。

論文

1. 趙輝兵《美國進步運動研究評述》，2006 年第 1 期《史學集刊》。

2. 楊發民《「左」傾中國社會主義意識形態的特徵》，《人文雜誌》，2005 年第一期。

3. 劉貴福《循名責實：對列寧《中國的民主主義和民粹主義》的一點看法》《馬克思主義研究》 2005 年第 2 期。

4. 陳曼娜《中國傳統民粹主義和民本主義中的士人角色》，《湖北大學學報》哲學社會科學版，2005 年第三期。

5. 劉建國、馬龍閃《論俄國民粹主義的文化觀》，《哲學研究》，2005 年第 12 期。

6. 蘇志宏《論「農業社會主義」》，《四川大學學報（哲學社會科學版）》，2004 年第 4 期。

7. 吳根友《河南大學學報（社會科學版）》，《簡論李大釗的社會理想》，2004 年第 1 期。

8. 姚曙光《國民革命失敗的民粹主義因素分析——以湖南農民運動為個案的探討》，《南京大學學報（哲學‧人文科學‧社會科學）》，2003 年第 3 期。

9. 王玉華《章太炎共和思想論》，《福建師範大學學報（哲學社會科學版）》，2002 年第 3 期。

10. 陳曼娜《略論辛亥革命時期的民粹主義心態》，《湖北大學學報》（哲學社會科學版），2002 第七期。

11. 姜若寧、王兆祥《馬克思主義與民粹主義的論戰史述評》，《馬克思主義研究》，2000 年第 3 期。

12. 李偉《馬克思主義研究》，《關於國內民粹主義研究的幾點討論》，2003 年第 1 期。

13. 宋圭武《對小農經濟特性的兩點再思考》,《內蒙古社會科學(漢文版)》,2003 年第 1 期。

14. 岑樹海《民族主義與民主在近代中國的雙重變奏》,《江海學刊》,2003 年第四期。

15. 代迅《當代文藝理論與思潮新探索民粹主義與中國現代文藝思潮》,《學習與探索》,2003 年第三期。

16. 馬龍閃《俄國民粹主義產生的歷史條件和它的主要特徵》,《俄羅斯研究》,2002 年第 2 期。

17. 馬龍閃《關於俄國民粹主義的幾個問題》,《史林》,2002 年第 2 期。

18. 符泰光《從工讀互助團的失敗看改良主義在中國行不通》,《西南民族學院學報》,2002 年 8 月

19. 楊春時《從平民主義到民粹主義》,《海南師範學院學報(人文社會科學版)》,2002 年第 5 期。

20. 郭雙林、龍國存《「國民」與「奴隸」——對清末社會變遷過程中一組中堅概念的歷史考察》,《中國文化研究》,2002 年春之卷。

21. 劉志光、王磊、蘇鴻《中國社會主義發展與民粹主義研究綜述》,《中共黨史研究》,2002 年第二期。

22. 苗四妞《試論民粹思想與 20 世紀中國文學》,《人文雜誌》,2001 年第 4 期。

23. 俞祖華《近代中國民族主義的類型、格局及主導價值》,《齊魯學刊》,2001 年第 2 期。

24. 張灝《中國近代思想史的轉折時代》,《二十一世紀》,1999 年 4 月號第 52 期。

25. 王素麗《馬克思主義中國化的社會轉變道路與近現代民粹主義思潮》,《中共黨史研究》,1998 年第三期。

26. 張隆溪《烏托邦：觀念與實踐》讀書,1998（12）

27. 朱志敏《五四時代知識分子的平民意識與共產主義運動的興起》,《歷史研究》,1997 年第 2 期。

38. 張福記《鄉村危機與近代中國政治格局的嬗變》,《山東師大學報(社會科學版)》,1996 年第 3 期。

29. 李帆《李大釗與民粹主義》,《吉林大學社會科學學報》,1994 年第 5 期。

30. 章有義《近代中國人口和耕地的再估計》,《中國經濟史研究》,1991 年第 1 期。

31. 朱志敏《論五四時代民主觀念的特點》,《近代史研究》,1991 年第 6

期。

32. 朱志敏《論五四時期的平民主義思潮》,《近代史研究》, 1989 年第 2 期。

民國時期期刊資料

1. 王光祈《工讀互助團》,《中國少年（一卷）》（七期）。

2. 《解決山東問題的真力量》,《民國時報》, 1919 年 5 月 1920 年 2 月 1 日、17 日。

3. 《討論怎樣過我們暑假的生活》,《民國時報》副刊《覺悟》, 1920 年 6 月 17 日。

4. 《存統覆哲民》,《民國日報‧覺悟》, 1920 年 4 月 11 日。

5. 《新村的討論》,《批評》第五期「新村號」, 1920 年 12 月 26 日。

6. 周建人《生存競爭與互助》, 載於《新青年》, 第 8 卷第 2 號。

7. 陳體榮《「學生生活」問題的討論》,《南洋》, 第 8 期, 1919 年 11 月 10 日。

8. 《平民生計社宣言》,《新青年》, 第 5 卷第 5 號, 1918 年 11 月 15 日。

9. 受益《平民教育與平民生活》,《新中國》, 第 2 卷第 6 號, 1920 年 6 月 15 日。

10. 《勞動者啊！》,《勞動者》, 第 1 號, 1920 年 10 月 3 日。

11. 《我們為什麼出版這個（勞動音）呢》,《勞動音》第 1 期, 1920 年 11 月 7 日。

12. 羅家倫《今日之世界新潮》,《新潮》, 第 1 卷第 1 號, 1919 年 1 月。

13. 一湖《新時代之根本思想》,《每周評論》, 第 8 號。

14. 《民族主義論》,《浙江潮》, 第二期。

外文文獻

1. Betz "radical right wing populism in western Europe", New York： St Martin press 1994.

2. Canovan "populism", London: Junction press 1981.

3. Di Tella "populism and reform in Latin America", oxford university press 1965.

4. Goodwyn "democratic promise: the populist movement in America", Oxford university press 1976.

5. Hicks "the populist revolt: a history of the farmer alliance and the people's party", Lincoln: university of Nebraska press 1961.

6. Ionescu and Geiller "populism: its meaning and national characteristics",

London: weidenfeld and Nicolson press 1969.

7. Kazin "*the populism persuasion: an American history*", new York: Basic book press 1995.

8. Mcguigan "*cultural populism*", London: Rutledge press 1992.

9. Nugent "*the tolerant populism: Kansas populism and nativism*", University of Chicago press 1963.

10. Taggart "t*he new populism and the new politics*", Basingstoke: Macmillan press 1996.

11. Venturi "*root of revolution: a history of populist and socialist movement in nineteenth century Russia*", London: weidenfeld and Nicolson press 1960.

12. Wortman "*the crisis of Russian populism*", Cambridge university press 1967.

後　記

　　這本書能夠在臺灣出版，首先應該感謝的是我的老師寶成關教授。2013年初夏的一個傍晚，我剛剛下課就接到寶老師的電話，他說在北京開學術會議的時候向臺灣的出版社推薦了我的博士論文。我當然非常高興，因為有機會出版一部嚴肅的學術專著畢竟不是容易的事情。隨即我就接到了臺灣花木蘭文化出版社的短信，要我發去提綱和內容簡介。雖然第一次與花木蘭文化出版社打交道，但是它給我留下了的印象，那就是嚴謹和效率。出版計劃確定後，我就著手對博士論文進行修改和充實，最終形成了今天大家看到的《中國早期民粹主義政治思想研究》。這是我這些年來研究民粹主義的最終成果，我可以負責任地講，我的觀點不可能都是正確的。對於學術研究來說，也不可能有絕對正確的結論，因為學術研究就是一個不斷證偽的過程。在這部著作修改充實的過程中，我的夫人張敏副教授作出了重要的貢獻。張敏副教授的專業是社會學，近代中國民粹主義並不僅僅是一種政治思潮而且是一種社會思潮。她睿智的思想以及對民粹主義精闢的分析和評論，使這部著作的學術內涵更加厚重視野更加開闊。

　　這部著作是在我的博士論文的基礎上修改充實而成的。博士論文是在我的導師寶成關教授的悉心指導之下完成的。從文章的選題寫作直至最後的修改完成都是在老師的關心指導下進行的。最初，我想就中國近代的左翼政治思潮進行博士論文的寫作。對老師彙報後，老師認為從這個角度破題還可以，但如果從這個角度進行論文寫作難免會失之空泛。在老師的指導下，我對中國近代的左翼政治思潮進行了系統地梳理。在對無政府主義思潮的梳理過程中，我發現其中有眾多的民粹主義成分，而學術界對與此問題並未給予足夠

的重視。我認爲中國近代民粹主義政治思想的研究有重要的學術價值，於是在老師的幫助之下，確定了這個選題。在寫作的過程中，老師的學養使我受益匪淺，在多方面受到了啓迪。

　　我深知，自己的學術水平還十分有限。受自身學養的局限，文章中一定還存在著諸多不足之處。我也希望在今後的研究中將一些內容進一步深化，形成更加深刻而系統的成果。

轟長久

2014 年 9 月 11 日於長春市工大家園寓所